政务新媒体
公众满意度
及其对政府信任的
影响研究

赵艺扬 ◎ 著

中国财经出版传媒集团

经济科学出版社
Economic Science Press

·北 京·

图书在版编目（CIP）数据

政务新媒体公众满意度及其对政府信任的影响研究/
赵艺扬著 . -- 北京：经济科学出版社，2024.6
ISBN 978 - 7 - 5218 - 5901 - 0

Ⅰ.①政…　Ⅱ.①赵…　Ⅲ.①电子政务 - 研究 - 中国
Ⅳ.①D63 - 39

中国国家版本馆 CIP 数据核字（2024）第 099505 号

责任编辑：杜　鹏　张立莉　常家凤
责任校对：蒋子明
责任印制：邱　天

政务新媒体公众满意度及其对政府信任的影响研究
赵艺扬　著
经济科学出版社出版、发行　新华书店经销
社址：北京市海淀区阜成路甲 28 号　邮编：100142
总编部电话：010 - 88191217　发行部电话：010 - 88191522
网址：www. esp. com. cn
电子邮箱：esp@ esp. com. cn
天猫网店：经济科学出版社旗舰店
网址：http://jjkxcbs. tmall. com
固安华明印业有限公司印装
710 × 1000　16 开　14 印张　280000 字
2024 年 6 月第 1 版　2024 年 6 月第 1 次印刷
ISBN 978 - 7 - 5218 - 5901 - 0　定价：106.00 元
（图书出现印装问题，本社负责调换。电话：010 - 88191545）
（版权所有　侵权必究　打击盗版　举报热线：010 - 88191661
QQ：2242791300　营销中心电话：010 - 88191537
电子邮箱：dbts@ esp. com. cn）

前　言

　　自政务微博出现以来，政务新媒体在我国经历了"政务微博—政务微信—政务客户端—政务短视频"的演进路线。目前，国家已经注意到政务新媒体在我国服务型政府建设中发挥的优势作用，要求做好政务新媒体的建设工作。服务型政府建设要求以公众的需求决定服务内容，以公众的满意度衡量政策执行的成效。政务新媒体公众满意度测评是出于"以顾客为导向"的服务型政府建设的要求，媒体因素是影响政府信任的重要因素之一，而评价服务型政府建设成效的重点内容之一是公众的政府信任。相关研究表明，政府公共服务质量水平影响着公众的政府信任程度。政务新媒体作为政府提供公共信息服务的一种方式，它的质量水平是否会对政府信任产生影响，具体的影响机理是什么？在服务型政府理念下，政务新媒体的质量水平可以通过政务新媒体公众满意度来衡量，具体的影响因素和影响机理是什么？由此，提出本书的两个问题：一是政务新媒体公众满意度的影响因素和影响机理是什么？二是政务新媒体公众满意度对政府信任的影响机理是什么？

　　本书梳理了满意度、政府信任、政务新媒体与政府信任的相关研究，将顾客满意度指数模型分为前因变量、核心变量与结果变量，对前因变量和结果变量加以改良作为本书的分析框架，分别建立了政务新媒体公众满意度的影响因素概念模型和政务新媒体公众满意度对政府信任的影响机理概念模型，并提出了具体的研究假设。根据所提出的概念模型设计了问卷初稿，通过专题小组讨论和专家访谈的方式对问卷进行了前测访谈，将修改后的问卷在小范围内进行了试测，以保证问卷的信度、效度水平符合要求，确定了最终问卷。随后在我国的东部、南部、西部、北部、中部五个区域进行了问卷发放，每个区域选择了两座城市，每座城市发放了 200 份问卷，共发放了 2000 份问卷，最终收集到有效问卷 1521份。基于这些数据，通过统计分析和结构方程模型对假设进行了验证分析，得出了如下结论。

第一，政务新媒体公众满意度的影响因素及影响机理。政务新媒体公众满意度的影响因素包括感知质量、感知价值、感知易用性和感知有用性四类，它们都对政务新媒体公众满意度有正向直接作用。虽然公众期望对政务新媒体公众满意度的直接影响不显著，但可以通过感知质量和感知价值产生间接影响。

第二，政务新媒体公众满意度对政府信任的影响因素与影响机理。政务新媒体公众满意度对政府信任具有显著的正向影响。政府形象在政务新媒体公众满意度对政府信任的影响中起着中介作用。公众对政务新媒体的使用满意度越高，感受到的政府形象就越好，对政府的信任感就越强。

第三，政治效能感在政务新媒体公众满意度、政府形象与政府信任间的关系中具有部分调节效应。相对于较低政治效能感的公众，具有较高政治效能感的公众，政务新媒体公众满意度对政府形象的正向影响更强，政府形象对政府信任的正向影响更强。

本书还采用案例研究法对研究问题进行了实践分析。通过对"郑好办"App的案例研究发现，优质的政务新媒体服务的确会提升用户对政府形象的感知并增强用户对政府的信任度，此举印证了定量研究的结果。

本书的创新之处体现在：构建了政务新媒体公众满意度测评模型，分析了政务新媒体公众满意度的影响因素和影响机理；以政府形象为视角，构建了政务新媒体公众满意度与政府信任关系的分析框架，探究了政务新媒体公众满意度对政府信任的影响机理；将政治效能感纳入了政务新媒体公众满意度、政府形象与政府信任的分析框架，探究了政治效能感对政务新媒体公众满意度与政府信任关系的影响机理。

本书乃作者初涉职场之际，以其博士论文为蓝本，经过精心雕琢与完善后的成果。同时，这部作品也将成为作者在博士后研究阶段的成果之一。这是一部在学术旅程的起点上孕育而生，又在学术探索的更高层次上得到升华的知识结晶。但由于时光匆匆，加之作者学识尚浅，书中或许会留有不尽如人意之处。作者诚挚地期待并欢迎各位读者的宝贵意见与批评，以期对书中的不足之处进行修正与完善。

赵艺扬

2024 年 1 月

目　　录

第一章

绪　　论

第一节　研究背景

近年来，我国互联网和移动端的使用规模增长迅猛。第 51 次《中国互联网络发展状况统计报告》显示，截至 2022 年 12 月，我国网民规模达 10.67 亿人，较 2021 年 12 月增长 3549 万人，互联网普及率达 75.6%，较 2021 年 12 月提升 2.6 个百分点。我国手机网民规模达 10.65 亿人，较 2021 年 12 月增长 3636 万人，网民使用手机上网的比例达 99.8%。我国在线政务服务用户规模达 9.26 亿人，较 2021 年 12 月增长 515 万人，占网民整体的 86.7%[①]。2022 年，我国在线政务服务相关顶层设计更加完善，平台建设更加有效，技术应用更加普及，发展态势持续向好。《2022 联合国电子政务调查报告》显示，我国电子政务水平在 193 个联合国会员国中排名 43 位，是自报告发布以来的最高水平，也是全球增幅最高的国家之一。其中，作为衡量国家电子政务发展水平核心指标的在线服务指数为 0.8876，继续保持"非常高"的水平。互联网与社会各领域的深度融合，给我国政府治理带来了前所未有的机遇和挑战。

2018 年 12 月 7 日，国务院办公厅发布《关于推进政务新媒体健康有序发展的意见》，指出"到 2022 年，建成以中国政府网政务新媒体为龙头，整体协同、响应迅速的政务新媒体矩阵体系，全面提升政务新媒体传播力、引导力、影响力、公信力，打造一批优质精品账号，建设更加权威的信息发布和解读回应平

---

①　中国互联网络信息中心：《第 51 次〈中国互联网络发展状况统计报告〉》，https：//www.cnnic.net.cn/NMediaFile/2023/0807/MAIN1691371871303O8PEDV637M.pdf，2023 - 03 - 02/2023 - 06 - 05。

台、更加便捷的政民互动和办事服务平台，形成全国政务新媒体规范发展、创新发展、融合发展新格局"①。文件中首次对政务新媒体的工作目标、职责、内容、功能和建设提出了详尽的要求，并对政务新媒体的内涵予以界定。2019 年 4 月 1 日，国务院办公厅发布《关于印发政府网站与政务新媒体检查指标、监管工作年度考核指标的通知》，聚焦当前政务新媒体出现的功能定位不清晰、信息发布不严谨、互动服务不实用、监督管理不到位等问题，明确"指尖上的网上政府"的发展方向。文件给出了政务新媒体检查和年度考核指标的说明、考核方式和评分细则②，关于政务新媒体的绩效评估工作已经受到国家相关部门的重视且在有效开展中。

从时间维度上看，政务新媒体经历了"政务微博—政务微信—政务客户端—政务短视频"的演进路线。2009 年 11 月 2 日，我国首个政务微博——湖南桃源县政府网站官方微博"@陶源网"的开通，拉开了政务新媒体的序幕。2012 年 9 月 6 日，国内首个政务微信号"平安肇庆"诞生，"政务双微"局面形成。2013 年 11 月 28 日，中国软件测评中心发布的《中国政府网站绩效评估总报告》中首次引入对移动政务 App 的专项评估，标志着政务客户端开始在政务服务中发挥作用③。2014 年，政务新媒体形成"两微一端"的发展模式。2018 年 4 月，抖音率先推出了针对各级政府机构官方的政务短视频账号，至此，政务新媒体"两微一端一视频"格局形成。

相关报告显示，我国 31 个省（自治区、直辖市）均已开通政务机构微博④、政务微信公众号⑤、政务服务移动端 App/政务服务小程序⑥和政务抖音号⑦。其中，最新数据显示，截至 2022 年 12 月，经过新浪平台认证的政务机构微博为14.5 万个，其中，河南省各级政府共开通政务机构微博 10017 个，居全国首位。

---

① 国务院办公厅：《关于推进政务新媒体健康有序发展的意见》，http：//www. gov. cn/zhengce/content/2018 – 12/27/content_5352666. htm，2018 – 12 – 27/2020 – 08 – 02。
② 国务院办公厅：《关于印发政府网站与政务新媒体检查指标、监管工作年度考核指标的通知》，http：//www. gov. cn/zhengce/content/2019 – 04/18/content_5384134. htm，2019 – 04 – 01/2020 – 08 – 02。
③ 中国软件测评中心：《第十二届（2013）中国政府网站绩效评估结果发布会暨电子政务高峰论坛在京顺利召开》，http：//www. mofcom. gov. cn/article/zt_jxpg2013/lanmuone/201312/20131200409124. shtml，2013 – 11 – 29/2020 – 06 – 01。
④ 中国互联网络信息中心：《第 51 次中国互联网络发展状况统计报告》，https：//www. cnnic. net. cn/NMediaFile/2023/0807/MAIN169137187130308PEDV637M. pdf，2023 – 03 – 02/2023 – 06 – 05。
⑤ 唐绪军主编：《中国新媒体发展报告（2014）》，社会科学文献出版社 2014 年版，第 130 页。
⑥ 中央党校（国家行政学院）电子政务研究中心：《2019 移动政务服务发展报告》，http：//www. egovernment. gov. cn/art/2019/8/2/art_476_6196. html，2019 – 08 – 02/2020 – 06 – 04。
⑦ 中国互联网络信息中心：《第 47 次中国互联网络发展状况统计报告》，http：//www. cac. gov. cn/2021 – 02/03/c_1613923423079314. htm，2021 – 02 – 03/2021 – 02 – 26。

政务小程序数量达 9.5 万个，同比增长 20%，超 85% 的用户在日常生活、出行办事中使用政务微信小程序办理政务服务。全国已有 31 个省市和地区支持通过微信支付缴纳社保，年缴费超过 8.8 亿笔，较 2021 年增长超过 16%。27 个省（区、市）社保办理提供便捷高效的微信小程序渠道。在所有使用微信支付缴纳社保的用户中，通过微信小程序的占比达 62%。除社保缴费服务以外，用户还可通过微信城市服务申领电子社保卡、使用医保凭证、挂号看病、打印社保凭证全流程服务①。可以说，政务新媒体的开通已是大势所趋，成为政府推进政务公开、优化政务服务、加强政民互动的线上主阵地。作为党和政府连接群众、沟通群众、服务群众的绝佳工具，对政务新媒体的有效利用可以提高政府的行政效率和服务质量水平，增进公众对政府工作的认同和支持，提升政府在公众心目中的形象，取信于民。同时，政务新媒体的发展水平也是衡量我国服务型政府建设和发展水平的重要指标。

2004 年的《政府工作报告》中首次提出了"服务型政府"的概念，并且 2006 年党的十六届六中全会明确提出要"建设服务型政府，强化社会管理和公共服务职能"。在随后的十几年间，我国政府一直视服务型政府建设为主要的发展方向和目标。党的十九大报告也强调要"建设人民满意的服务型政府"。服务型政府要求提高政府的治理能力，转变政府职能，成为公共服务的供给者。政府要坚持以公众为导向，提高服务水平和质量，拓宽服务供给渠道和范围，满足公众日益变幻、增长的服务需求。我国政府对"服务型政府"的建设，体现了我国为公众提供高水平、高质量、高效率公共服务的决心。"顾客导向"是服务型政府的工作模式。政府服务要以人民诉求为导向，以公众期望决定策略的设计，以公众需求决定服务的内容，以公众满意度衡量政策执行的成效。政府的公共服务应当以社会评价为主，以服务对象的评价为主，加大公众的影响比重②。

政府信任是评价服务型政府建设的核心内容，通过服务质量管理提升政府信任是当前学术界关注的重点议题③。公共信息服务质量对公众政府信任的影响不容小觑④。政务新媒体作为当前政府提供公共信息服务的主要且受国家支持的渠

① 中国互联网络信息中心：《第 51 次中国互联网络发展状况统计报告》，https://www.cnnic.net.cn/NMediaFile/2023/0807/MAIN169137187130308PEDV637M.pdf，2023 – 03 – 02/2023 – 06 – 05。

② 沈荣华：《提高政府公共服务能力的思路选择》，载于《中国行政管理》2004 年第 1 期，第 29 ~ 32 页。

③ 芮国强、宋典：《政府服务质量影响政府信任的实证研究》，载于《学术界》2012 年第 9 期，第 192 ~ 201 + 289 页。

④ 周毅：《公共信息服务质量问题研究——基于建立政府与公民信任关系的目标》，载于《情报理论与实践》2014 年第 1 期，第 17 ~ 21 页。

道，从服务型政府的视角看，它在提供政务信息、政务服务和促进政民互动方面的质量水平应由其服务对象的评价——公众满意度来衡量，公众对政务新媒体的满意度反映出政务新媒体公共信息服务的质量水平，这会影响公众对政府的信任度，提升政府信任又恰恰是服务型政府建设所要追求的目标。同时，不少研究表明，媒体因素会对政府信任产生影响。政务新媒体作为一种新兴的媒体形式，也理应会对政府信任产生相应的影响。

基于上述研究背景，本书认为随着政务新媒体作为我国服务型政府提供公共信息服务的重要渠道，它的日益兴起和飞速发展，成为提升服务对象政府信任的重要影响因素。由此，本书关注的研究重点是：基于我国现阶段的国情和政务新媒体的发展现状，从政府服务的主要对象——公众的视角出发，研究公众政务新媒体的使用情况对政府信任的影响机制，旨在通过对政务新媒体公众满意度的测评来衡量公众的政务新媒体使用情况，以及影响政务新媒体公众满意度的因素，以此作为分析起点，更加深刻地认识到我国服务型政府背景下政府信任的媒介影响机制。

第二节　研究问题

立足于上述研究背景，本书提出两个研究问题。

第一，政务新媒体公众满意度的影响因素有哪些？它们之间是如何产生影响的？

第二，政务新媒体公众满意度对政府信任的影响机理如何？它们之间是如何产生影响的？

以上研究问题的提出遵循如下研究逻辑。

服务型政府是为人民服务、为社会服务、为公众服务的政府，服务是一种基本理念和价值追求，政府定位于服务者的角色上，把为社会、为公众服务作为政府存在、运行和发展的基本宗旨。其中，顾客导向政府是服务型政府的主要特征之一。

在服务型政府理念下，政务新媒体的质量水平主要来自公众对政务新媒体进行的绩效评估，该评估可以通过政务新媒体公众满意度来衡量，构建出科学的政务新媒体公众满意度的测评模型。在此基础上，发现政务新媒体公众满意度的影响因素，探究各个影响因素之间的影响机理，此为研究问题一。政务新媒体公众满意度测评是出于"以顾客为导向"的服务型政府建设的要求，媒体因素是影响政府信任的重要因素之一，而评价服务型政府建设成效的重点内容之一是公众的政府信任。相关研究表明，政府公共服务质量水平影响着公众的政府信任程度。那么，政务新媒体作为政府提供公共信息服务的一种方式，它的质量水平是否会对政府信任产生影响，具体的影响机理是什么？在服务型政府理念下，政务新媒体的质量水平恰好可以通过政务新媒体公众满意度来衡量，据此研究政务新媒体公众满意度对政府信任的影响机理，此为研究问题二。至此，全书的研究逻辑建立起来，如图 1-1 所示。

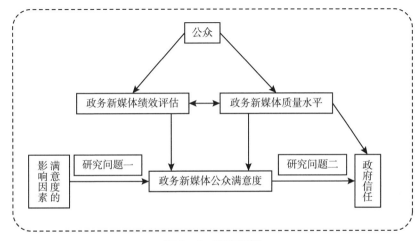

图 1-1 研究逻辑

资料来源：笔者自制。

第三节 研 究 意 义

一、理论意义

第一，有助于建立从公众视角出发的政务新媒体绩效评估的理论体系。已有的政务新媒体绩效评估多为政府自查，从政府自身设计评价考核任务和评价指标体系，只是简单的目标检查和分数加减。只要其完成了预设目标，就能获得肯定性评价。总体来说，一是指标简单、层次较少、不够细致，二是指标设定以实践经验为主，理论性不足。本书从公众的视角出发，通过公众满意度测评对政务新媒体进行绩效评价，一方面，能够实现政务新媒体评价理念的重要创新，凸显"结果至上"和"顾客导向"的价值追求，体现我国服务型政府"以人民诉求为导向"的工作要求。另一方面，体现"从体制外监督体制内运行"的绩效内涵，相对于完成上级制定的政务新媒体建设任务，它将更加关注公众满意和社会效果。

第二，有助于拓展媒体使用与政府信任的关系研究，丰富政府信任的影响因素研究的理论成果。传统媒体的使用对政府信任的研究已经受到学界的关注，相关研究较为丰富，既有关于报纸、广播、电视等不同媒介形式对政府信任的研究，也有关于官方媒体与非官方媒体、传统媒体与新媒体对政府信任的对比研究，等等。但科学研究要随着社会的发展不断演进，随着信息技术和互联网的发展，新媒体的使用在生活中的重要性越发凸显，相较于传统媒体，学者们开始将视线转向网络新媒体的使用对政府信任的影响。自国家重点发展电子政务以来，有关政府网站、电子政务的使用与政府信任的关系研究开始得到学者们的关注。政务新媒体作为近年来的媒体新形式，因其政务属性而具有官方媒体的特征，同时又具备新媒体的特性，那么公众对政务新媒体的使用满意程度、对政府信任的影响是更符合传统官方媒体对政府信任的影响关系还是更贴近新媒体对政府信任的影响关系，抑或是其对政府信任的关系别具一格，这一问题值得思考。

二、现实意义

第一，推动构建一套科学可行的政务新媒体公众满意度的测量方案。目前国内有关政务新媒体绩效评估的研究与评价体系较少且不成系统，从公众角度出发的政务新媒体公众满意度研究更是凤毛麟角，仅有几篇的实证研究也多缺乏确定的技术规范和科学性。本书将运用问卷调查、专家访谈和结构方程模型等多种手段，构建一套完整的政务新媒体公众满意度评价指标体系，设计相应的实证方案，包括调查问卷、抽样方法、数据采集和处理等，保证该测量方案既具备理论科学性又具备可操作性，使政务新媒体运营考核方式更加多元和具体，成为推动政务新媒体绩效测评和优化发展的有效工具。

第二，有助于提升政务新媒体运营管理的科学化水平，改善政府信任状况。通过厘清影响政务新媒体公众满意度的因素，以及政务新媒体公众满意度与政府信任的关系，为实现政务新媒体科学良性的发展提供方向，以公众满意作为提供政务新媒体公共服务的指南，契合服务型政府"以顾客为导向"的服务理念，有助于推动政务新媒体建设和运营的规范化，优化政务新媒体的管理，有助于提升政府形象、改善政府信任，为以信息化建设推进服务型政府建设和国家治理现代化提供科学的决策参考和实践指导。

第四节　研究方法

一、问卷调查法

问卷调查法是社会科学研究中常用的观察方法[①]。问卷调查的主要目的是对本书涉及的政务新媒体公众满意度的影响因素及政务新媒体公众满意度与政府信任的关系这两部分内容进行测量，并对提出的研究假设进行检验。为此，本书将编制出具有较高效度、信度水平的"政务新媒体公众满意度及其对政府信任的影响研究"的测量问卷，采用在线自填问卷的形式发放问卷。首先在小范围内进行小样本的问卷试测，随后进行大样本的问卷调查来获取研究数据。在我国的东部、南部、西部、北部、中部五个区域进行问卷发放，每个区域选择两座城市，即东部区域的上海和南京，南部区域的广州和深圳，西部区域的贵阳和昆明，北部区域的北京和呼和浩特，中部区域的武汉和郑州，共 10 座城市，每座城市发放 200 份问卷，共发放 2000 份问卷。

二、案例研究法

有学者认为问卷调查法的信度和效度在一定程度上受被调查者主观意识的影响[②]，因此选择案例研究法来弥补问卷调查的不足，进一步夯实本书的研究结果。本书将选择具有代表性且资料易获取的政务新媒体——"郑好办"App 来进行案例研究，了解公众在使用该 App 过程中的感受与满意程度，分析影响公众政务新媒体使用满意度的因素，探究政务新媒体公众满意度对政府信任的影响机理。此处案例研究法的运用，起到了再次验证研究假设的作用。

---

① ［美］艾尔·芭比：《社会研究方法（第十一版）》，邱泽奇译，华夏出版社 2009 年版，第 245 页。
② 胡晓明：《个人慈善捐赠动力机制研究》，郑州大学 2017 年，第 27 页。

三、深度访谈法

本书两次采用深度访谈法。第一次是在调研设计阶段，针对概念模型、测评指标、问卷设计与抽样方法等内容通过对专家进行深度访谈的方式咨询专家意见，对问卷设计进行优化，也可称为专家咨询法。第二次是在案例研究阶段，通过对政务新媒体使用者的深度访谈，了解他们的使用需求、使用感受和使用满意程度，探究影响用户政务新媒体使用满意度的因素，以及用户政务新媒体的使用满意度对政府信任的影响机理。

四、结构方程模型

结构方程模型主要用于分析研究潜变量之间的结构关系，以及潜变量与显性指标之间的一致性程度。本书涉及的各个变量均为多个指标测量的潜变量，与传统回归分析方法相比，结构方程模型可同时处理测量模型和结构模型，减少数据质量的损失，可以估计并剔除测量误差，提高模型估计的准确度。本书的实证分析主要采用结构方程模型来进行，利用 AMOS22.0 统计软件，检验影响政务新媒体公众满意度的各因素之间，以及政务新媒体公众满意度对政府信任的影响因素之间的作用路径及作用强度。

第五节 研究思路

一、研究内容

本书分为八章论述，每章的内容安排如下。

第一章，绪论。主要阐述研究背景、研究问题、研究意义、研究方法、研究思路。

第二章，文献综述。从满意度的相关研究、政府信任的相关研究、政务新媒体与政府信任的相关研究等方面对现有文献进行梳理，评述以往研究成果与不足，提出有待进一步探索的研究方向。

第三章，分析框架与研究假设。基于文献综述，对顾客满意度指数模型加以改良建立本书的分析框架，以公众满意为核心变量，前因变量与公众满意的关系构建政务新媒体公众满意度的影响因素概念模型，提出研究假设；公众满意与结果变量的关系构建政务新媒体公众满意度对政府信任的影响机理概念模型，提出研究假设。这与本书的研究逻辑是相对应的，概念模型的建立为实证研究打下基础。

第四章，问卷调查与数据采集。在概念模型和文献调研的基础上，分别构建政务新媒体公众满意度的影响因素初始测量指标体系，以及政务新媒体公众满意度对政府信任的影响机理初始测量指标体系，阐述相关变量的操作定义与计量项目。汇总后编制出具有较高效度、信度水平的"政务新媒体公众满意度及其对政府信任的影响研究"测量问卷，并介绍数据收集与样本概况。在本章最后，针对公众对政务新媒体的使用与需求情况进行描述性统计分析。

第五章，政务新媒体公众满意度的影响因素及影响机理。综合运用数据的描述性统计分析、验证性因子分析等方法对政务新媒体公众满意度的影响因素中的多维结构进行检验和分析，再通过相关分析、结构方程模型来研究政务新媒体公众满意度的影响因素，以及各因素之间的影响机理，验证研究假设。

第六章，政务新媒体公众满意度对政府信任的影响因素及影响机理。综合运用数据的描述性统计分析、验证性因子分析等方法对政务新媒体公众满意度与政府信任的关系中各影响因素的多维结构进行检验和分析，再通过相关分析、结构方程模型、Bootstrap 法中介效应检验和分层回归分析等方法来研究政务新媒体公众满意度与政府信任间的相互关系与影响机理，验证研究假设。

第七章，验证性案例研究。选取"郑好办"App 作为研究对象进行案例研究。首先，对使用过"郑好办"App 的公众进行访谈，了解他们关于该 App 的使用感受、使用需求与满意程度。其次，通过对公众的访谈来重点研究公众对政务新媒体的使用满意程度与政府信任的影响关系，并收集影响公众政府信任的因素，以及改善公众政府信任的方式方法。此处选用案例研究的方法是对前述通过结构方程模型所得出的定量研究结论的印证。

第八章，结论与展望。首先，阐述研究结论和对策建议。其次，对本书的创新之处予以阐述。最后，分析研究的不足并提出研究展望。

二、技术路线

本书的技术路线如图 1－2 所示。

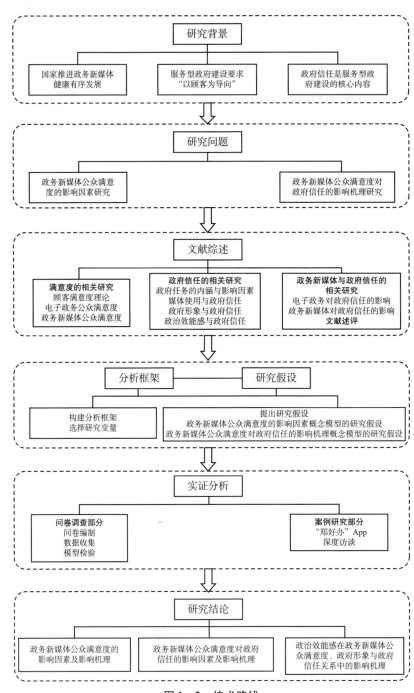

图1-2 技术路线

资料来源：笔者自制。

第二章

文 献 综 述

本章将根据本书的研究问题分别综述满意度、政府信任、政务新媒体与政府信任的关系三部分的研究现状。具体来讲，前者将选择"顾客满意度理论—电子政务公众满意度—政务新媒体公众满意度"进行综述，政府信任将选择"政府信任的内涵与影响因素—媒体使用与政府信任—政府形象与政府信任—政治效能感与政府信任"进行综述，后者将综述"电子政务对政府信任的影响—政务新媒体对政府信任的影响"的研究。通过梳理上述研究的主要成果，阐述相关研究的发展脉络、影响因素、变量选择、测量工具的开发，以及实证研究结论等方面的情况，发现政务新媒体公众满意度的影响因素研究及政务新媒体的使用与政府信任关系研究的不足及推进方向，为后续研究提供文献支撑。

第 一 节　满意度的相关研究

一、顾客满意度理论

顾客满意度的概念于 1965 年由美国学者卡多佐（Cardozo）首次提出，它是指顾客期望与产品实绩之间的比较差异，提高顾客满意度会影响顾客再次购买的行为[①]。顾客满意度理论经过不断发展，演变出顾客满意度指数模型，学术界一直将 1989 年由奥利弗（Oliver）提出的期望差异理论（expectancy disconfirmation

---

① Cardozo, R. N. An experimental study of customer effort, expectation, and satisfaction. *Journal of Marketing Research*, 1965, 2（3）: 244－249.

theory）看作是顾客满意度指数模型的雏形。在该理论中，顾客满意来自顾客期望与实绩之间的比较差异，这种差距会带来三种结果：当实际感受超出顾客期望时，比较差异为正，顾客非常满意；当实际感受等于顾客期望时，期望差异为零，顾客满意；当实际感受小于顾客期望时，期望差异为负，顾客不满意。期望差异模型由顾客期望、实绩、比较差异和顾客满意4个潜变量、3种变量间关系组成，如图2-1所示。

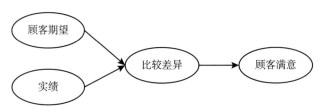

图2-1 期望差异模型

资料来源：Oliver, R. L. & Swan, J. E. Consumer perceptions of interpersonal equity and satisfaction in transactions: a field survey approach. *Journal of Marketing*, 1989, 53（2）：21 - 35.

1992年，瑞典统计局在美国密歇根大学商学院教授费耐尔（Fornell）及其团队的帮助下构建了第一个全国性的顾客满意度指数模型——瑞典顾客满意度晴雨表（Swedish customer satisfaction barometer，SCSB）。瑞典顾客满意度指数模型包含顾客期望、感知价值、顾客满意、顾客抱怨和顾客忠诚5个潜变量、6种变量间关系，如图2-2所示。

图2-2 瑞典顾客满意度指数（SCSB）模型

资料来源：Fornell, C. A national customer satisfaction barometer: the Swedish experience. *Journal of Marketing*, 1992, 56（1）：6 - 21.

SCSB模型的最大贡献在于提出了顾客满意弹性的概念，量化了顾客满意与顾客忠诚之间的非线性关系，即通过顾客满意的变化来获知顾客忠诚的变化①。但该模型也存在不足，未将感知质量从感知价值中分离出来，质量和价值作为衡量顾客满意度的两大要素，该模型仅关注后者而忽略前者，后续模型需加以完善。

1996 年，费耐尔（Fornell）与其研究团队在优化 SCSB 模型后提出了美国顾客满意度指数模型（American customer satisfaction index，ACSI）。该模型包含顾客期望、感知质量、感知价值、顾客满意、顾客抱怨和顾客忠诚 6 个潜变量、9 种变量间关系，如图 2－3 所示。

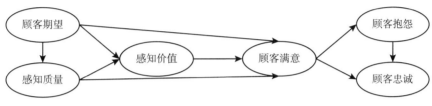

图 2－3 美国顾客满意度指数（ACSI）模型

资料来源：Fornell, C., Johnson M. D., Anderson E. W., Cha, J. & Bryant, B. E. The American customer satisfaction index: nature, purpose, and findings. *Journal of Marketing*, 1996, 60 (4): 7－18.

ACSI 模型是目前影响力最大且应用最广泛的顾客满意度指数模型，不仅为新西兰、奥地利和中国台湾等国家和地区所使用，还成为挪威、韩国、瑞士、欧盟等国家和地区建构顾客满意度指数模型的基础。

2001 年，欧洲质量组织和欧洲质量管理基金会等机构优化 ACSI 模型后提出了欧洲顾客满意度指数模型（European customer satisfaction index，ECSI）。该模型包含企业形象、顾客期望、感知质量、感知价值、顾客满意和顾客忠诚 6 个潜变量、10 种变量间关系，如图 2－4 所示。该模型在 ACSI 模型的基础上增加了企业形象，删去了顾客抱怨。

2003 年，清华大学中国企业研究中心借鉴 ACSI 和 ECSI 的成功经验，根据中国的国情建立了中国顾客满意度指数模型（Chinese customer satisfaction index，CCSI）。该模型包含品牌形象、预期质量、感知质量、感知价值、顾客满意和顾客忠诚 6 个潜变量、11 种变量间关系，如图 2－5 所示。

CCSI 模型在 ACSI 模型的基础上新增了品牌形象这一潜变量，其内涵不仅包含 ECSI 模型中的企业形象，还额外纳入品牌形象进行测评，衡量结果更加全面。

---

① 李海涛：《政府门户网站公众满意度概念模型研究》，科学出版社 2018 年版，第 99 页。

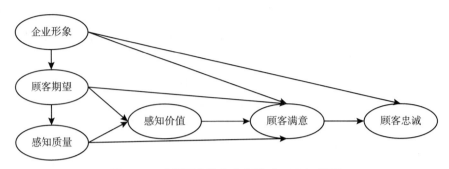

图 2 - 4　欧洲顾客满意度指数（ECSI）模型

资料来源：Cassel，C. & Eklöf J. A. Modelling customer satisfaction and loyalty on aggregate levels：experience from the ECSI pilot study. *Total Quality Management*，2001，12（7 - 8）：834 - 841.

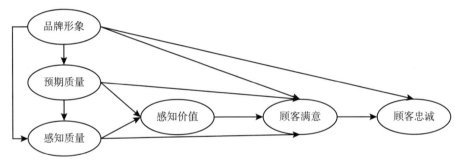

图 2 - 5　中国顾客满意度指数（CCSI）模型

资料来源：国家质检总局质量管理司、清华大学中国企业研究中心：《中国顾客满意指数指南》，中国标准出版社 2003 年版，第 36 ~ 41 页。

二、电子政务公众满意度

学界对电子政务公众满意度的影响因素研究倾向于借鉴三个模型：顾客满意度指数模型（CSI 模型）、技术接受模型（TAM）和信息系统成功模型（D&M 模型）。目前，基于顾客满意度指数模型建立电子政务公众满意度模型和评价指标体系的研究最多。此外，将信息管理学科中的技术接受模型和信息系统成功模型分别引入进来，从电子政务的技术采纳行为出发进行电子政务公众满意度的研究也成为一种趋势。结构方程模型、层次分析法、模糊综合评价法是电子政务公众满意度的主要测评方法。

（一）基于顾客满意度指数模型（CSI 模型）的电子政务公众满意度研究

电子政务公众满意度主要由政府网站的用户进行评价，电子政务的用户可以被视为顾客，因此可以将顾客满意度理论作为电子政务公众满意度评价的理论基础。就实际来看，确有许多学者采用顾客满意度指数模型（customer satisfaction index，CSI）作为理论来研究电子政务公众满意度。其中，比较有影响力的测量工具主要是美国电子政务公众满意度模型（E – GOV – ACSI）和由金（Kim）提出的电子政务用户满意度指数模型（g – CSI）。

E – GOV – ACSI 模型由感知质量、公众期望、公众满意、公众抱怨、公众信任 5 个变量组成，其中感知质量包括服务获取过程、提供的信息、服务体验、网站性能 4 个维度。已有百余个美国联邦政府机构使用该工具对电子政务公众满意度进行测量[1]。金（Kim）等人提出的电子政务用户满意度指数模型 g – CSI，由感知质量、顾客期望、顾客满意、顾客抱怨和结果 5 个变量组成，其中，感知质量包含使用者使用电子政务服务后对电子政务服务提供的信息、服务获取过程、顾客服务体验、服务的预算执行、管理创新 5 个维度[2]，这一模型是被普遍接受的电子政务公众满意度的测量模型。

除了上述两个早期最具代表性的测量模型，近年来，一些学者改良 CSI 模型进行了电子政务公众满意度的测评。摩根森（Morgeson）等人改良 ACSI 模型构建出新的美国电子政务公众满意度模型，发现公民期望与公众满意度呈正相关，并通过满意度正向影响公众对政府的信任[3]。李（Li）在顾客满意度指数模型、技术接受模型和任务—技术匹配模型基础上，构建了政府网站公众满意度指数模型 GWPSI，并采用结构方程模型的方法对中国广东省政府网站用户的使用满意度进行了实证研究[4]。

国内研究中，陈岚和李志刚等人构建的电子政务公众满意度测评模型均选择公众期望、感知质量、感知价值、公众满意、政府形象、公众信任作为变

① American Customer Satisfaction Index：The American Customer Satisfaction Index the Voice of the Nation's Consumer（EB/OL），http：//www. theacsi. org，2006/2021 – 03 – 17.

② Kim，T. H.，Im，K. H. & Park，S. C. Intelligent measuring and improving model for customer satisfaction level in E – government. *International Conference on Electronic Government*，2005：38 – 48.

③ Morgeson，F. V. & Petrescu，C. Do they all perform alike? an examination of perceived performance，citizen satisfaction and trust with US federal agencies. *International Review of Administrative Sciences*，2011，77（3）：451 – 479.

④ Li，H. An empirical research on the construction of a government website public satisfaction index model in China. *Journal of Global Information Management*（*JGIM*），2021，29（5）：112 – 137.

量，但二者的测评方法不同，前者采用了层次分析法和模糊综合评价法①，后者采用了结构方程模型②。李海涛等人基于顾客满意度、信息系统接收、交互中的"任务"情景等理论构建了政府门户网站公众满意度模型 GWPSI，描述了影响政府门户网站公众满意度的结构变量，以及其间的关系，包含预期质量、感知质量、比较差异、感知有用、感知易用、主观规范、感知行为控制、公众满意、持续行为意图，以及任务技术适配等 10 个结构变量、17 条变量间的路径关系③。吴继英等人通过改进美国顾客满意度指数模型和欧洲顾客满意度指数模型，构建了我国政府网站政务信息公开满意度模型，运用结构方程模型进行了实证检验，研究表明，公众感知质量和公众感知价值对政务信息公开满意度产生直接正向影响，公众预期对政务信息公开满意度产生间接正向影响，政务信息公开满意度对政府形象有显著直接正向影响、对公众信任有间接正向影响④。

相较于国外学者的研究在指标选取上的多样性和独特性，国内学者的研究对 CSI 模型的借鉴更为彻底，改良较少，公众期望、感知质量、感知价值、公众满意、政府形象成为各研究选取的主要指标，经过实证研究证明，这些指标在测量我国电子政务公众满意度上确有其适用性和可行性。

（二）基于技术接受模型（TAM）的电子政务公众满意度研究

由于电子政务系统是信息系统的一种类型，因此信息系统领域用来研究用户持续使用行为的模型技术接受模型（technology acceptance model，TAM）常被引入进来，来研究用户信息技术的使用态度对用户持续使用行为的影响，其中态度常被替换成满意度来研究满意度对用户持续使用行为的影响，影响用户使用态度的前因变量就是影响用户使用满意度的因素。

奥克（Ohk）等人的研究发现感知有用性、感知易用性和互动性正向影响电子政务满意度，且满意度对持续使用意愿有正向影响⑤。萨晨（Sachan）等人研

---

① 陈岚：《电子政务公众满意度的测评》，载于《统计与决策》2009 年第 1 期，第 66 ~ 68 页。

② 李志刚、徐婷：《电子政务信息服务质量公众满意度模型及实证研究》，载于《电子政务》2017 年第 9 期，第 119 ~ 127 页。

③ 李海涛、张寅亮：《政府门户网站公众满意度提升策略研究——基于 GWPSI 模型再修正的实证结果》，载于《情报科学》2018 年第 6 期，第 89 ~ 94 页。

④ 吴继英、张一凡：《政务信息公开满意度影响因素分析——以政府网站为例》，载于《行政与法》2021 年第 3 期，第 15 ~ 27 页。

⑤ Ohk, K., Park, S. B. & Hong, J. W. The influence of perceived usefulness, perceived ease of use, interactivity, and ease of navigation on satisfaction in mobile application. *Business*, 2015, 84：88 – 92.

究了以政府网站为主的电子政务服务提供系统的用户满意度，研究结果发现，用户对政府网站易用性感知的增加，会提高感知有用性，从而提高用户满意度。电子政务的使用过程对感知有用性和用户满意度有显著影响①。维尔基加（Verkijika）通过评估撒哈拉以南非洲电子政务网站的可用性来研究其对电子政务的影响。结果表明，电子政务网站的可用性与电子政务发展指数和电子参与指数呈正相关，并影响用户的使用满意度，撒哈拉以南非洲中的大多数电子政务网站都存在可用性差的特点②。舒伊人（Shuib）等人基于技术接受模型和创新扩散模型对马来西亚电子政务应用的政府信任、信息质量、计算机自我效能和客户满意度建构模型进行研究。结果表明，兼容性、相对优势、形象、对政府的信任、计算机自我效能和客户满意度对电子政务应用程序的使用有显著影响。反过来，客户满意度本身也受到电子政务应用程序的积极影响③。默罕默德（Mohammad）研究了约旦的政府网站可用性和可访问性对用户满意度的影响。结果发现，被调查者都积极认可约旦政府网站对电子政务服务的可用性，并认为网站可用性和网站可访问性对约旦电子政务网站设计的用户满意度有积极影响④。

国内研究中，刘燕从网站信息、网站互动、网站性能、网站功能、感知质量、公众期望、感知易使用、感知有用、公众满意、政府形象、公众信任 11 个维度来测量电子政务公众满意度⑤。韩洁平等人引入技术接受模型的感知易用和感知有用变量建构了政府门户网站公众满意度指数模型，该模型与刘燕提出的模型较为相似，但选择采用公众投诉变量取代政府形象变量，其余变量相同⑥。朱多刚等人以技术接受模型为理论框架，分析了移动政府网站的信息质量、系统质量和服务质量对用户满意和持续使用行为的影响，结果表明，信息质量、系统质量和服务质量对网站有用性均有显著影响，而网站质量中只有系

① Sachan, A., Kumar, R. & Kumar, R. Examining the impact of E – government service process on user satisfaction. *Journal of Global Operations and Strategic Sourcing*, 2018, 11 (3): 321 – 336.

② Verkijika, S. F. & De Wet, L. A usability assessment of E – government websites in Sub – Saharan Africa. *International Journal of Information Management*, 2018, 39: 20 – 29.

③ Shuib, L., Yadegaridehkordi, E. & Ainin, S. Malaysian urban poor adoption of E – government applications and their satisfaction. *Cogent Social Sciences*, 2019 (5): 1565293.

④ Mohammad, A. H. The effects of usability and accessibility for E – government services on the end-user satisfaction. *International Journal of Interactive Mobile Technologies* (*iJIM*), 2020, 14 (13): 78 – 90.

⑤ 刘燕：《电子政务公众满意度测评理论、方法及应用研究》，国防科学技术大学 2006 年，第37 页。

⑥ 韩洁平、樊文燕：《吉林省政府门户网站公众满意度评价研究》，载于《图书情报工作》2011 年第 S2 期，第 284 ~ 286 + 342 页。

统质量对网站易用性产生显著影响，有用性和易用性分别对用户满意和持续使用意向产生显著影响，用户满意对公众持续使用移动政务的影响最明显①。李燕基于中国电子政务公众采纳实证研究的荟萃分析结果，在技术接受模型、创新扩散理论和信任理论基础上构建了电子政务公众采纳模型，以成都、长沙、上海、沈阳与深圳的普通公众为调研对象进行了实证检验，研究发现：感知有用性、感知易用性、相容性、政府信任、技术信任、便利条件对增加电子政务公众采纳意愿具有显著促进效应，相对优势与政府信任对感知风险具有显著负向影响②。

通过分析国内外基于 TAM 的电子政务公众满意度的研究可以发现，TAM 中的感知有用性和感知易用性成为各研究中最常采用的变量，结构方程模型是主要测评方法。国内学者倾向于将 CSI 模型和 TAM 相结合，来建立我国电子政务公众满意度的研究模型。

（三）基于信息系统成功模型（D&M 模型）的电子政务公众满意度研究

由于电子政务系统是信息系统的一种类型，也有一些学者选择以德隆和麦克林（DeLone and McLean）于 2003 年更新的信息系统成功模型（the deLone and mcLean model of information systems success，D&M Model）作为理论基础进行电子政务公众满意度的研究，在以该模型为理论基础的研究中，用户信任往往作为独立影响因素被引入进来，来研究用户满意与信任问题。

从国外研究看，维拉科迪（Weerakkody）等人建构出由系统质量、信息质量、成本、信任和用户满意 5 个潜变量组成的电子政务信息服务模型来测量英国公民对电子政府的满意度，研究发现，这些变量对英国公民的电子政府使用满意度均有显著影响③。桑塔（Santa）等人基于来自沙特阿拉伯的电子政务服务用户样本，研究了公众在线服务的信任对电子政务服务用户的满意度和其他感知的直接和间接影响，结果表明，信任对用户满意度的影响受系统有效性（系统质量、服务质量、信息质量）和运营效率的影响，运营效率和信息质量是用户满意度的

---

① 朱多刚、郭俊华：《基于 TAM 模型的移动政务用户满意度研究》，载于《情报科学》2016 年第 7 期，第 141～146 页。

② 李燕：《电子政务公众采纳意愿研究：基于荟萃分析的模型构建与实证检验》，载于《管理评论》2020 年第 4 期，第 298～309 页。

③ Weerakkody, V., Irani, Z., Lee, H., Hindi, N. & Osman, I. Are U. K. citizens satisfied with E‑government services? Identifying and testing antecedents of satisfaction. *Information Systems Management*, 2016, 33 (2): 331–343.

最重要驱动因素①。艾尔克莱吉（Alkraiji）通过对 780 名大学生的问卷调查来研究沙特阿拉伯教育部推出的一项旨在帮助高中毕业生完成大学入学申请的强制性电子政务服务公众满意度的影响因素。研究发现，电子政务的感知有用性和信任在系统质量和信息质量对公民满意度的间接影响中起中介作用，系统质量对公众满意度的总体影响最为显著②。阮（Nguyen）等人通过对居住在河内的 1107 位市民发放在线问卷调查，对越南河内电子政务满意度的影响因素进行了研究，发现与电子政务满意度相关的六个外部变量，即效率、信任、可靠性、便利性、公民支持和透明度，它们是衡量电子政务系统质量、信息质量、服务质量和相对效益的重要指标，进而对公民的电子政务满意度产生积极影响③。

从国内研究看，杨菲等人借鉴信息系统成功模型、技术接受模型、信息系统持续使用模型，以公众体验为导向，构建了政府电子信息服务质量与公众持续使用意愿关系模型，发现信息质量、感知有用性显著影响公众满意度，满意度是公众持续使用政府电子信息服务的最显著影响因子，满意度、感知信任均对持续使用意愿产生正向影响④。李海涛基于信息系统成功模型、计划行为理论、技术接受模型、任务—技术适配模型等信息管理学科中的技术采纳行为相关模型来研究电子政务公众满意度与技术接受行为之间的影响关系，从预期质量、感知质量、比较差异、感知有用、感知易用、公众满意、持续使用行为、主观规范、感知行为控制、任务—技术适配 10 个维度建立了政府门户网站公众满意度概念模型⑤。韩啸等人整合信息系统成功模型与电子商务服务失败模型，将在线政务服务失败的成因划分为信息失败、功能失败、系统失败和服务失败，研究在线政务服务失败的影响因素，结论显示：信息、功能、系统和服务四个因素可以很好地解释在线政务服务失败，信息失败、功能失败、系统失败和服务失败对用户满意及行为发挥着不同的作用⑥。

① Santa, R., MacDonald, J. B. & Ferrer, M. The role of trust in E – Government effectiveness, operational effectiveness and user satisfaction: Lessons from Saudi Arabia in e – G2B. *Government Information Quarterly*, 2019, 36 (1): 39 – 50.

② Alkraiji, A. I. Citizens satisfaction with mandatory E – government services: A conceptual framework and an empirical validation. *Digital Object Identifier*, 2020 (8): 253 – 265.

③ Nguyen, T. T., Phan, D. M., Le, A. H. & Nguyen, L. T. N. The determinants of citizens' satisfaction of E – government: An empirical study in Vietnam, *Jouranl of Asian Finance, Economics and Business*, 2020, 7 (8): 519 – 531.

④ 杨菲、高洁：《政府电子信息服务质量与公众持续使用意愿关系实证研究》，载于《图书情报工作》2017 年第 17 期，第 99 ~ 107 页。

⑤ 李海涛：《政府门户网站公众满意度概念模型研究》，科学出版社 2018 年版，第 140 页。

⑥ 韩啸、汤志伟：《理解在线政务服务失败的成因与影响：一项探索性研究》，载于《情报杂志》2021 年第 1 期，第 171 ~ 177 + 188 页。

可以发现，在以 D&M 模型为理论基础的电子政务公众满意度的研究中，电子政务系统的信息质量、服务质量、系统质量往往作为衡量电子政务服务质量和满意度的重要测评维度，信任也常作为影响这三个维度的重要指标即外部变量被考虑进模型中，结构方程模型是主要测评方法。

（四）基于其他理论模型构建的电子政务公众满意度研究

除了由上述三种模型为理论基础进行的电子政务公众满意度的研究之外，还有另外两种研究思路：一是一些学者从其他理论视角入手进行了研究，充实了相关理论；二是有学者将其他理论视角中的多个基础理论模型融合起来，构建出特有的电子政务公众满意度模型来进行相关研究。

从国外研究看，邓（Deng）等人基于公共价值的框架，建立了一个评估发展中国家电子政务绩效的模型，研究表明，信息质量、电子服务功能、用户导向、公共组织的效率和开放性、公平、公民的自我发展、信任和环境可持续性是影响发展中国家电子政务绩效的关键因素[1]。黄（Huang）等人基于公众体验的框架构建了由信息披露、在线服务、公众参与、网站参与 4 个主要标准和 14 个子标准的电子政务网站评价体系，采用层次分析法确定各评价指标的权重，采用模糊综合评价法对电子政务网站进行评价，以期为电子政务网站建设提供参考[2]。博纳里斯（Bournaris）的研究采用多标准满意度分析（MUSA）的方法来评估希腊用户对农业电子政务服务的满意度，选择导航、设计、可访问性、交互、内容 5 个主要标准和 31 个子标准来计算全局和部分用户的满意度。结果显示，希腊的农业电子政务服务的用户非常重视交互性和可访问性标准[3]。李（Li）等人基于 IS 持续使用模型建立了电子政务服务质量、感知价值、满意度和公民持续使用意愿的链式模型，以解释政府网站服务质量与感知价值之间的关系，以及这种关系如何影响公民的再利用意愿。结果表明，电子政务服务质量的概念有 8 个贡献维度，分别是系统质量、可靠性、安全性、可访问性、信息质量、服务能力、交互性和响应性。感知服务价值是服务质量与公民持续使用意愿之间的中介变

① Deng, H., Karunasena, K. & Xu, W. Evaluating the performance of E – government in developing countries: A public value perspective. *Internet Research*, 2018, 28 (1): 169 – 190.

② Huang, J., Guo, W. & Fu, L. Research on E – government website satisfaction evaluation based on public experience. DEStech Transactions on Social Science, *Education and Human Science*, 2019. 29844.

③ Bournaris, T. Evaluation of E – government web portals: the case of agricultural E – government services in Greece. *agronomy*, 2020, 10 (7): 932.

量，使用意图是服务质量、服务价值和满意度的结果①。

从国内研究看，汤志伟等人基于信息系统持续使用模型，引入信任与网络外部性等变量，研究政府网站公众持续使用意向，发现感知有用性、期望确认度、信任和服务质量正向影响公众对政府网站的满意度②。同杨萍等人在 Web 信任模型基础上，从期望/需求、体验、满意度和持续使用 4 个方面建立了基于公众视角的政府电子政务信息服务质量评价概念模型③。毛万磊等人的研究发现电子化政民互动是影响公众满意度的重要途径，因此提出坚持以提高公众满意度为原则，积极培育公众的电子化服务需求④。上述学者均采用了结构方程模型的测评方法。

总的来说，学者们选择的理论模型的不同、各国电子政务发展情况的差别以及电子政务平台的差异等因素共同促成了具有不同测量维度的电子政务公众满意度评价模型的出现。相比较而言，对于电子政务公众满意度的研究，学者更倾向于选用顾客满意度指数模型、技术接受模型和信息系统成功模型来作为模型构建的理论基础。

三、政务新媒体公众满意度

（一）政务新媒体公众满意度的概念综述

1. 政务新媒体的定义

在界定政务新媒体的定义前，需要首先对新媒体进行界定。关于新媒体的定义，国际上最早由联合国教科文组织提出，认为新媒体就是网络媒体。国内对其最早的界定由陶开在 2001 年的《新媒体与网络传播》一书中提出：以数字技术为基础，以网络为载体进行信息传播的媒介⑤。熊澄宇认为，新媒体是建立在计算机信息处理技术和互联网基础之上，发挥传播功能的媒介综合。作为一个相对

① Li, Y. & Shang, H. Service quality, perceived value, and citizens' continuous-use intention regarding E-government: Empirical evidence from China. *Information & Management*, 2020, 57（3）: 103197.
② 汤志伟、韩啸、吴思迪：《政府网站公众使用意向的分析框架：基于持续使用的视角》，载于《中国行政管理》2016 年第 4 期，第 27~33 页。
③ 同杨萍、高洁：《公众视角的政府电子信息服务质量评价概念模型构建》，载于《情报理论与实践》2017 年第 8 期，第 1~7 页。
④ 毛万磊、朱春奎：《电子化政民互动对城市公众政府信任的影响机理研究》，载于《南京大学学报（哲学·人文科学·社会科学）》2019 年第 3 期，第 51~60 页。
⑤ 陶开、张浩达：《新媒体与网络传播》，科学出版社 2001 年版，前言第 3 页。

的、发展的概念，新与旧是在比较中产生的①，新媒体具有交互、即时、延展和融合的新特征②。廖祥忠提出，新媒体是通过数字化交互的固定或移动的多媒体终端向用户提供信息和服务的传播形态，具有即时交互、无限兼容等数字媒体的特性，同时也兼具服务性③。

通过分析上述学者给出的新媒体的概念，发现有以下共同点：第一，它是建立在数字技术和网络基础之上的产物；第二，它具有数字化、交互性、即时性、延展性、融合性、兼容性和服务性等特征；第三，它具有发展性，所指代的媒体形式会随时间推移而变化。从广义上看，新媒体的概念是相对于"旧媒体"而言的，即所有的新兴媒体都可称之为新媒体。从狭义上看，当今社会的新媒体主要指能够提供在线服务和实时互动的互联网媒体和移动媒体。为使研究对象具体可考量，本书对新媒体的定义取自狭义，研究所指的新媒体是指微博、微信、客户端和短视频等新兴媒体。

政务新媒体是近年来产生的新生事物，有关政务新媒体的定义，尚未像新媒体一样有专门的文献对其进行辨析，探讨其外延和内涵，但学者一般会在研究政务新媒体的文章中的第一部分对其进行界定。

国务院办公厅在《关于推进政务新媒体健康有序发展的意见》文件中提出的政务新媒体的定义被广泛接受，即各级行政机关、承担行政职能的事业单位及其内设机构在微博、微信等第三方平台上开设的政务账号或应用，以及自行开发建设的移动客户端等④。此外，有学者在定义中重点强调了政务新媒体作为政务信息传播和政府服务工作的媒介⑤，承载着提供公共服务、促进政民良性互动、增进政府合法性的使命⑥。

通过分析发现，对政务新媒体的定义包含以下三个方面：其一，政务新媒体的运营方主要为政务机构及具有行政职能的事业单位官方；其二，政务新媒体的运营目的是政务宣传、政务服务和政民互动；其三，政务新媒体的运营平台包括

① 熊澄宇：《整合传媒：新媒体进行时》，载于《国际新闻界》2006年第7期，第7~11页。
② 熊澄宇、廖毅文：《新媒体——伊拉克战争中的达摩克利斯之剑》，载于《新闻记者》2003年第5期，第56~57页。
③ 廖祥忠：《何为新媒体?》，载于《现代传播（中国传媒大学学报）》2008年第5期，第121~125页。
④ 国务院办公厅：《关于推进政务新媒体健康有序发展的意见》，http://www.gov.cn/zhengce/content/2018-12/27/content_5352666.htm，2018-12-27/2020-08-02。
⑤ 谭云明、全嘉琪：《矩阵协同式政务新媒体发展研究》，载于《中国出版》2017年第16期，第34~38页。
⑥ 陈强：《政务新媒体研究的国际进展：议题与路向》，载于《情报杂志》2017年第3期，第42~47+30页。

微博、微信、客户端等。结合先前对新媒体概念的界定和对政务新媒体概念的梳理，本书界定政务新媒体是各级行政机关、承担行政职能的事业单位及其内设机构进行政务信息传播、政务服务工作以及与民互动交流的新媒体平台，包括政务微博、政务微信、政务客户端（App）、政务短视频等。

2. 政务新媒体公众满意度的定义

公众满意度是政府部门绩效考核中服务对象即公众对政府工作的满意或不满意的感受状态，主要来源于公众对政府工作的实际感受与预期之间的对比。公众满意度的评价根据部门类型不同考核指标体系也会有所区别。

政务新媒体公众满意度，在本书中是指公众对政务新媒体所提供的政务信息、政务服务，以及政民互动等工作的满意程度，这种感受状态主要来自公众使用前的预期与使用时和使用后的实际感受之间的比较。

3. 政务新媒体公众满意度的研究范畴

政务新媒体主要有两种分类方式：一种是按照政务新媒体的平台类型来划分，主要分为政务微博、政务微信、政务客户端（App）和政务短视频，这也是最常见的分类方式；另一种是按照我国行政机关、承担行政职能的事业单位及其内设机构的职能性质来划分。目前常见的政务新媒体类型有公安、法院、消防、检察院、交警、共青团、地方发布、文化、旅游、司法、医疗卫生、工商税务、交通、市政、党政机关媒体部门等。

本书在确立政务新媒体公众满意度的研究范畴时，并不对政务新媒体进行层级——中央级、省级、市级、县级，类别——公安类、消防类、共青团类、地方发布类、文化类、交通类、市政类、党政机关类等，平台——微博、微信、客户端、短视频等的划分。主要原因有以下两点：

第一，我国政务新媒体的发展尚处于起步阶段，各层级、类别、平台发展不够均衡且特征各异，因此公众对不同层级间、类别间和平台间的政务新媒体的使用感受与满意程度并不具备可比性，进行纵向或横向的对比研究不够科学。

第二，本书的调查对象是公众，公众的范围非常广泛，文化素养和受教育水平差距较大，在调查时请他们对政务新媒体的概念进行理解已实属不易（有些公众使用过政务新媒体，但是他们并不知道自己使用的是政务新媒体），若让他们在层级、类别和平台上对各种政务新媒体进行划分，并感知出它们的不同将会更加困难，一味地追求调查的丰富性和具体度，会降低调查的可行性导致调查难度增加，使调查结果不够客观和科学。此外，公众存在使用过某个类别的政务新媒体、某个层级的政务新媒体或者某个平台的政务新媒体，但并未使用过其他层级、类别或平台政务新媒体的可能性，难以进行对比分析。最后，如若只研究某一层级、类别或平台，研究的范围太小，会增加问卷发放的难度，足够数量的样本数据将难以收集。

因此，本书中的政务新媒体公众满意度主要衡量公众对政务新媒体的整体使用感受，凡是使用过政务新媒体的公众都是本书的调查对象，不再具体到某一层级、类别或平台的政务新媒体。

（二）政务新媒体公众满意度的影响因素

国外将对应国内新媒体概念的软件推特（Twitter）、脸书（Facebook）和Tiktok 等统称为社交媒体（social media），其中 Twitter 相当于中国的微博，短视频软件 Tiktok 是中国抖音在海外的版本，官方行政机构在这些社交媒体上开设的账号被称作政务社交媒体（government social media）账号。此外，国外在近些年也开始重视移动政务（mobile government）的开发与建设。基于此，对国外政务新媒体公众满意度研究的综述，通过梳理公众对政府部门开设的社交媒体账号，以及移动政务的使用满意度来完成。

国外学者在研究政务新媒体公众满意度的影响因素时，通常根据各国国情的不同，选择适合本国国情的理论模型加以融合，建构出相应国家的政务新媒体公众满意度的测评模型。波伦贝斯库（Porumbescu）通过调查首尔市民关于公共部门社交媒体的使用行为发现，使用行为与公众满意度和政府信任显著相关[1]。沙里夫（Shareef）等人通过对孟加拉国、加拿大和德国三个国家公民的调研发现，文化差异会导致公众对移动政务服务不同的采纳行为，并会影响公众对移动政务的满意度[2]。瓦莱（Valaei）等人基于期望确认理论和信息系统成功模型，研究马来西亚政府 Facebook 的公众持续使用意向，发现公众满意由 Facebook 的信息质量所决定[3]。胡（Hu）等人结合任务—技术契合视角和程序公平理论研究了移动和无线技术特性如何影响移动政务用户满意度，结果表明，移动政务的两个时间关键功能提高了透明度，位置敏感功能和移动多媒体功能提高了信息准确性，透明度、信息准确性和声音提高了政府服务的程序公平性，进而提高了

[1] Porumbescu, G. A. Linking public sector social media and E – government website use to trust in government. *Government Information Quarterly*, 2016, 33（2）：291 – 304.

[2] Shareef, M. A., Dwivedi, Y. K., Laumer, S. & Archer, N. Citizens' adoption behavior of mobile government（mGov）：a cross-cultural study. *Information Systems Management*, 2016, 33（3）：268 – 283.

[3] Valaei, N. & Baroto, M. B. Modelling continuance intention of citizens in government Facebook page：A complementary PLS approach. *Computers in Human Behavior*, 2017, 73：224 – 237.

用户满意度①。洪（Hung）等人通过扩展期望—确认理论来研究政府 Facebook 群组中的沟通和社交互动，结果表明，沟通质量和响应能力是影响感知有用性水平的两个关键因素，这两个变量与社会互动一起对预期的整体确认产生显著影响，感知有用性和满意度能够影响电子政务社交网络服务的持续使用意愿，满意度对这种意愿的影响大于感知有用性②。

　　国内关于政务新媒体公众满意度的研究，就研究的对象而言，一般以平台为划分选取政务新媒体的某一类别来进行研究，主要研究政务微博、政务微信、政务 App 的公众满意度。邹凯等人对政务微博服务公众满意度进行了实证研究，提出了政务微博服务公众满意度的主要影响因素有公众期望、感知质量和感知价值，并在感知质量中选择了政务微博服务内容、政务微博服务方式、政务微博服务渠道和政务微博服务效能 4 个质量因子来进行考量。最终的实证结果表明：政务微博的服务内容、服务方式、服务渠道、服务效能与感知质量有正相关关系，公众期望、感知质量与感知价值有正相关关系，公众期望、感知质量、感知价值与公众满意有正相关关系③。张晓娟等人从政务微信服务过程、服务载体、服务内容和服务结果四个方面出发，基于用户满意度，从便捷性、移情性、响应性、可靠性和保证性五个维度构建了政务微信服务质量评价模型，并以"武汉发布"微信公众号为例，进行了模型检验和实证研究④。张海等人以 S－O－R 理论为基础，从外部刺激和内部转化两方面出发，构建移动政务 App 用户使用意愿影响因素模型，探究影响移动政务 App 用户使用意愿的影响因素，以及内在的作用机理，研究发现：感知有用性、相对优势和满意度对移动政务 App 用户的使用意愿产生直接显著的影响，信息质量、系统质量和服务质量会间接影响移动政务 App 用户的使用意愿⑤。王法硕等人基于技术接受模型、信息系统成功模型与信息系统持续使用模型构建了政务服务 App 公众持续使用意愿影响因素模型，其中有关于用户满意度的测评内容。研究表明，感知有用性、系统质量、期望确认程度对

　　① Hu, S., Zeng, R. & Yi, C. Media use and environmental public service satisfaction—an empirical analysis based on China. *Sustainability*, 2019, 11 (14): 38－73.

　　② Hung, S. Y., Chen, K. & Su Y. K. The effect of communication and social motives on E－government services through social media groups. *Behaviour & Information Technology*, 2020, 39 (7): 741－757.

　　③ 邹凯、包明林：《政务微博服务公众满意度指数模型及实证研究》，载于《湘潭大学学报（哲学社会科学版）》2016 年第 1 期，第 75～79＋121 页。

　　④ 张晓娟、刘亚茹、邓福成：《基于用户满意度的政务微信服务质量评价模型及其实证研究》，载于《图书与情报》2017 年第 2 期，第 41～47＋83 页。

　　⑤ 张海、袁顺波、段荟：《基于 S－O－R 理论的移动政务 App 用户使用意愿影响因素研究》，载于《情报科学》2019 年第 6 期，第 126～132 页。

政务服务 App 用户满意度有显著影响，公众满意度、感知易用性、感知有用性对公众持续使用意愿产生显著影响①。

就研究内容而言，除了研究政务新媒体公众满意度的影响因素外，有不少学者将公众对政务新媒体的使用满意度与政务新媒体的持续使用意愿和采纳行为结合起来进行研究。钱丽等人针对"互联网＋政务"服务的特点，从感知信任、环境特征、公众满意度三个方面分析了公众采纳政务服务的影响因素，使用多维度采纳意向设计公众采纳模型，并且对政务服务公众采纳过程进行了阶段划分，结合技术接受模型、持续使用和信任理论，构建了基于过程的"互联网＋政务"服务公众采纳模型②。郑跃平等人研究了用户的使用反馈对使用意愿的影响，研究发现：公众对政务客户端的需求以及对新技术的接受度显著影响他们对政务客户端的使用，而使用后的评价和反馈（满意度和感知有用性）会影响他们对政务客户端的未来使用意愿③。张毅等人引入"技术—组织—环境"（TOE）模型，使用德尔菲法研究了政府部门采纳政务新媒体行为变化的影响因素，发现作为环境因素之一的政务新媒体使用满意度会对政务新媒体的采纳行为发挥重要作用④。

就理论模型而言，有关国内政务新媒体公众满意度的研究主要借鉴了顾客满意度指数模型、技术接受模型、信息系统成功模型、用户行为理论、SERVQUAL模型、使用与满足理论等。例如，路鹃等人根据马斯洛的使用与满足理论将公众使用国务院 App 的用户需求划分为认知需求、情感需求、个人整合需求和社会整合需求四个维度，来研究政务 App 对各个维度的用户需求满意度⑤。胡吉明等人在分析 PZB 差距理论与其衍生模型 SERVQUAL 模型的基础上，构建了包含 5 个维度和 17 项指标的政务信息发布服务质量评价模型，研究发现：公众对政务信息发布服务的服务质量感知尚未达到公众期望，应从发布平台建设、政民交互技巧、信息内容服务，以及宣传推广等方面提升其质量⑥。

---

① 王法硕、丁海恩：《移动政务公众持续使用意愿研究——以政务服务 App 为例》，载于《电子政务》2019 年第 12 期，第 65～74 页。

② 钱丽、王永、黄海、曹璇：《"互联网＋政务"服务公众采纳模型的研究》，载于《情报科学》2016 年第 10 期，第 141～146 页。

③ 郑跃平、赵金旭：《公众政务客户端的使用及影响因素探究——基于我国一线城市的调查》，载于《公共行政评论》2016 年第 6 期，第 23～43＋197 页。

④ 张毅、陈瑞学、宁晓静：《政府部门采纳政务新媒体行为变化的影响因素》，载于《电子政务》2020 年第 11 期，第 108～120 页。

⑤ 路鹃、张君昌、农淑祯：《政务新媒体用户体验与发展对策研究——以国务院 App 为例》，载于《中国出版》2019 年第 13 期，第 40～45 页。

⑥ 胡吉明、李雨薇、谭必勇：《政务信息发布服务质量评价模型与实证研究》，载于《现代情报》2019 年第 10 期，第 78～85 页。

除了上述提到的期刊论文，关于政务新媒体公众满意度的研究也有很大一部分是以硕士论文的形式呈现的，这些研究大多选择了实证研究的方法，展示了"提出假设建立模型—发放问卷开展调研—数据处理验证假设"三部分的过程，但这些研究仍存在不足之处：第一，在建模前和建模中对理论的阐释不够，在理论选择与该研究的契合度方面解释不足。第二，在调研阶段，样本选择的代表性有待考证，且样本量不足，一般仅有两三百份。第三，在数据处理阶段，多数研究仅限于验证研究假设，未能对研究结果进行系统的理论解释和机理分析，很少有研究能将对现实问题的研究深化至理论层面，理论贡献不足。第四，研究方法比较单一，仅采用问卷调查法，可通过深入访谈等方法使研究更加客观和科学。

第二节　政府信任的相关研究

一、政府信任的内涵与影响因素

（一）政府信任的内涵

政府信任是一个多维度的现象[1]，在研究政府信任前需要对政治系统的划分有所了解，这也可以帮助我们区分政府信任和政治信任这两个相近概念，对二者关系的厘清是进行政府信任研究的基础。

广义的概念认为政府信任就是政治信任。此时的政府信任不只包括政府机构，还包括政治系统的全部内容，是指公众对政府机构和政治系统的行为和结果的合理期待。西特林（Citrin）认为，政府信任是公众与政府之间的一种互动关系，如果公众对政府精英制定的政策感到满意，就会产生政府信任[2]。朱春奎等人认为政府是政治体制的具体承载，公众对政治体制的信任在很大程度上表现为对政府的信任，因此他认可"政府信任即政治信任"的观点，将政府信任定义为

---

① Dalton，R. J. Political support in advanced industrial democracies. *Oxford*：*Oxford University Press*，1999：57－77.

② Citrin，J. Comment：The political relevance of trust in government. *American Political Science Review*，1974，68（3）：973－988.

公众与政府互动过程中，对政治制度与政府行为的一种心理预期①。

狭义的概念认为政府信任属于政治信任。伊斯顿将对政治系统的信任分为三类：政治共同体的信任，即公众对国家最高层面的信任；制度规则的信任，即一国的所有系统中对政治活动的一系列制约而提出的包括宪法、成文法，以及规范化的期望的信任；权威当局的信任，即对政治行为主体（政府）的信任②。诺里斯（Norris）拓展了伊斯顿的分类，把政治信任分为五个层面，包括对政治共同体、政权原则、政权绩效、政权机构和政治行动者的信任。他还提出由于"政权内的不同部分有重要的理论和实证等级"，因此对政府信任的类别作出区分对研究来说是非常必要的③。李连江提出政治信任包含两个维度：政府信任和政体信任，前者指对现任政府，以及在任权威的信任；后者指对政府体制和政治制度的信任④。赫瑟林顿（Hetherington）认为政府信任是指公众对政治系统中的具体政府机关的信任⑤。

就现实而言，一个人对政治系统的综合衡量是很难完成的，一个人可能认同政治共同体但却不认同现行政权原则，可能信任政权机构和政治行动者，但却对政权绩效不满意。考虑到本书的调查面对的公众比较广泛，对象的文化素养和知识层面差异较大，对政府信任的理解难以兼顾更多层面，因此选择狭义的政府信任概念，即政府信任主要是指对现任政府及在任权威的信任，不包括对政府体制和政治制度的考量。

当选择狭义政府信任作为本书的研究内容后，需要对政府信任作以具体界定。王强认为政府信任是指社会公众对政府及其行政人员行使权力从事公共管理和公共服务活动的一种信任心理，以及政府及其行政人员作出回应基础上的一种互动关系⑥。夏学贤认为政府信任是包括个人、群体和组织在内的政府工作对象与政府之间的一种基本的社会政治关系，包含两方面的内容，一方面是公众对政

① 朱春奎、毛万磊：《政府信任的概念测量、影响因素与提升策略》，载于《厦门大学学报（哲学社会科学版）》2017年第3期，第89~98页。

② ［美］戴维·伊斯顿：《政治生活的系统分析》，王浦劬译，华夏出版社1999年版，第157~207页。

③ Norris, P. Introduction: the growth of critical citizens?, In Norris, P. (Ed.). Critical citizens: Global support for democratic government. *OUP Oxford*, 1999: 43–49.

④ 李连江：《差序政府信任》，载于《二十一世纪》2012年第6期，第108~114页。

⑤ Hetherington, M. J. The political relevance of political trust. *American Political Science Review*, 1998, 92 (4): 791–808.

⑥ 王强：《民主行政视野下的政府信任及其构建研究》，吉林大学2007年，第27页。

府的合理期待，另一方面是政府对公众合理期待的一个回应状况①。

通过汇总，发现这些定义有以下共性：第一，政府信任的概念是从公众角度给出的，政府信任的主体是公众，是政府工作对象的总和，包括个人、群体和组织；第二，狭义的政府信任的客体一般包括政府机构及政府行政人员与其提供的政府公共管理和公共服务等；第三，政府信任是双向的信任，包含两个维度，既包括社会公众对政府能否满足自身需求的期待，也包括政府对公众合理期待的回应状况，因此政府信任往往是一种互动的动态关系；第四，政府信任是公众对政府行为的一种心理态度与主观感知。

本书将政府信任定义为公众在与政府互动过程中，对政府及其行政人员行使权力从事公共管理和公共服务活动的一种合理期待，以及政府及其行政人员对公众合理期待的回应状况。政务新媒体在其中起到媒体中介的作用，为公众与政府的互动提供渠道。

（二）政府信任的影响因素

有关政府信任的影响因素研究主要有两种论点，分别是政府绩效论和社会资本论②。前者是从政府的视角来思考政府信任的影响因素，即政府信任是由政府绩效决定的，倾向于分析经济绩效、政治绩效、政府能力、政府质量、政府形象、政府理念、政府行为、政府服务与治理、腐败治理等对政府信任的影响。后者是从民众的视角来思考政府信任的影响因素，倾向于分析共同体精神、社会信任、公众参与等对政府信任的影响。政府的成功运转必须以建立在权利平等和团结信任基础上的社会中的共同体精神为基础，政府绩效与共同体精神二者密切相关，公共精神强的地区，其政府绩效也更高③。也有学者将二者称为政府信任的制度范式和文化范式④⑤。

---

① 夏学贤：《当前我国政府信任的缺失及建构》，载于《宁夏党校学报》2011 年第 1 期，第 55～58 页。

② 刘建平、周云：《政府信任的概念、影响因素、变化机制与作用》，载于《广东社会科学》2017 年第 6 期，第 83～89 页。

③ Putnam，R. D. Making democracy work：civic tradition in modern Italy. *Contemporary Sociology*，1993，26（3）：306–308.

④ 孟天广、李锋：《政府质量与政治信任：绩效合法性与制度合法性的假说》，载于《江苏行政学院学报》2017 年第 6 期，第 99～108 页。

⑤ 朱春奎、毛万磊：《政府信任的概念测量、影响因素与提升策略》，载于《厦门大学学报（哲学社会科学版）》2017 年第 3 期，第 89～98 页。

目前，政府绩效与社会资本正在逐渐走向调和①，越来越多的学者关注二者共同对政府信任产生的影响。该观点认为政府绩效论与社会资本论皆有可取之处，政府绩效、社会信任、公众参与都是影响政府信任的重要因素。其中政府绩效的影响是迅速而即时性的，影响政府信任的短期波动；社会资本的影响是循序渐进的，影响政府信任的长期走势②。

除了上述关于政府信任的影响因素研究的主要论点外，年龄、收入、学历、身份、社会地位等人口统计学因素，人格、需求和偏好等个体因素，以及媒介因素、人际关系等，无一不是一系列变化的因子，导致政府信任呈现波动、起伏的变化。

信任是个体经过理性判断和决策的结果，而这种利益最大化的理性选择基于两个原因：一是行动者所掌握的知识和信息；二是对方值得信任的原因。可以说，公民与政府之间的信息对等与否对政府信任至关重要。信息技术的广泛应用促使政府信息更加公开透明，可以使政府绩效信息在政府与公众之间有效流动，减轻双方之间的信息不对称，矫正公众对政府的偏见性预期，改善政府信任③。

进入 21 世纪以来，信息技术的飞速发展，使得政府信息公开的方式也变得更为多元，电子政务、政府网站、"互联网＋政务"、政务新媒体等的不断演进，政府信息公开渠道的拓宽，使得公民能够更加便捷地获取政府实际绩效信息，形成对政府的合理预期，政府信任的源头畅通，政府信任的程度自然加深。

二、媒体使用与政府信任

国外媒体的出现与发展远远早于中国，因此国外学者对媒体使用与政府信任的研究不仅开始得早而且相关研究很多。基于此，本书主要选取国外早期的一些经典研究进行综述，同时兼顾近几年的研究热点。有关国内的媒体使用与政府信任的研究则主要选择近期的研究予以综述，从而获得我国学者对媒体使用与政府信任的关注热点，这些研究更符合我国的国情和媒体发展现状，能够梳理出媒体使用与政府信任的研究趋势，为本书研究内容的提出提供理论和现实支撑。

---

① 高勇：《参与行为与政府信任的关系模式研究》，载于《社会学研究》2014 年第 5 期，第 98～119＋242～243 页。
② Keele, L. Social capital and the dynamics of trust in government. *American Journal of Political Science*, 2007, 51（2）：241 –254.
③ 陈超阳：《基于政府信任视角的政府绩效评估创新及 STAIR 模型的引介》，载于《行政论坛》2015 年第 2 期，第 65～68 页。

学界关于媒体使用对政府信任的影响研究很多，但观点却莫衷一是，存在争议。目前最主流的两种观点是媒体弱化（malaise）论和媒体动员（mobilization）论。关于这两种观点的争议最早由牛顿（Newton）于 1999 年提出，"媒体弱化论"认为媒体侧重于对政府负面信息的报道，易导致政府信任的下降，又称"媒体消极说"或"媒体抑郁论"；"媒体动员论"认为频繁的媒体接触有助于塑造民众对政治系统的积极态度，从而促进政府信任的提升，又称"媒体积极说"①。比较有代表性的研究来自罗宾逊和奥基夫（Robinson and O'Keefe）的对话。罗宾逊认为，电视上有较多负面新闻报道具有反政府的特性，会造成公众的政治不信任和政治冷漠。观众对电视的依赖性与观众的政治疏离感呈正相关，并对政府信任产生负面影响，这种政治疏离现象被称为"电视抑郁症"②。而奥基夫检验了罗宾逊的"媒体抑郁论"假说，却得出了相反结论：媒体使用有助于促进公众的政府信任，观看电视节目、阅读报纸与政治支持联系密切③。另一位对"媒体动员论"持肯定意见的关键人物是诺里斯（Norris），他在 1996 年的研究认为，电视具有促进政府信任的作用④，并于 2000 年首次提出媒体的"良性循环论"（virtuous circle）。该观点认为媒体使用有助于提升公民对政府的信任，公众的媒体使用与政治兴趣、政治知识，以及政治卷入感之间存在良性循环，因此对新闻的关注并不会侵蚀公众对政府的支持水平⑤。在 1997 年的英国选举期间，民众对政治新闻的高度关注引发了民众政府信任的空前高涨，也是对这一观点的佐证⑥。

随后的十几年，国内外学者一直没有停下关于媒体使用对政府信任的影响研究的脚步，关于报纸、广播、电视、网络的研究都有所涉及，总体来说，持"媒体弱化论"观点的学者比持"媒体动员论"观点的学者要多。针对"媒体弱化论"的观点，琼斯（Jones）等人的研究发现，传媒与政府、官员互相攻

---

① Newton, K. Mass media effects: mobilization or media malaise? *British Journal of Political Science*, 1999, 29 (4): 577–599.

② Robinson, M. J. Public affairs television and the growth of political malaise: The case of "the selling of the pentagon". *The American Political Science Review*, 1976, 70 (2): 409–432.

③ O'Keefe, J. G. Political malaise and reliance on media. *Journalism Quarterly*, 1980, 57 (1): 122–128.

④ Norris, P. Does television erode social capital? a reply to Putnam. *PS: Political Science & Politics*, 1996, 29 (3): 474–480.

⑤ Norris, P. A virtuous circle: political communications in postindustrial societies. *Cambridge: Cambridge University Press*, 2000: 35–60.

⑥ Norris, P. A virtuous circle? the impact of political communications in post-industrial democracies. *Palgrave Macmillan UK*, 2001: 68–82.

击，影响了彼此的形象，造就了过半的公众不信任媒体呈现的内容以及对政府的不信任①。孙源南等人研究了以"反转新闻"为代表的负面新闻对公众的社会信任、媒体信任与政府信任所带来的伤害②。不仅传统媒体会产生这种状况，在互联网和移动媒体随处可见的新媒体时代，这种现象的危害更加显著。孙兰英等人基于文化主义和制度主义研究视角，构建了网络新媒体对政府信任影响的模型，研究发现公众受到网络新媒体的影响程度对其政府信任呈负向影响③。有学者研究互联网使用频率或时长对政府信任的影响。苏振华等人的研究发现，公众对互联网的使用越频繁，其对政府的信任度越低④。艾明江等人在对大学生媒体使用与政府信任的关系研究中发现，长时间地接触非主流与非官方网络媒体，会在一定程度上削弱大学生的政府信任⑤。朱慧劼的研究证明了网络青年对新媒体的使用频率越高，其政治信任感越低⑥。北京师范大学新媒体传播研究中心发布的《2016 年中国网民的政府信任度报告》显示，国内网民"翻墙"看国外网站的行为会对各级政府信任产生负面影响⑦。丁香桃的研究发现，自媒体的发展会对政府信任的结构产生冲击，进而影响公共管理⑧。

针对"媒体动员论"的观点，马尔钦科夫斯基（Marcinkowski）等人通过人们对政治家和政治进程的评价，发现使用传统媒体获取政治信息对政府信任有直接的积极影响⑨。国内学者提出政府可以通过治理网络舆情来重塑政府信任。具体而言，政府应转变管理模式，树立"公民本位"的理念⑩，在信息公开背景下建立网络舆情应对机制，在网络舆情视角下完善政府责任制，在服务型政府理念

① Jones，D. A. Why Americans don't trust the media-a preliminary analysis. *International Journal of Press/politics*，2004，9（2）：60 – 75.

② 孙源南、成曙霞：《反转新闻对社会信任体系的影响及对策研究》，载于《山东社会科学》2019 年第 7 期，187 ~ 192 页。

③ 孙兰英、陈嘉楠：《网络新媒体对政府信任的影响——文化主义与制度主义的多重中介作用》，载于《预测》2019 年第 3 期，第 31 ~ 37 页。

④ 苏振华、黄外斌：《互联网使用对政治信任与价值观的影响：基于 CGSS 数据的实证研究》，载于《经济社会体制比较》2015 年第 5 期，第 113 ~ 126 页。

⑤ 艾明江、王培远：《信任文化与大学生政府信任的实证分析》，载于《长白学刊》2015 年第 1 期，第 41 ~ 47 页。

⑥ 朱慧劼：《时政亲和、媒介使用与网络青年的政治信任》，载于《北京青年研究》2017 年第 2 期，第 40 ~ 48 页。

⑦ 北京师范大学新媒体传播研究中心：《中国网民的政府信任度报告：网民对地方政府的信任度最低》，载于《新闻记者》2016 年第 10 期，第 82 页。

⑧ 丁香桃：《自媒体时代公共管理的挑战与机遇——政府信任的视角》，载于《管理世界》2017 年第 12 期，第 180 ~ 181 页。

⑨ Marcinkowski，F. & Starke，C. Trust in government：What's news media got to do with it？. *Studies in Communication Sciences*，2018，18（1）：87 ~ 102.

⑩ 张勤：《网络舆情的生态治理与政府信任重塑》，载于《中国行政管理》2014 年第 4 期，第 40 ~ 44 页。

下拓展公众参与的渠道①。

　　近年来，学界倾向于关注突发公共事件下，媒体使用对政府信任的影响。牛顿新近的研究关注了在 COVID－19 大流行背景下英国的政治信任情况，结果发现，民众更加关注信息的来源，信赖主流媒体发布的信息和主流媒体对非政府专家意见的报道，民众对英国和其他国家的对比表现了解得越详尽，他们对政府的信任感越低②。里格（Rieger）等人研究了在 COVID－19 大流行背景下，57 个国家的人民对政府处理这场危机的信任程度和对政府反应的看法。研究发现，媒体对不足或过于严格的政府反应的负面评价直接或间接地降低了公众的政府信任③。以上两位是"媒体弱化论"的主要代表。钟（Zhong）的研究关注了在台风危机下政府信息公开失败后补救信息服务公众满意度的影响因素，研究结果有力地支持了补救信息服务的公众满意度可以影响政府形象和公众信任的假设，改善政府形象和公众的政府信任有利于增强公众对政府的忠诚度④。曼苏尔（Mansoor）基于善治理论研究了善治实践如何通过感知政府对 COVID－19 反应的潜在机制，以及政府机构通过社交媒体提供的优质社会信息的调节作用来促进公众的政府信任。通过对巴基斯坦美联社的 Facebook、Instagram 和 Twitter 社交平台粉丝的调研发现，善治的治理实践与公众对政府的信任存在直接和间接的关联，社交媒体提供的优质信息与民众感知到的政府应对反应增强了公众对政府的信任⑤。以上两位是"媒体动员论"的主要代表。

　　随着信息技术的发展和时代的变迁，学者们开始转向新旧媒体的使用对政府信任的影响的对比研究。绝大多数研究都显示出新旧媒体的使用对政府信任截然不同的影响结果：传统媒体对政府信任有积极影响，而新媒体对政府信任有消极影响。胡荣等人对中国城乡居民的研究发现，新媒体的使用降低了居民对政府的

　　① 张旭霞、李慧媛：《网络舆情视域下政府公信力的重塑与提升》，载于《甘肃行政学院学报》2015年第 5 期，第 19～28 页。

　　② Newton，K. Government communications，political trust and compliant social behaviour：the politics of Covid－19 in Britain. *The Political Quarterly*，2020，91（3）：502－513.

　　③ Rieger，M. O. & Wang，M. Trust in government actions during the COVID－19 crisis. *Social Indicators Research*，2021，8：1－23.

　　④ Zhong，Z. Research on the influence of remedial measures on public satisfaction after government information service failures in typhoon disasters：A case from China. *Ocean and Coastal Management*，2020，190（3）：105164.

　　⑤ Mansoor，M. Citizens' trust in government as a function of good governance and government agency's provision of quality information on social media during COVID－19. *Government Information Quarterly*，2021，38：101597.

信任，而传统媒体的使用增加了居民对政府的信任①。朱博文等人对媒介使用、媒介评价与青年政府信任的研究发现，传统媒介的使用对青年政府信任呈显著正相关，新媒介的使用对青年政府信任呈显著负相关，新媒介通过媒介评价对青年政府信任产生显著影响②。

也有学者研究官方媒体使用与非官方媒体使用对政府信任的影响。绝大多数学者的研究都表明：官方媒体的使用对政府信任有积极影响，非官方媒体的使用对政府信任有消极影响。朱慧劼的研究发现，青年越多地使用官方媒介来获得时政信息，政治信任就越高，越多地使用不正式渠道来获取时政信息，政治信任就越低③。薛可等人的研究发现，网民的官方媒介接触对其政府信任有显著的积极影响，而非官方媒介接触则会产生消极影响④。叶杰以网民为分析对象，研究了大众传媒对民众政治态度的影响，研究发现，非官方媒体对政府信任具有解构功能，体现出民众的实用主义政治认同逻辑；官方媒体对政府信任具有论证与辩解功能，是政府信任向制度自信转化的"催化剂"；不同群体的媒体政治传播效应具有较大差异⑤。

此外，有学者关注不同媒体的使用情况对政府信任的影响，比如官方媒体、传统媒体、社交媒体、互联网使用等的对比研究。杨江华等人研究了青年网民的媒体使用偏好对政治信任的影响，结果发现，青年网民的官方媒体使用偏好会对其政治信任产生正面的影响作用，而社交媒体使用偏好的影响并不显著，青年网民的海外媒体使用偏好对政治信任产生负面影响；突发事件中，媒体使用偏好对青年政治信任的影响出现两极分化效应，官方媒体使用偏好越强，青年网民的政治信任程度越高，而社交媒体与海外媒体使用偏好则会带来显著的负面影响；青年网络表达参与的程度越高，他们对基层政府的信任水平就越高⑥。帅满等人运用社会网络与职业经历问卷调查数据，将媒介使用分为传统媒体使用、互联网使

① 胡荣、庄思薇：《媒介使用对中国城乡居民政府信任的影响》，载于《东南学术》2017年第1期，第94~111+247页。
② 朱博文、许伟：《媒介使用、媒介评价与青年政府信任——基于CSS2013的数据分析》，载于《江汉论坛》2019年第12期，第123~127页。
③ 朱慧劼：《时政亲和、媒介使用与网络青年的政治信任》，载于《北京青年研究》2017年第2期，第40~48页。
④ 薛可、余来辉、王宇澄：《媒介接触对新社会阶层政治态度的影响研究——基于政治社会化的视角》，载于《新闻大学》2019年第3期，第34~46+117~118页。
⑤ 叶杰：《非官方媒体使用对制度自信的影响机制——以网民为分析对象的实证研究》，载于《经济社会体制比较》2019年第1期，第70~82页。
⑥ 杨江华、王辰宵：《青年网民的媒体使用偏好与政治信任》，载于《青年研究》2021年第4期，第1~10+94页。

用、知识社群参与三类，来研究媒介使用对地方政府信任的影响和作用机制。研究发现，传统媒体使用、互联网使用对地方政府信任均产生显著负向影响，知识社群参与对地方政府信任没有显著影响[①]。李（Lee）的研究发现，公民使用在线媒体获取有关政府的信息，例如来自地方政府网络媒体的信息，与他们对政府信息提供的满意度和对政府的信任度缺乏密切关系，而公民使用线下媒体获取有关政府的信息，例如来自地方政府会议或官方公报的信息，与公民对政府的信任和对政府信息提供的满意度有更强的关联[②]。

　　总体来说，关于媒介使用与政府信任的研究很多，研究的侧重点和研究结论不尽相同。导致学者研究结果不同的原因主要在于其选择的调查对象、地区、事件、方法的不同，关注的视角不同，不同媒体变量对不同层次政府信任的影响各有不同。因此，学者可以选择某一具体的研究视角和研究对象，综合运用质化、量化的研究方法，引入更为细致的变量进行测量。

三、政府形象与政府信任

　　政府形象的研究在外交领域和舆论宣传领域涉及较多，在对内的政府信任领域，相关研究不多。政府形象对政府信任的研究归属于政府信任研究中的政府绩效论视角。提升政府形象会提高政府信任、政府的负面形象会带来政府的信任危机，因此，政府形象对政府信任的影响关系研究应引起重视。主要的研究均表明，政府形象会对政府信任产生积极影响。

　　丁煌在研究中提出，政府形象作为一种特殊的政治资源，良好的政府形象可以产生巨大的凝聚力，从而促进公众产生对政府的信任感[③]。王守光的研究认为，政府只有塑造效能型、诚信型、互动型和服务型的政府形象，方能取信于民[④]。吕（Lv）的研究认为，在中国，政府声誉对政府信任有着正向影响，政府声誉和良好的政府形象是民众对地方政府信任判断的直观依据，好的政府形象能够巩固政府合法性，提高政府凝聚力和号召力，提升政府威望，使民众信赖并衷心拥护

　　① 帅满、罗家德、郭孟伦：《媒介使用对地方政府信任的作用机制研究》，载于《国际新闻界》2021年第2期，第27~46页。
　　② Lee, H. Does the medium matter? linking citizens' use of communication platform for information about urban policies to decision to trust in local government. *Sustainability*, 2021, 13（5）：2723.
　　③ 丁煌：《政府形象建设：提高政策执行效率的重要途径》，载于《国家行政学院学报》2002年第6期，第31~34页。
　　④ 王守光：《政府信任与政府形象的塑造》，载于《山东行政学院山东省经济管理干部学院学报》2007年第5期，第17~19页。

政府①。余超文的研究认为政府形象的好坏直接影响到公众对政府的信任程度，保持良好的政府形象对于提升政府权威和公信力、维护社会和谐稳定具有重大意义②。刘桂花等人通过研究不同政府部门的形象发现，政府形象越好，城镇居民对政府的信任越高③。罗爱武研究了政治参与和治理绩效对政治信任的影响，发现治理绩效中公民的政策结果满意度、政府过程满意度和政府形象满意度对高层政府信任和基层政府信任都有正面影响④。沈瑞英等人基于 CSS2013 数据的研究发现，政府形象对政府信任具有极强的正相关关系⑤。胡（Hu）等人基于顾客满意度理论，考察了影响公众对地方政府预算透明度的满意度的主要因素。结果表明，预算信息质量、预算信息获取方式和公众参与度是预算透明度感知质量的良好指标，与公众满意度呈正相关。政府形象也对公众满意度产生积极影响，并通过公众满意度影响公众对地方政府的信任⑥。魏（Wei）等人通过比较中国地方政府如何应对公众对核设施的抗议的三个案例，发现地方政府感知到的不同压力会产生不同的政府形象管理行为以应对公众抗议，并会对政府信任产生影响。程镝在研究政务服务中心服务质量公众满意度时发现，政府形象通过影响公众满意度来正向影响政府公信力⑦。此外，我国学者在进行电子政务公众满意度研究时，经常将政府形象作为电子政务公众满意的结果变量和政府信任的前因变量，发现公众满意通过政府形象积极影响政府信任⑧⑨⑩。

① Lv, W. & Wang, Y. Effects of public-perceived administrative service quality on public satisfaction, government reputation and public trust: An empirical analysis based on the local governments of China. *International Conference on Service Systems & Service Management IEEE*, 2010: 1 - 6.

② 余超文：《论政府信任关系中的民意思维》，载于《山东理工大学学报（社会科学版）》2012 年第 3 期，第 38 ~ 43 页。

③ 刘桂花、韩文丽：《基于政府特征视角的政府信任影响因素模型研究》，载于《统计与决策》2014 年第 21 期，第 54 ~ 56 页。

④ 罗爱武：《政治参与和治理绩效对政治信任的影响——基于广东、湖北和贵州三省的实证分析》，载于《探索》2016 年第 5 期，第 49 ~ 58 页。

⑤ 沈瑞英、周霓羽：《中国政府形象对政府信任的影响——基于 CSS2013 数据的实证研究》，载于《上海大学学报（社会科学版）》2017 年第 6 期，第 94 ~ 103 页。

⑥ Hu, Q., Zhang, L., Zhang W. & Zhang, S. Empirical study on the evaluation model of public satisfaction with local government budget transparency: a sase from China. *SAGE Open*, 2020, 10 (2): 1 - 15.

⑦ 程镝：《政务服务中心服务质量公众满意度研究——基于 H 市政务服务中心"最多跑一次"改革》，载于《山东大学学报（哲学社会科学版）》2021 年第 1 期，第 65 ~ 74 页。

⑧ 刘燕：《电子政务公众满意度测评理论、方法及应用研究》，国防科学技术大学 2006 年，第 111 页。

⑨ 史达：《辽宁省电子政务绩效测评——基于公众满意视角的研究》，载于《财经问题研究》2006 年第 5 期，第 55 ~ 62 页。

⑩ 李志刚、徐婷：《电子政务信息服务质量公众满意度模型及实证研究》，载于《电子政务》2017 年第 9 期，第 119 ~ 127 页。

四、政治效能感与政府信任

关于政治效能感与政府信任的研究，主要有两方面的研究思路。一方面，政治效能感、政府信任常与媒介使用等变量放在一起进行研究。李燕等人以重庆、武汉与天津三个城市（区）的普通公众为调研对象，通过结构方程模型分析政治效能、政府信任对公民政府网站在线参与行为的作用机理。结果表明：政府信任、内在效能感、回应性能够直接促进政府网站公民参与行为，其中回应性的作用最为重要。政府信任在内在效能感、外在效能感与参与行为中呈现出部分中介作用，而对认知度与参与行为有完全的中介作用。外在效能感、认知度、回应性能够显著增强公民的内在效能感，内在效能感在外在效能感对参与行为的积极影响中发挥着部分中介效应作用①。宋典等人探究了政府信任、政治效能感和媒介接触对公民参与的影响，发现政府信任和政治效能感是影响公民参与意图的态度和能力的决定因素，个体在更多接触媒体的情境下，公民参与意图有更高的概率转换为公民实际的参与行为②。塔利（Tully）等人通过实验和访谈相结合的研究方法，检验了新闻媒体素养、政治效能感与政府信任之间的关系。结果表明，新闻媒体素养信息会影响自我感知的媒体素养，从而调节政治效能感，并影响政府信任③。麦克科克尔－阿坎比（Mccorkle－Akanbi）研究了媒体消费是否影响年轻人的政府信任、政治效能感和社交媒体积极性。研究发现：媒体消费不影响政府信任或政治效能感，高水平的媒体消费会影响社交媒体积极性，种族是政府信任、政治效能感和社交媒体积极性的影响因素④。

另一方面，政治效能感、政府信任常与公民参与等变量放在一起进行研究。王永香等人对陕西省民营企业家的政治参与情况进行研究后发现：企业家内在政治效能感、外在政治效能感与其政治参与均是正相关关系；政府信任在外在政治效能感与选举型政治参与、内在政治效能感与非选举型政治参与的关系中起到显

---

① 李燕、朱春奎、姜影：《政治效能感、政府信任与政府网站公民参与行为——基于重庆、武汉与天津三地居民调查数据的实证研究》，载于《北京行政学院学报》2017年第6期，第35～43页。
② 宋典、芮国强、马冰婕：《政府信任、政治效能感和媒介接触对公民参与的影响——一个基于文明城市创建领域的调查分析》，载于《苏州大学学报（哲学社会科学版）》2019年第3期，第7～14页。
③ Tully，M.，Vraga，E. K. A mixed methods approach to examining the relationship between news media literacy and political efficacy. *International Journal of Communication*，2018，12：766 – 787.
④ Mccorkle－Akanbi，K. The Influence of Media Consumption on Trust, Political Efficacy and Social Media Activism among Young Adults. 2019. *Dissertations*. 819.

著的调节作用①。薛天山研究了政治效能感、公共事务参与对政府信任的影响。发现：内在和外在效能感对民众的政府信任存在积极作用，且内在效能感完全通过外在效能感的中介作用间接地影响民众的政府信任。更为重要的是，公共事务参与过程中所形成的对政府系统反应能力的认知感受对提升政府信任水平尤为重要。公共事务参与调节着外在效能感对民众政府信任的影响，民众的公共事务参与度越高，外在效能感对政府信任的积极影响越大②。赖希特（Reichert）通过对德国纵向选举的调查研究了政治兴趣和政治效能感对不同政治活动和政府信任的影响。发现：政治效能感是参与政党政治和非常规政治行为的积极影响因素，并正向影响政府信任。政治兴趣对投票的不同影响取决于受访者是在选举之前还是之后接受调查，而传统和非常规的政治行动出现了不同的调节效应③。麦克唐纳（McDonnell）探讨了市镇人口规模对政治效能感、政治参与和政府信任的影响，并假设政治效能感在规模、政治参与和政府信任之间起中介作用。结果表明：较小城市的公民感受到更大的政治效能感，从而在更大程度上参与了地方政治，并更加信任政府④。

此外，有学者并未将政治效能感作为研究的主体变量，而是在进行政府信任研究时，兼顾到政治效能感，政治效能感并非是研究的重点。比如，王浦劬等人研究了影响公众的政府满意向政府信任转化的因素，发现边界层面的政府职能范围满意、过程层面的政府质量满意、结果层面的政府治理绩效满意，是构建公众信任政府的重要因素。公众对政府的满意与公众对政府的信任之间呈现正相关关系，公众政治效能感预期对其政府信任具有中介效应⑤。除了将政治效能感作为自变量、因变量、中介变量等的研究外，有学者将政治效能感作为控制变量研究不公平经历对政府信任的消极影响⑥。

① 王永香、任思琪、秦枭童：《政治效能感、政府信任对民营企业家政治参与的影响——基于陕西省的实证调查》，载于《陕西行政学院学报》2021年第4期，第21～27页。

② 薛天山：《政治效能感、公共事务参与和政府信任——一个被调节的中介模型研究》，载于《云南行政学院学报》2021年第5期，第12～23页。

③ Reichert, F. How important are political interest and internal political efficacy in the prediction of political participation? Longitudinal evidence from Germany. *Revista de Psicología Social*, 2018, 33（3）：459–503.

④ McDonnell, J. Municipality size, political efficacy and political participation: a systematic review. *Local Government Studies*, 2020, 46（3）：331–350.

⑤ 王浦劬、孙响：《公众的政府满意向政府信任的转化分析》，载于《政治学研究》2020年第3期，第13～25+125页。

⑥ 麻宝斌、马永强：《不公平经历对政府信任的消极影响》，载于《学术交流》2019年第10期，第114～123页。

第三节 政务新媒体与政府信任的相关研究

一、电子政务对政府信任的影响

托伯特（Tolbert）等人研究了电子政务影响政府信任的机制，主要有企业家途径和参与途径两种：前者通过公众使用电子政务高效地进行信息获取和事务办理，来获取令人满意的公共服务；后者则通过公众使用电子政务提高政府透明度，促进官民互动和政治参与，来获取令人满意的公共服务①。这两种途径也体现出电子政务在政治生活中所具有的核心功能——信息获取和事务办理、官民互动和政治参与。

随着电子政务在政府治理方面的优势功能逐渐凸显，越来越多的学者开始关注电子政务对政府信任的影响作用。以政府信任作为因变量的研究，主要观点有三：一是提升公民对政府的信任；二是未必提升公民对政府的信任；三是损害公民对政府的信任。就研究结论而言，正相关结论的研究要远远多于不相关和负相关结论的研究。

电子政务提升公民对政府的信任。这主要得益于电子政务所具备的两点优势：一是电子政务的使用可以增加政务透明度，提升政府的可接近性与信息的可获得性，拉近与公众的距离，降低政民互动的成本②，二是电子政务系统所提供的技术支撑可以改进政府的运行效率和服务能力③。不少学者关于电子政务与政府信任的研究都是在这一背景下展开的。

国外研究中，贾米尔（Jameel）等人调查了巴基斯坦的电子政务对公众信任的影响，以及腐败对这种关系的调节作用。结果表明，电子政务实践与公众对地方自治政府的信任之间存在显著正向影响，腐败对其具有负面的调节作用。电子政务可以通过加深公民与国家的联系来改变个人对国家的看法，包括信任，这是

① Tolbert, C. J. & Mossberger, K. The effects of E – government on trust and confidence in government. *Public Administration Review*, 2006, 66（3）：354–369.
② Cullen, R. & Jottkandt, S. Dimensions of trust in government in the digital age. *Ssrn Electronic Journal*, 2011：53–59.
③ 李虹来：《电子政务服务对政府信任影响的实证研究》，江西财经大学 2011 年，第 109 页。

政府治理和行政系统运行的关键所在①。贝瓦金（Bevyakin）等人对俄罗斯的研究发现，俄罗斯的互联网渗透率很高，公民可以通过门户网站等电子政务方式远程联系政府并信任政府，但目前俄罗斯电子政务服务水平仍然较低，公民对网络政治参与平台的使用率相对较低②。

国内研究中，芮国强等人的研究表明，使用电子政务可以通过信息公开、在线办事和公民参与三种途径促进公民参与政府决策进而提升公民的政府信任，公民满意度在电子政务与政府信任中起着部分中介效应③。毛万磊等人也持类似观点，认为参与互动和政府回应作为电子化政民互动的主要内容，对公众的政府信任有着积极影响，公众满意度在二者与政府信任的关系中起着部分中介作用，公众需求度在公众满意度与政府信任的关系中起着显著的正向调节作用④。马亮认为电子政务的使用通过降低政府信息公开的成本、拓展政民沟通的渠道、丰富政府提供服务的方式来改善民众对政府的态度和期望从而影响政府信任，他对中国36个城市居民进行的调查也证实了这一点，公民使用政府网站的频率对政府信任有显著正向影响，使用频率越高，对政府越信任，政府透明和政府回应在其中分别发挥着完全中介和部分中介效应⑤。

电子政务未必提升公民对政府的信任。韦斯特（West）的研究发现，公民对政府的成见难以在短期内做出改变，电子政务的使用对政府信任的影响甚微⑥。麦克尼尔（McNeal）等人对美国居民的调查发现，电子政务虽然提高了政民互动的质量，但并未真正改善公民对政府的信任水平⑦。任（Im）等人对韩国居民的调查发现，人们每天的上网时间越久，对政府的信任度越低，使用电子政务的频次并不显著影响政府信任，但会降低上网时间对政府信任的负面

① Jameel, A., Asif, M., Hussain, A. Hwang, J., Sahita, N. & Bukhari, H. Assessing the moderating effect of corruption on the E – government and trust relationship：An evidence of an emerging economy. *sustainability*, 2019, 11 (23)：6540.

② Bevyakin, S. A. & Rocha, A. An empirical investigation of E – government adoption in Russia：Access, rights, trusts and citizens' experience. *Public Administration Issues*, 2021：137 – 160.

③ 芮国强、宋典：《电子政务与政府信任的关系研究——以公民满意度为中介变量》，载于《南京社会科学》2015 年第 2 期，第 82～89 页。

④ 毛万磊、朱春奎：《电子化政民互动对城市公众政府信任的影响机理研究》，载于《南京大学学报（哲学·人文科学·社会科学）》2019 年第 3 期，第 51～60 页。

⑤ 马亮：《电子政务使用如何影响公民信任：政府透明与回应的中介效应》，载于《公共行政评论》2016 年第 6 期，第 44～63＋196 页。

⑥ West, D. M. Digital government：technology and public sector performance. *NJ*：*Princeton University Press*, 2005.

⑦ McNeal, R., Hale, K. & Dotterweich, L. Citizen-government interaction and the Internet：expectations and accomplishments in contact, quality, and trust. *Journal of Information Technology & Politics*, 2008, 5 (2)：213 – 229.

影响①。阿塞加夫（Assegaff）等人的研究关注千禧一代使用电子政务服务对互联网风险、安全和政府信任的影响。研究发现，这一代人对政府的信任不受信息质量和电子政务应用程序质量的影响②。

电子政务损害公民对政府的信任。诺里斯（Norris）认为，伴随着后现代社会的到来，对政府持怀疑和批评态度的"批判性公民"数量增加，他们会将自己的态度通过电子化的参与互动影响到其他公众，破坏其他公众对政府的信任感③。此外，电子政务所带来的技术风险也是降低公众政府信任的原因之一④。利西察（Lissitsa）的研究结果表明，在阿拉伯人中，电子政务使用和社交媒体使用对政治机构的信任呈负相关。尽管存在数字化过程，但数字使用对政治信任的影响仍然相对较小，政治信任的主要预测因素是对不同公共机构运作的态度⑤。

除了对上述三种主要观点的研究外，朱春奎等人从电子政务的信息查询、在线申办和在线参与三个功能着手研究了电子政务的使用程度和使用满意度与政府信任之间的关系，发现信息查询的使用程度对政府信任的影响不显著，在线申办的使用程度对政府信任有显著正向影响，在线参与的使用程度对政府信任有显著负向影响，三者的满意度对政府信任均具有显著的正向影响⑥。李燕等人研究了信任因素对电子政务公众使用意愿的影响机制，结果发现，信任因素主要以间接方式对电子政务公众使用意愿起到激励作用；相较于网络信任，政府信任对于电子政务信任和接受意愿的影响更大，也更为直接⑦。

二、政务新媒体对政府信任的影响

政务新媒体对政府信任的影响研究尚处于起步阶段，国外的政务新媒体主要

① Im, T., Cho, W., Porumbescu, G. & Park, J. Internet, trust in government, and citizen compliance. *Journal of Public Administration Research and Theory*, 2012, 3: 741–763.
② Assegaff, S., Andrianti, A., Astri, L. Y. Evaluation of the factors influencing the trust of millennial citizens in E–government. *Journal of Physics: Conference Series*, 2021, 1898: 012009.
③ Norris, P. Ed. Critical citizens: global support for democratic governance. *Oxford University Press*, 1999: 73–81.
④ Kuhlmeier, D. B. & Lipscomb, C. A. The effect of local and federal government website use on trust in government: an exploratory analysis. *International Journal of Electronic Business*, 2014, 11 (4): 297–331.
⑤ Lissitsa, S. Effects of digital use on trust in political institutions among ethnic minority and hegemonic group – A case study. *Technology in Society*, 2021 (66): 101633.
⑥ 朱春奎、毛万磊、李玮：《使用电子政务能够提高公众的政府信任吗?》，载于《公共管理与政策评论》2017年第6期，第60~70页。
⑦ 李燕、朱春奎：《信任因素如何影响电子政务公众使用意愿? ——对三种机理的实证检验》，载于《电子政务》2017年第6期，第107~116页。

是指政务社交媒体和移动政务，陈强在论文《政务新媒体研究的国际进展：议题与路向》一文中提到了以下研究特点：一是侧重于考察公众的一般性使用行为对政府信任的影响，如使用频率、是否关注等；二是既考察对整体政府信任的影响，也考察对政府信任的不同维度的影响，如中央政府信任、地方政府信任、机构信任、政府工作人员信任，能力信任、善意信任和正直信任等①。

具体来看，在整体政府信任层面，宋（Song）等人的研究发现，公众使用政务社交媒体的行为能够增加公众对政府透明度的感知进而提升政府信任②。阿尔马拉什德（Almarashdeh）的研究认为，移动政府可以促进和协助公民获得政府服务，通过公众的自我效能感、对技术的信任度和服务质量等主要因素进行调查，发现移动政务可以提升公众对政府的信任③。王（Wang）等人调查了移动政府对公众的政府满意度与政府信任的影响，结果表明，过程满足和内容满足都与公民对政府的满意度和政府信任呈正相关，相容性具有调节作用④。卡马尔丁（Kamarudin）等人研究了马来西亚采纳移动政务的影响因素，以及政府信任在其中的中介作用。结果表明，绩效期望、社会影响力和便利条件都与移动政务的采纳意愿直接正相关，政府信任在用户意图和移动政务的实际使用之间发挥部分中介作用⑤。

在中央政府信任和地方政府信任层面，洪（Hong）的研究发现，公民对政务社交媒体的使用会积极影响其对地方政府和州政府的信任度，但对联邦政府的信任度没有影响，政府透明感知和政府社交媒体服务满意度在其中起着中介作用⑥。

在机构信任方面，格里梅利克霍伊森（Grimmelikhuijsen）等人通过对荷兰公

① 陈强：《政务新媒体研究的国际进展：议题与路向》，载于《情报杂志》2017 年第 3 期，第 42 ~ 47 + 30 页。

② Song, C. & Lee, J. Citizens' use of social media in government, perceived transparency, and trust in government. *Public Performance & Management Review*, 2015, 39（2）：430 – 453.

③ Almarashdeh, I. The important of service quality and the trust in technology on users perspectives to continues use of mobile. *Journal of Theoretical & Applied Information Technology*, 2018, 96（10）：2954 – 2972.

④ Wang, C., Teo, T. S. H., Dwivedi, Y. & Jassen, M. Mobile services use and citizen satisfaction in government：integrating social benefits and uses and gratifications theory. *Information Technology and People*, 2021, 34（4）：1313 – 1337.

⑤ Kamarudin, S., Omar, S. Z., & Zaremohzzabieh, Z. & Bolong, J. Factors predicting the adoption of E – government services in telecenters in rural areas：the mediating role of trust. *Asia – Pacific Social Science Review*, 2021, 21（1）：20 – 38.

⑥ Hong, H. Government websites and social media's influence on government-public relationships. *Public Relations Review*, 2013, 39（4）：346 – 356.

众的调查研究了公众使用警察部门 Twitter 对警察合法性的影响机制①。朴（Park）等人通过对韩国市民的调查发现，公众对政务社交媒体的结构确信、期望确认、信誉感知、互惠感知和特质相似性感知会提升公众对该地方政府机构的信任度；而仅结构确信、期望确认会增加公众对韩国中央政府的信任②。

在政府工作人员信任方面，严（Eom）等人对韩国首尔的 Twitter 在市长、地方政府和公民之间的互动进行了案例研究。结果表明，首尔市长作为 Twitter 网络中的桥梁枢纽发挥着重要作用，是不同群体的公民和公职人员之间的桥梁，也是网络中连接最多的用户枢纽，有助于克服市民与地方政府之间的脱节以及市长、政府官员和市民之间的信息不对称，从而提高政府的响应能力和公众的政府信任③。

在能力、善意和正直信任层面，波隆贝斯库（Porumbescu）通过对首尔市民的调查发现，首尔市民的政务社交媒体使用频率积极影响政府信任的正直和善意维度，而对能力维度没有影响④。

在国内，关于政务新媒体对政府信任影响的研究近五年才被学者关注到，文章数量不多。相关研究主要从两方面来进行，一方面，学者以政府信任为主要研究对象和立足点，研究通过政务新媒体等多种媒体方式来提升政府信任的路径和可能，以提出可行性对策和建议作为主要出发点。例如，胡衬春认为目前地方政府及相关部门尚未意识到以政务微博、政务微信为代表的政务社交媒体的重要性且缺乏运营经验，使得政务社交媒体未曾起到改善政府形象、联结公众的作用。因此，需要对政务社交媒体加以有效利用。他以传播学为视角，从传播受众、传播理念、传播视角和传播内容四个方面研究了通过政务社交媒体来提升地方政府信任的可能路径⑤。他还研究了公众使用地方政府网站、政务微信、政务微博对公众地方政府信任的积极影响，并提出可以通过提升电子政府的服务质量来提升

① Grimmelikhuijsen, S. G. & Meijer, A. J. Does Twitter increase perceived police legitimacy? *Public Administration Review*, 2015, 75（4）：598 – 607.

② Park, M. J., Choi, H., Kim, S. K. & Rho, J. J. Trust in government's social media service and citizen's patronage behavior. *Telematics & Informatics*, 2015, 32（4）：629 – 641.

③ Eom, S. J., Hwang, H. & Kim, J. H. Can social media increase government responsiveness? A case study of Seoul, Korea. *Government information quarterly*, 2018, 35（1）：109 – 122.

④ Porumbescu, G. A. Comparing the effects of E – government and social media use on trust in government：evidence from Seoul, South Korea. *Public Management Review*, 2018, 8（3）：1308 – 1334.

⑤ 胡衬春：《政务社交媒体对地方政府政治信任提升的路径及其可能性——基于传播学的视角》，载于《电子政务》2017 年第 10 期，第 115 ~ 121 页。

公众对地方政府的政治信任①。张利平从政府职能转变视角出发，分析了以微信、微博、各类手机 App 为代表的政务社交媒体所产生的媒介效应，提出完善的电子政务服务有利于提升公众对政府的信任和公共服务的满意度②。

另一方面，学者以政务新媒体为主要研究对象和立足点，研究政务新媒体的使用及其影响因素，政府信任是使用政务新媒体所带来的影响之一，其他的影响包括对公众技术采纳行为的影响、对民族和谐的影响等。祝哲等人研究了新媒体的使用对民众基层政府的人际信任与民族和谐感知的影响，发现手机新闻对个体民族和谐感知的影响受到民众对当地基层政府人员信任感的调节作用：若民众对当地基层政府人员信任感较高，更多地阅读手机新闻会显著正向影响个人的民族和谐感；反之，则二者呈负向关系③。钱丽等人研究了人工智能背景下移动政务公众采纳意愿，建构了以感知信任、外部环境、满意度为主要维度的模型，结果表明，政府信任、信息安全信任显著影响公众采纳意愿，移动政务服务平台的有用性、移动性是公众采纳的重要影响因素④。王泽亚等人以政务微信为例，实证研究了中国农村居民使用移动政务的情况及其影响因素。研究发现，村民对政府的信任程度越高，政务微信的使用频率越高。政府可以通过降低政务微信的访问技术门槛和提高服务质量提升政务微信的服务体验，各级政府及村委会应继续提高村民对政府的信任，从而推动政务微信等移动政务在农村地区的普及⑤。

还有不少论文关注政务新媒体的功能在政府服务质量提升上所发挥的作用，如提升政府形象、拓宽沟通渠道、降低参与成本、提高信息发布效率等。这些研究以质性分析为主，未曾直接研究对政府信任的影响机制。总的来说，政务新媒体与政府信任的研究尚处于起步阶段，研究成果散见于零星论文中，缺乏系统性，研究较为浅显。

---

① 胡卫春：《地方政府网站、政务微信、政务微博的使用与公众政府信任的关系研究》，载于《电子政务》2017 年第 12 期，第 90～101 页。
② 张利平：《政府职能转型与媒介效应述评——以电子政务为例》，载于《财经理论与实践》2018 年第 6 期，第 136～141 页。
③ 祝哲、程佳旭、彭宗超：《新媒体、民众对基层政府的人际信任与民族和谐感知——来自 X 地区的证据》，载于《经济社会体制比较》2018 年第 7 期，第 113～130 页。
④ 钱丽、王敏：《人工智能背景下移动政务公众采纳意愿的研究》，载于《安徽建筑大学学报》2020 年第 4 期，第 109～116 页。
⑤ 王泽亚、马亮：《中国农村居民移动政务的使用及其影响因素——以政务微信为例的调查研究》，载于《华南理工大学学报（社会科学版）》2021 年第 3 期，第 107～116 页。

第四节 文献述评

一、既有研究的结论

电子政务服务与满意度评价研究是电子治理研究的重点与热点问题[①]。电子政务建设的核心目标是提供更高品质和更有效率的公共服务，电子政务绩效评估是对电子政务公共服务水平的评价。在服务型政府背景下，应坚持"以顾客为导向"的原则，对电子政务的绩效评估不能缺少对服务接受方感受的测评，即公众对电子政务服务的满意程度测评。关于电子政务公众满意度的模型建构，国内外学界常以顾客满意度指数模型、技术接受模型、信息系统成功模型为理论基础进行建构。其中，顾客满意度指数模型中的公众期望、感知质量、感知价值、公众满意，技术接受模型中的感知有用性和感知易用性，信息系统成功模型中的信息质量、服务质量、系统质量是研究者较常选择的变量。就研究方法而言，结构方程模型、层次分析法、模糊综合评价法是较为常用的测评方法，其中，结构方程模型因其可以同时衡量潜变量的选择和路径关系且允许自变量和因变量之间存在测量误差等优势，应用最为广泛。

随着电子政务的不断发展和完善，其由最初的政府网站逐渐发展出政务微博、政务微信、政务客户端、政务短视频等新形式，作为电子政务形式的扩展与丰富，我国政府出台文件将其统称为"政务新媒体"，政务新媒体飞速发展的时代来临。作为新出现的媒介形式，国家鼓励政务新媒体建设的目的是提供更高效的政府公共服务，为政务公开、政务服务和政民互动提供更多样、更便捷的渠道。因此，政府部门和学者们开始将政府公共信息服务的研究视角由对电子政务的研究转向对政务新媒体的研究，由对电子政务的绩效评估转向对政务新媒体的绩效评估。在服务型政府的背景下，对政务新媒体的绩效评估需要关注服务对象即公众对政务新媒体的服务满意程度。但就目前而言，对政务新媒体公众满意度的测评尚处于起步阶段。

---

① 朱春奎、李文娟：《电子政务服务质量与满意度研究进展与展望》，载于《湘潭大学学报（哲学社会科学版）》2019 年第 1 期，第 60～64 页。

国内外关于媒体使用与政府信任的研究已有较为丰富的研究成果。在媒体使用与政府信任方面，主要有媒体弱化论和媒体动员论两个观点。此外，有关新旧媒体对政府信任的影响、官方与非官方媒体对政府信任的影响的对比研究也被学者广泛关注。就新旧媒体而言，绝大多数学者认为传统媒体对政府信任的影响是正向显著影响，新媒体对政府信任的影响是负向显著影响，尤其表现在公众对互联网的接触时间越长，对政府的信任度越低。就官方媒体和非官方媒体而言，多数观点认为官方媒体对政府信任的影响是正向显著影响，非官方媒体对政府信任的影响是负向显著影响。在电子政务与政府信任的关系研究上，主流观点认为电子政务的使用会增加公众对政府的信任，但也有少数学者的研究表明，电子政务的使用未必会提升公众对政府的信任，甚至会产生负面影响。在对媒体与政府信任的文献进行梳理的过程中，发现媒体形式与类型的不同会对政府信任产生不同强度、方向和路径的影响。此外，政府形象和政治效能感常分别作为研究媒体使用与政府信任关系中的变量出现，其中相对而言，将二者作为自变量来研究其对政府信任的影响略多一些，作为中介变量的研究也略有涉及，将政治效能感作为调节变量的研究较少。

二、既有研究的局限

通过文献梳理发现，有关政务新媒体公众满意度的研究，国外倾向于研究政务社交媒体的使用满意度与公众持续使用意向（即技术采纳行为）的关系，重点放在了技术接受行为的研究上而非满意度的研究上。国内的研究一般以平台为划分选取政务新媒体的某一类别进行研究，主要是针对政务微博、政务微信、政务App 公众满意度的研究。此外，相比于核心期刊论文，硕士论文较多，后者的研究普遍存在以下问题：研究方法单一，仅采用定量研究；研究设计科学性不足，研究调查样本量小、覆盖面窄；研究理论阐释不足等。

有关政务新媒体对政府信任的研究，采用实证研究的方法考察政务新媒体的使用对政府信任的影响研究相对较少，针对我国政务新媒体的使用对政府信任的影响研究仅有寥寥数篇，关于我国政务新媒体公众满意度对政府信任的研究更是有限。政务新媒体作为一种新兴的媒体形式，其会对政府信任产生何种影响尤其是其公众满意度会对政府信任产生何种影响值得研究与探讨。此外，政府形象和政治效能感同时作为研究变量来探究媒体使用，尤其是政务新媒体的使用与政府信任的关系还比较少，将政治效能感作为调节变量的研究非常值得关注。

三、本书的切入点

本章通过对与本书相关的文献进行梳理，发现对政务新媒体公众满意度的测评研究可以通过与之有共性的电子政务公众满意度测评模型来寻找建构政务新媒体公众满意度测评模型的灵感，发现电子政务公众满意度测评模型主要依托于顾客满意度指数模型、技术接受模型、信息系统成功模型，采用结构方程模型的研究方法。在对媒体使用与政府信任的文献进行梳理的过程中，发现媒体形式与类型的不同会对政府信任产生不同强度、方向和路径的影响。政务新媒体作为一种新兴的媒体形式，其会对政府信任产生何种影响值得研究与探讨。

本书的第一个切入点将根据前人关于电子政务公众满意度测评和政务新媒体公众满意度测评的研究发现，建立科学的政务新媒体公众满意度测评模型，研究政务新媒体公众满意度的影响因素。电子政务公众满意度测评模型中常用的理论模型有顾客满意度指数模型、技术接受模型、信息系统成功模型，但将三个模型中的相关变量融合起来进行的研究非常少，本书将这三个模型融合后应用到政务新媒体公众满意度测评模型中，选取常用的变量，建立具有较高信度和效度的政务新媒体公众满意度的影响因素概念模型和指标体系。

本书的第二个切入点将关注政务新媒体公众满意度对政府信任的影响机理。相关的文献综述表明，媒体因素对政府信任有着重要影响。新旧媒体、官方与非官方媒体、电子政务对政府信任的影响均被广泛关注。作为新兴的媒体形式，政务新媒体既兼具"政务"的官方性质又具有"新媒体"的特性，同时又与电子政务有着较多相似属性。那么，政务新媒体对政府信任的影响关系是更倾向于官方媒体对政府信任的影响关系，还是更符合新媒体对政府信任的影响关系，抑或是更贴近电子政务对政府信任的影响关系，又或是其与政府信任的关系别具一格，政务新媒体对政府信任的影响关系值得深入探究。为与第一个研究切入点保持连贯性，第二个研究切入点将延续对政务新媒体公众满意度的探讨，研究政务新媒体公众满意度对政府信任的影响机理。在我国"强政府"背景下，政府形象会对政府信任产生影响，而政府形象也常受到媒体宣传和使用的影响，因此，可以关注政府形象在政务新媒体的使用与政府信任间的中介效应。同时，将政治效能感作为调节变量来研究其在政务新媒体的使用、政府形象和政府信任间的调节效应也是较为新颖的一个研究思路。

总的来说，政务新媒体作为近些年新晋出现的事物，尚未被学界广泛研究，

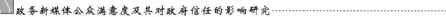

还有许多探索空间。有关政务新媒体公众满意度、政务新媒体公众满意度的影响因素、政务新媒体与政府信任、政务新媒体公众满意度与政府信任的研究，研究对象和研究内容很新，拥有很大的理论研究空间，因此后续研究将重点予以关注。本书将以实证的方法讨论公众对政务新媒体的使用满意度及其对政治信任的影响，以期为政务新媒体的进一步发展提供参考和借鉴。

第三章

分析框架与研究假设

本章将借鉴顾客满意度指数模型的因果结构关系提出本书的分析框架，视公众满意为核心变量，其与前因变量的模型构成政务新媒体公众满意度的影响因素概念模型，其与结果变量的模型构成政务新媒体公众满意度对政府信任的影响机理概念模型，提出两个模型的潜变量和研究假设，建构本书的概念模型。

第一节　构建分析框架

在顾客满意度指数模型中，以顾客满意为核心变量，它与前因变量的模型研究了顾客满意度的影响因素，它与结果变量的模型研究了顾客满意度会对哪些因素产生影响，具体来说，顾客忠诚是最终结果变量，因此研究的是顾客满意对顾客忠诚的影响机理。

借鉴顾客满意度指数模型的分析框架来建立本书的分析框架，在政务新媒体公众满意度及其对政府信任的影响研究中，以政务新媒体公众满意为核心变量，它与前因变量的模型将研究政务新媒体公众满意度的影响因素，它与结果变量的模型将研究政务新媒体公众满意度会对哪些因素产生影响。本书选择政府信任作为最终变量，来研究政务新媒体公众满意度对政府信任的影响机理，主要原因如下：

据前文所述，本书是在我国服务型政府建设的大背景下进行的政务新媒体的研究，政务新媒体的建设是我国服务型政府建设的举措之一，政府信任是评价服务型政府建设的核心内容，政府公共服务的质量水平是衡量服务型政府建设的重要指标，并会对政府信任产生影响。在服务型政府背景下，政府公共服务的质量水平应以"顾客为导向"，由服务接受方公众的满意度来衡量。基于此，政务新媒体的服务质量水平将通过政务新媒体公众满意度来测评，政务新媒体的服务质量水平也理应对政府信任产生一定的影响，即政务新媒体公众满意度会影响政府信任。同时，已有的许多研究均表明公众的媒介使用对政府信任的影响是显著的，那么公众对政务新媒体的使用满意程度是否如预期所料，会对政府信任产生影响呢？具体的影响机理如何？以上内容是本书中所要重点关注的问题。本书的分析框架如图3-1所示。

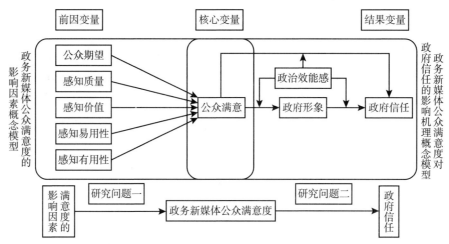

图3-1 政务新媒体公众满意度及其对政府信任的影响研究的分析框架

资料来源：笔者自制。

第二节 选择研究变量

一、政务新媒体公众满意度的影响因素概念模型的变量选择

在整合ACSI、ECSI、CCSI模型中顾客满意的前因变量的基础上，根据政务新媒体的功能特点，在选择潜变量时保留公众期望、感知质量、感知价值和公众满意4个潜变量。在对感知质量进行测量时，将引入信息系统成功模型（D&M模型）中的信息质量、服务质量和系统质量3个方面作为感知质量指标选取的细分维度，符合政务新媒体的信息系统特性。公众对政务新媒体的使用满意程度可

以通过公众对政务新媒体的持续使用意向和行为表现出来，因此将引入技术接受模型（TAM）中的感知有用性、感知易用性2个潜变量。在文献综述部分已经阐述了这三个模型是学者们进行电子政务公众满意度测评最常用的模型，但将这三个模型融合起来建构政务新媒体公众满意度测评模型来使整个模型更加适应政务新媒体的功能特点，是本书模型的创新之处。

（一）公众期望

经典顾客满意度指数模型中的"顾客期望"和"预期质量"在政务新媒体公众满意度研究中被替换为更加准确的"公众期望"，其含义总体一致。公众期望（public expectation，PE）是指公众对政务新媒体提供的信息与服务质量的预期标准，它是公众根据以往经验希望政务新媒体在一定时间内满足其自身需求的一种心理预期。

公众的这种经验既受到新闻媒体、人际交往等多种传播媒介所呈现的宣传信息的影响，也受到公众此前与政府互动、接受政府提供的服务、使用电子政务、政府网站、在线政务平台，以及政务新媒体等的真实体验的影响，这些信息与体验的累积决定了公众如今对政务新媒体的预期，因此公众期望是一种累积型变量。公众期望由公众需求所激发，是绝大多数公众满意度研究中的常规变量，常出现在各种公众满意度的模型中。

（二）感知质量及其质量因子

感知质量（perceived quality，PQ）是指公众在使用政务新媒体所提供的产品和服务之后对其质量的实际感受和总体评价，它是经典顾客满意度指数模型中的重要变量。感知质量包括公众对政务新媒体所提供的产品（主要是政务信息）、服务（主要是在线政务服务和与政府的在线互动）和系统平台的体验过程中，以及过程后的综合感知。

ECSI模型将感知质量细分为感知产品质量和感知服务质量，根据政务新媒体的功能，在政务新媒体公众满意度的影响因素概念模型中引入政务新媒体信息质量因子和政务新媒体服务质量因子，分别对应ECSI模型中的产品和服务两个感知质量。此外，德隆和麦克林（DeLone and McLean）在2003年更新了信息系统成功模型（D&M模型），用来测量影响用户对信息系统所提供的服务满意度的因素和影响用户对信息系统使用意向的因素。信息系统成功模型将信息系统影响用户满意和使用意向的前因变量分为信息质量、服务质量和系统质量，它们均对用户满意和使用意向产生直接影响，如图 3 - 2 所示。

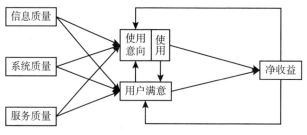

图 3 - 2　信息系统成功模型（D&M Model）

资料来源：DeLone, W. H. & McLean, E. R. The DeLone and McLean model of information systems successs: a ten-year update. *Journal of Management Information Systems*, 2003, 19（4）: 9 - 30.

　　政务新媒体具有提供政务信息和政务服务的功能，而这些功能的正常发挥，均离不开政务新媒体平台的正常运行，信息系统的稳固性、成熟性和可操作性都在其中发挥着重要作用。因此，借鉴上述两个模型中的部分变量，将政务新媒体感知质量分为政务新媒体信息质量、政务新媒体服务质量和政务新媒体系统质量三个质量因子，引入它们能够更加细化地了解政务新媒体不同功能维度的质量水平，这三个质量因子之间的关系如图 3 - 3 所示。

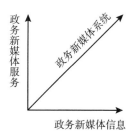

图 3 - 3　政务新媒体感知质量的质量因子空间维度示意

资料来源：笔者自制。

（三）感知价值

　　感知价值（perceived value, PV）是指公众对政务新媒体所提供的信息和服务效益的感知，是公众综合信息和服务的质量、便利性及内容等多重因素后对其所获利益的总体主观评价，主要体现在政务新媒体提供的信息和服务是否使公众获益，使社会得到发展。该评价源于公众感知其得到的利益与其获取该信息或服务所付出的成本的对比。

由于政务新媒体是政府提供的一种公共信息服务，基本不需要付出价格成本（此处不考虑购买移动设备和连接网络等的成本，因为这些成本并不主要由使用政务新媒体所产生），因此这里所付出的成本主要考虑的是获取信息和服务所付出的时间和精力。

（四）感知有用性和感知易用性

公众对政务新媒体这种新技术的接受程度在一定程度上反映了公众对政务新媒体的使用满意程度。因此，在对政务新媒体公众满意度进行测评时，需要考量影响公众接受和使用政务新媒体的因素，借鉴戴维斯（Davis）于1989年提出的用于解释用户信息技术接受行为的模型——技术接受模型（technology acceptance model，TAM）中的感知有用性（perceived usefulness，PU）和感知易用性（perceived ease of use，PEOU）两个变量来反映这些影响因素。

技术接受模型由外部变量、感知有用性、感知易用性、使用态度、使用行为意向和实际系统使用6个潜变量和8条路径组成，如图3-4所示。

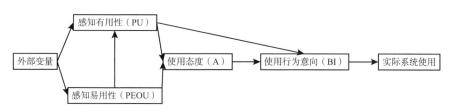

图3-4 技术接受模型（TAM）

资料来源：Davis, F. D. Perceived usefulness, perceived ease of use, and user acceptance of information technology. *Mis Quarterly*, 1989, 13（3）：319-340.

在TAM中，感知有用性表示使用者主观认为使用某一系统对其工作绩效提升的程度。对于使用者而言，他们更倾向于使用能够提高其工作效率的系统。感知易用性表示使用者所能感受到的使用某一系统的难易程度。对于使用者而言，他们更倾向于使用简单易操作的系统。

在政务新媒体公众满意度的影响因素概念模型中，感知有用性表示公众使用政务新媒体对其工作、生活等各方面所带来的收益的感知。感知易用性是指公众在使用政务新媒体时对其易于操作程度的感知。感知有用性和感知易用性是影响

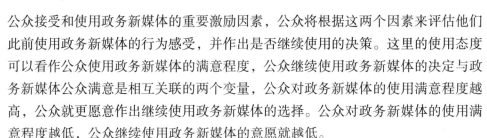

公众接受和使用政务新媒体的重要激励因素，公众将根据这两个因素来评估他们此前使用政务新媒体的行为感受，并作出是否继续使用的决策。这里的使用态度可以看作公众使用政务新媒体的满意程度，公众继续使用政务新媒体的决定与政务新媒体公众满意是相互关联的两个变量，公众对政务新媒体的使用满意程度越高，公众就更愿意作出继续使用政务新媒体的选择。公众对政务新媒体的使用满意程度越低，公众继续使用政务新媒体的意愿就越低。

（五）公众满意

顾客满意变量在经典顾客满意度指数模型中居于核心位置，是顾客满意度研究中的关键变量。在公众满意度研究中，采用"公众满意"来代替"顾客满意"。在政务新媒体公众满意度的影响因素概念模型中，公众满意（public satisfaction，PS）是指公众在使用政务新媒体所提供的信息和服务的过程中，所感受到的总体满意程度，这是公众根据过往使用政务新媒体的经验所累积出来的整体评价。

二、政务新媒体公众满意度对政府信任的影响机理概念模型的变量选择

媒体因素作为影响政府信任的重要因素之一，关于媒体使用与政府信任的关系研究在国内外被广泛关注，且达成了一些共识。但有关政务新媒体的使用与政府信任的关系研究由于政务新媒体出现时间较短而尚未得到学者们的深入探讨，研究数量较少且深度不够。不仅如此，政务新媒体公众满意度与政府信任的关系研究也尚未受到学者广泛关注。

有学者研究了媒体使用与政府形象的关系，以及政府形象与政府信任的关系，但将媒体使用、政府形象和政府信任三个要素放在一起进行讨论的研究非常少。具体而言，几乎未有将政务新媒体公众满意度、政府形象和政府信任三个要素放在一起进行的研究。理论上，只要公众对政务新媒体的使用满意程度与政府形象、政府形象与政府信任这两个问题的影响关系成立，就可以通过中介效应检验来进一步求证政府形象在政务新媒体公众满意度对政府信任的影响机制中所发挥的中介效应。

此外，在 ECSI 和 CCSI 模型中，采用"企业形象"和"品牌形象"代替了SCSB 和 ACSI 模型中的"顾客抱怨"。在政务新媒体公众服务的过程中，政务新

媒体为公众提供政务信息、政务服务，以及政民互动的渠道是在履行政府职能，故将"企业形象"和"品牌形象"替换为"政府形象"来代替"顾客抱怨"，用来测量公众在使用政务新媒体后对政府的印象与感觉，公众对政务新媒体的使用满意程度越高，政府形象越好。不仅如此，在电子政务公众满意度测评的研究中，许多学者都将政府形象作为公众满意的结果变量进行研究并得到了验证①②。因此，将政府形象作为政务新媒体公众满意的结果变量之一，也是有理论与实证依据的。

（一）政府信任

在研究政务新媒体公众满意度对政府信任的影响机理之前，我们首先要厘清公众、政务新媒体、政府、政府信任之间的逻辑关系。政府信任（public trust in government，PT）是公众对政府机构及其行政人员提供公共管理和公共服务等行为的合理期待，以及政府及其行政人员对公众合理期待的回应，二者是一个动态互动的过程。因此，对政府信任的衡量也应是一个动态的过程，政府信任是一种主观感知，完全信任和完全不信任的状态一般不会存在，这种感知主要是对政府信任程度的判断。

媒体因素是影响政府信任的重要因素之一。已有研究表明，媒体使用、媒体满意和媒体信任都会对政府信任产生显著影响，只是正向影响和负向影响取决于媒体的形式与性质。例如，就我国目前的研究而言，传统媒体与政府信任的关系多表现为正相关，而新媒体与政府信任的关系多表现为负相关；官方媒体与政府信任的关系多表现为正相关，而非官方媒体与政府信任的关系多表现为负相关。就电子政务而言，主流观点认为公众的电子政务使用满意度对政府信任往往产生正向影响。

本部分研究起源于对政务新媒体的形式与性质的思考，政务新媒体具有特殊性，兼具"政务"和"新媒体"的双重属性，就"政务"属性而言，它具备官方、真实、客观等特点，就"新媒体"属性而言，它形式多样、内容丰富、难于监管。但是二者相结合之后，它是否会对政府信任产生影响，是产生正向影响还是负向影响，正是本书所要关注的重点问题。

---

① 刘燕：《电子政务公众满意度测评理论、方法及应用研究》，国防科学技术大学 2006 年，第 41 + 111 页。
② 李志刚、徐婷：《电子政务信息服务质量公众满意度模型及实证研究》，载于《电子政务》2017 年第 9 期，第 119 ~ 127 页。

因此，关于政务新媒体公众满意度对政府信任的影响机理研究的逻辑在于，政务新媒体是政府对公众进行公共管理、提供公共服务的有效途径，也是国家"在线政务服务""互联网＋政务服务"政策所提倡的政府提供公共信息服务的途径，更满足了我国服务型政府的建设要求。公众使用政务新媒体获取信息和服务，与政府进行互动，在这个过程中公众对政务新媒体的使用满意程度会对其政府信任产生何种影响，是本部分研究的重点内容。本部分具体的研究逻辑如图3－5所示。

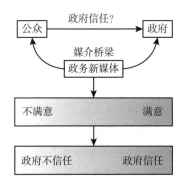

图3－5　政务新媒体公众满意度对政府信任的影响机理研究逻辑示意

资料来源：笔者自制。

（二）政府形象

政府形象（public image in government，PI）是公众对政府机构的整体性印象，良好的政府形象很大程度上表现为善政（good government）。相关研究表明，政府形象在政府公共服务供给与政府公共服务感知绩效中起到中介作用，即优质的公共服务供给能够提升公众心目中的政府形象[1]。电子政务作为政府公共服务供给的一种方式，有关电子政务公众满意度的测评模型发现，电子政务公众满意度对政府形象有着积极影响，满意度越高，政府形象越好[2][3]。那么推演到政务新媒体上，满意的政务新媒体服务是否会对政府形象产生积极影响呢？

沃斯（Vos）在调研荷兰政府信任问题时，提出可以通过营造良好的政府形

① 范柏乃、金洁：《公共服务供给对公共服务感知绩效的影响机理——政府形象的中介作用与公众参与的调节效应》，载于《管理世界》2016年第10期，第50～61＋187～188页。

② 刘燕：《电子政务公众满意度测评理论、方法及应用研究》，国防科学技术大学2006年，第111页。

③ 李志刚、徐婷：《电子政务信息服务质量公众满意度模型及实证研究》，载于《电子政务》2017年第9期，第119～127页。

象来促进政府信任度的提升①。由于政府形象对政府信任水平的影响关系在我国并未引起长久重视②。那么，政府形象是否会对政府信任产生影响呢？综合前面所述，本部分研究将探究政府形象是否会在政务新媒体公众满意度与政府信任之间发挥中介作用，因此选择政府形象作为政务新媒体公众满意度对政府信任影响研究中的中介变量。

（三）政治效能感

在政府信任、政治参与、政治态度、政治认同的相关研究中，政治效能感是经常被学者考虑在内的变量。政治效能感（political efficacy，PEf）是指公民认为自己去履行公民义务是值得的，其进行的政治行动对于政治过程确实有或能够有所影响的感觉③。简单来说，政治效能感就是主观政治能力，即公众理解政治、影响政治的能力。它是在公众与政府的交往经验、个体政治知识和价值观的基础上形成的，并会对公众政治态度的其他方面产生显著影响④。那么，政治效能感是否会在政务新媒体公众满意、政府形象和政府信任的关系中起到调节作用，本书将加以关注。

本部分研究为与第一部分的研究进行变量间的联系，将政务新媒体公众满意作为两部分研究中的联结变量。因此，本部分研究选择政府信任为因变量，政务新媒体公众满意为自变量，政府形象为中介变量，政治效能感为调节变量。

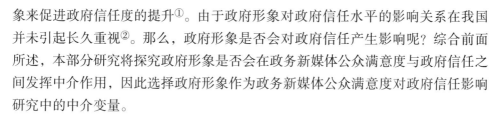

第三节　提出研究假设

一、政务新媒体公众满意度的影响因素概念模型的研究假设

在选取了政务新媒体公众满意度的影响因素概念模型的潜变量之后，根据现

①　Vos，M. The public image of the government：trust and social capital in the Netherlands. *The International Social Capital and Networks of Trust Congress*（*ISOCA*），2007：1 – 9.

②　沈瑞英、周霓羽：《中国政府形象对政府信任的影响——基于 CSS2013 数据的实证研究》，载于《上海大学学报（社会科学版）》2017 年第 6 期，第 94 ~ 103 页。

③　Campbell，A.，Gurin，G. & Miller，W. E. The voter decides. *American Sociological Review*，1955，49（1）：225.

④　王浦劬、孙响：《公众的政府满意向政府信任的转化分析》，载于《政治学研究》2020 年第 3 期，第 13 ~ 25 + 125 页。

有理论和研究成果提出模型中各潜变量路径关系的研究假设。由于政务新媒体公众满意度的影响因素概念模型中的潜变量来自顾客满意度指数模型和技术接受模型这两个理论模型，因此研究假设的提出主要基于这两个模型中已有的研究成果。

需要强调的是，为了使研究假设提出过程中的理论阐释足够清晰和精简，在此处并未考虑对两个模型中各自包含的潜变量之间交叉建立研究假设来进行研究。具体来说，顾客满意度指数模型中包含公众期望、感知质量、感知价值和公众满意四个潜变量，因此考虑在这四个潜变量之间建立研究假设；技术接受模型中包含感知有用性、感知易用性和使用态度三个潜变量，其中"使用态度"在此处主要表现为"公众满意"，因此，考虑在感知有用性、感知易用性和公众满意之间建立研究假设，仍可视为是在同一模型的理论基础下进行的变量选择。此外，"感知价值"的实际内涵是技术接受模型中的感知有用性与感知易用性之比，因此并不能单将其看作顾客满意度指数模型中的指标，可以说，在感知有用性、感知易用性与感知价值之间建立相关关系仍是在同一个模型的理论基础下进行的变量选择。具体阐释将在感知有用性、感知易用性与相关潜变量的路径关系部分予以详细呈现。总而言之，不考虑对两个模型中各自的潜变量之间交叉来建立研究假设，例如，感知质量与感知有用性之间的相关关系、公众期望与感知有用性之间的相关关系等，在此处暂不予研究。

有关本书中的第一个模型——政务新媒体公众满意度的影响因素概念模型的研究假设提出的详细推导过程，会在下文中通过图示和文字的方式进行详细的理论阐述。

模型建构步骤一：基于顾客满意度指数模型（CSI模型）所提出的研究假设：

（一）公众期望与相关潜变量的路径关系

李志刚等人在进行电子政务公众满意度的实证研究时，证明了公众期望与感知质量和感知价值存在显著正向相关关系[①]。同理，公众在使用政务新媒体的过程中，可以认为公众对政务新媒体提供的信息和服务的期待越积极，其在使用过程中感受到的质量越好、价值越高。

[①] 李志刚、徐婷：《电子政务信息服务质量公众满意度模型及实证研究》，载于《电子政务》2017年第9期，第119～127页。

　　参考电子信息服务方面针对公众期望与公众满意相关研究的结论，更多的研究表明电子信息服务中的公众期望对公众满意具有正向影响①②，但也有学者的研究发现二者之间的相关性不显著③。基于此，在提出政务新媒体公众满意度的研究假设时遵循大多数研究中的结论，认为公众期望的预测功能会对公众满意产生积极影响，公众的高期望倾向于得到更高的公众满意度。于是，本书提出假设：

　　H1a：公众期望对感知质量具有显著的正向影响。

　　H1b：公众期望对感知价值具有显著的正向影响。

　　H1c：公众期望对公众满意具有显著的正向影响。

（二）感知质量与相关潜变量的路径关系

　　在我国已有的关于电子政务公众满意度的研究中，感知质量对公众满意具有正向直接作用④⑤⑥。在政务新媒体公众满意度的研究中，公众对政务新媒体提供的信息和服务的价值判断也会受到信息、服务和系统平台质量的积极影响，信息质量越高，服务越周到，系统平台越稳定，公众越能感受到政务新媒体的作用与价值。基于此，本书提出假设：

　　H2a：感知质量对感知价值具有显著的正向影响。

　　H2b：感知质量对公众满意具有显著的正向影响。

（三）感知价值与相关潜变量的路径关系

　　在电子政务公众满意度的相关研究中，感知价值与公众满意的路径关系是稳定且一致的，感知价值对公众满意有正向直接作用，即感知价值越高，顾客越满意。在政务新媒体公众满意度的研究中关于感知价值与公众满意的关系，以前人

---

　　①　Morgeson, F. V. & Petrescu, C. Do they all perform alike? an examination of perceived performance, citizen satisfaction and trust with US federal agencies. *International Review of Administrative Sciences*, 2011, 77 (3): 451 - 479.

　　②　邹凯、包明林：《政务微博服务公众满意度指数模型及实证研究》，载于《湘潭大学学报（哲学社会科学版）》2016 年第 1 期，第 75 ~ 79 + 121 页。

　　③④　李志刚、徐婷：《电子政务信息服务质量公众满意度模型及实证研究》，载于《电子政务》2017 年第 9 期，第 119 ~ 127 页。

　　⑤　刘燕：《电子政务公众满意度测评理论、方法及应用研究》，国防科学技术大学 2006 年，第 113 页。

　　⑥　邹凯、包明林：《政务微博服务公众满意度指数模型及实证研究》，载于《湘潭大学学报（哲学社会科学版）》2016 年第 1 期，第 75 ~ 79 + 121 页。

的理论为依据，本书提出假设：

H5a：感知价值对公众满意具有显著的正向影响。

本书根据顾客满意度指数模型（CSI 模型）所提出的上述 6 个研究假设，绘制出了基于 CSI 模型的政务新媒体公众满意度的影响因素概念模型，如图 3 - 6 所示。

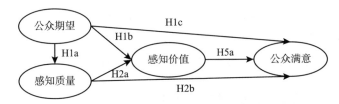

图 3 - 6　基于 CSI 模型的政务新媒体公众满意度的影响因素概念模型

资料来源：笔者自制。

模型建构步骤二：基于技术接受模型（TAM）所提出的研究假设：

（四）感知有用性、感知易用性与相关潜变量的路径关系

经典顾客满意度指数模型中认为感知价值是指顾客所获取的产品或服务的总体评价，其核心就是顾客感知利得与感知利失的权衡①，即顾客感知利益与获取该产品或服务付出成本的对比②。感知价值是兼有客观及主观因素的变量，产品或服务质量及其价格是感知价值的外在表现形式。

感知利得即顾客感知利益，在政务新媒体的使用中主要表现为政务新媒体提供的信息和服务是否对公众有益，因此可以用技术接受模型中的感知有用性来衡量。政务新媒体提供的信息和服务对公众越有用，越能满足公众的需求，就越有价值。

感知利失即顾客获取该产品或服务付出的成本，在政务新媒体的使用过程中主要表现为获取政务新媒体的信息和服务时所付出的时间成本和精力。这是因为政务新媒体是政府提供的一种公共服务，有一定的垄断性，公众在使用的过程中基本无须付出价格成本（网费和移动设备费用在此处不予考虑）。如果公众在初

---

① Fornell, C., Johnson M. D., Anderson E. W., Cha, J. & Bryant, B. E. The American customer satisfaction index: nature, purpose, and findings. *Journal of Marketing*, 1996, 60 (4): 7 - 18.

② 李海涛：《政府门户网站公众满意度概念模型研究》，科学技术出版社 2018 年版，第 99 页。

次使用政务新媒体时，简单易学易上手，在后续使用中操作便捷，公众付出的成本就相对较少，这与技术接受模型中的感知易用性内涵相符，因此可以用感知易用性来衡量公众使用政务新媒体时所付出的成本。公众越容易上手操作政务新媒体，就越愿意使用它，也就更有可能在使用过程中感受到其对自身的益处和价值。据此，本书提出假设：

H3a：感知有用性对感知价值具有显著的正向影响。

H4a：感知易用性对感知价值具有显著的正向影响。

上述推导过程可通过图3-7来展示。

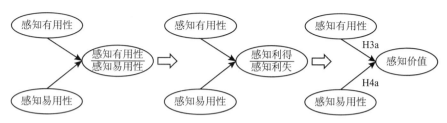

图3-7 感知有用性、感知易用性与感知价值的路径关系推导过程

资料来源：笔者自制。

在TAM中，感知有用性和感知易用性对使用态度有正向直接作用，即用户感受到信息系统有用时就会产生积极的使用态度，也就是公众满意；反之则会产生消极的使用态度，即公众不满意。如若系统简单易学，易于操作，用户就会产生积极的使用态度，也就是公众满意；反之，如若系统难于操作或需要付出巨大成本才能学会如何操作，用户的使用态度就不积极，也就是公众不满意。因此，可以认为感知有用性和感知易用性对公众满意都具有正向直接作用，有学者对电子政务的研究也证明了该假设①。

此外，在TAM中，感知易用性对感知有用性有正向直接作用，即用户感受到信息系统易于操作就会提升对信息系统的有用性感知。若将信息系统具体到政务新媒体上，也理应同理。据此，本书提出假设：

H3b：感知有用性对公众满意具有显著的正向影响。

H4b：感知易用性对公众满意具有显著的正向影响。

---

① Sachan, A., Kumar, R. & Kumar, R. Examining the impact of E-government service process on user satisfaction. *Journal of Global Operations and Strategic Sourcing*, 2018, 11（3）：321-336.

H4c：感知易用性对感知有用性具有显著的正向影响。

上述推导过程可通过图3－8来展示。

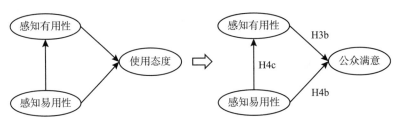

图3－8　感知有用性、感知易用性与公众满意的路径关系推导过程

资料来源：笔者自制。

本书根据技术接受模型（TAM）所提出的上述5个研究假设，同时融合了图3－7和图3－8的推导过程，绘制出了基于TAM的政务新媒体公众满意度的影响因素概念模型，如图3－9所示。

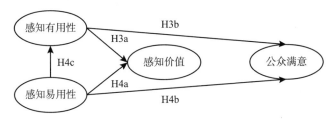

图3－9　基于TAM的政务新媒体公众满意度的影响因素概念模型

资料来源：笔者自制。

上文阐释了政务新媒体公众满意度的影响因素概念模型的推导全过程，基于顾客满意度指数模型（CSI模型）提出了6个研究假设，基于技术接受模型（TAM）提出了5个研究假设，至此，政务新媒体公众满意度的影响因素概念模型建立起来。该模型由公众期望、感知质量、感知价值、感知有用性、感知易用性和公众满意6个潜变量组成，共有11条路径关系。将图3－6基于CSI模型的政务新媒体公众满意度的影响因素概念模型和图3－9基于TAM的政务新媒体公众满意度的影响因素概念模型融合起来，形成本书最终的政务新媒体公众满意度的影响因素概念模型，其中感知质量变量通过引入D&M模型的分析框架，从信息质量、服务质量和系统质量3个质量因子来测量，如图 3-10 所示。

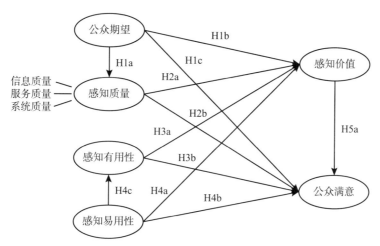

图 3-10　政务新媒体公众满意度的影响因素概念模型

资料来源：笔者自制。

二、政务新媒体公众满意度对政府信任的影响机理概念模型的研究假设

（一）政务新媒体公众满意与政府信任

已有研究大多认为，公众对政府的满意度是影响公众对政府信任度的关键因素。尹保红的研究认为，公众对政府的评价是政府获取公信力和信任的力量之源，政府能够向公众提供足够的产品和服务，公众对政府就会有一种基本的信任。这体现出政府绩效对政府信任的重要影响。公民作为政府的服务对象，对政府绩效有着最直接、最真切的感受。具体而言，政府机构提供优质的公共服务和公共产品会对政府信任产生积极影响[1]。范德沃尔（Van de Walle）等人的研究证实，政府提供令公众满意的良好公共服务是政府信任的源泉，二者是一种因果关系[2]。吕等人对中国地方政府的研究发现，公众对政府行政服务质

---

① 尹保红：《政府信任危机研究》，中共中央党校 2010 年，第 104~105 页。

② Van de Walle, S. & Bouckaert, G. Public service performance and trust in government: the problem of causality. *International Journal of Public Administration*, 2003, 26（8-9）：891-913.

量的满意度对政府信任有着积极影响①。公众对政府的满意度体现在许多方面，其中也包括公众对政府提供的信息和服务的满意程度。在梳理公众的电子政务使用情况与政府信任的关系研究后发现，使用者的电子政务使用满意度会对其政府信任产生积极影响②。"电子政务—公众满意度—政府信任"的模型也证实了该结论③。政务新媒体作为政府提供信息和服务的有效途径之一，公众对其使用的满意程度理应会影响公众对政府的信任度。基于此，本书提出研究假设：

H7：政务新媒体公众满意对政府信任具有显著的正向影响。

（二）政府形象的中介作用

有较多的研究表明，政府服务的公众满意度对政府形象有正向影响，判断一个政府是否是服务型政府的关键，在很大程度上取决于其提供的服务对公众需求的满足能力，因此，公众满意往往成为提升政府声誉和政府形象的前提④。在研究政府不同种类服务的满意度模型中，政府形象常作为公众满意的结果变量出现。邹凯等人的研究发现，公众对政务微博服务的满意程度越高，政府在公众心目中的形象越好⑤。郝（Hao）、刘燕、李志刚等人在研究电子政务信息服务质量的公众满意度时发现，公众对电子政务的使用满意度对政府形象有显著的正向影响⑥⑦⑧。类似的结论还有很多，主要出现在有关政府服务公众满意度测评、电子政务公众满意度测评、政府信息公开满意度测评的研究中。据此，本书提出研究

---

① Lv, W. & Wang, Y. Effects of public-perceived administrative service quality on public satisfaction, government reputation and public trust: An empirical analysis based on the local governments of China. *International Conference on Service Systems & Service Management IEEE*, 2010: 1 – 6.

② 朱春奎、毛万磊、李玮：《使用电子政务能够提高公众的政府信任吗?》，载于《公共管理与政策评论》2017年第6期，第60~70页。

③ Morgeson, F. V. & Petrescu, C. Do they all perform alike? An examination of perceived performance, citizen satisfaction and trust with US federal agencies. *Social Science Electronic Publishing*, 2011, 77 (3): 451 – 479.

④ Lv, W. & Wang, Y. Effects of public-perceived administrative service quality on public satisfaction, government reputation and public trust: An empirical analysis based on the local governments of China. *International Conference on Service Systems & Service Management IEEE*, 2010: 1 – 6.

⑤ 邹凯、包明林：《政务微博服务公众满意度指数模型及实证研究》，载于《湘潭大学学报（哲学社会科学版）》2016年第1期，第75~79 + 121页。

⑥ Hao, S. Study on model of E – government public satisfaction based on service-oriented. 2012 *International Conference on Information Technology and Management Science (ICITMS 2012) Proceedings*, 2013: 125 – 135.

⑦ 刘燕：《电子政务公众满意度测评理论、方法及应用研究》，国防科学技术大学2006年，第41 + 111页。

⑧ 李志刚、徐婷：《电子政务信息服务质量公众满意度模型及实证研究》，载于《电子政务》2017年第9期，第119~127页。

假设：

H6a：政务新媒体公众满意对政府形象具有显著的正向影响。

政府形象是公众对政府的总体感觉，其好坏直接影响公众对政府的信任程度。政府形象作为政府的外在表现，所反映出来的实际上是一个包括政府行政理念、行政行为和行政决策在内的内部管理问题①。同时，政府形象作为一种特殊的社会资源，对政府影响力发挥着重要作用，是构成政府影响力的一个基本要素②。随着社会开放程度的增强，经济发展水平的提高，人民文化素质的提高，公众对政府形象的预期也越来越高。服务型政府要求政府民主、透明、诚信、廉洁、高效、进取和负责任等；同时，政府形象随着互联网的发展和新媒体的涌现更多地暴露在公众面前。因此，良好的政府形象在提升政府信任中发挥了重大作用。

已有的关于政府形象与政府信任的关系研究的结论均表明政府信任受到政府形象的正向影响。王守光认为政府信任涉及民众与政府间的互动关系，政府若要取信于民就要致力于塑造效能型、诚信型、互动型和服务型的政府形象③。刘桂花等人的研究发现，政府形象越好，城镇居民对政府的信任度越高。形象较好的政府部门的政府信任度较高，如教育部和民政部；反之则信任度较低，如城管部门等④。罗爱武的研究验证了公众对政府清廉度和法治性等政府形象的满意度对政府信任有正面作用⑤。丁煌在研究中提出，政府形象是一种特殊的政治资源，良好的政府形象可以产生巨大的凝聚力，帮助公众产生对政府的认可和信任感，为政府权威奠定法律基础⑥。吕（Lv）的研究认为，政府声誉对政府信任有着正向影响，一个有名望的政府最重要的特征就是拥有良好的政府形象，得到公众的高度评价。政府声誉和良好的政府形象是民众对地方政府信任判断的直观依据，好的政府形象能够巩固政府合法性，提高政府凝聚力和号召力，提升政府威望，

① 余超文：《论政府信任关系中的民意思维》，载于《山东理工大学学报（社会科学版）》2012年第3期，第38~43页。
② 段尧清：《政府信息公开满意度研究（Ⅰ）——基于结构方程模型的公众满意度影响因素分析》，载于《情报科学》2010年第12期，第1871~1875页。
③ 王守光：《政府信任与政府形象的塑造》，载于《山东行政学院山东省经济管理干部学院学报》2007年第5期，第17~19页。
④ 刘桂花、韩文丽：《基于政府特征视角的政府信任影响因素模型研究》，载于《统计与决策》2014年第21期，第54~56页。
⑤ 罗爱武：《政治参与和治理绩效对政府信任的影响》，载于《探索》2016年第5期，第49~58页。
⑥ 丁煌：《政府形象建设：提高政策执行效率的重要途径》，载于《国家行政学院学报》2002年第6期，第31~34页。

使民众信赖并衷心拥护政府①。据此，本书提出研究假设：

H6b：政府形象对政府信任具有显著的正向影响。

此外，相关研究还提到了政府绩效能力是影响政府信任的主要因素②，认为人们不信任政府的原因主要在于政府绩效的低下③。其中，政府的组织绩效即政府机构能否提供优质的公共服务和公共产品等对政府信任的走向影响很大。公众一般从满意度方面来认识政府的组织绩效，加强政府满意度和形象建设，有利于提高政府信任度④。可以说，政府形象在政府满意度与政府信任之间发挥着重要的中介和桥梁作用。同时，根据假设 H7、假设 H6a 和假设 H6b 的阐述，一方面，政务新媒体公众满意对政府信任发挥直接的作用；另一方面，政务新媒体公众满意也会通过政府形象对政府信任发挥间接作用，政府形象是中介变量。基于此，本书提出研究假设：

H6：政府形象在政务新媒体公众满意与政府信任的关系中具有中介效应。

（三）政治效能感的调节作用

有不少学者研究过政治效能感与政府信任的互动关系。已有研究发现，公众会基于政治信任（其中包含狭义的政府信任）而感受到政治体系的回应性和自身对政治体系的影响力即政治效能感⑤。反过来，政治效能感对政府信任有积极的促进作用，政治效能感的强弱决定了政府信任的高低，具有较强政治效能感的公众认为自己能够对政府的作为产生积极的影响，并相信政府能够有效地回应公众诉求，即感受到所谓的政府信任⑥⑦。

具体来说，政治效能感是指公众的主观政治能力，包括公众理解政治、影响政治的能力，政治效能感有内外之分，前者指个体对其参与政治行为能力的信心，后者指个体参与后能够得到相关机构响应的信心，可以把公众的政治兴趣、

① Lv, W. & Wang, Y. Effects of public-perceived administrative service quality on public satisfaction, government reputation and public trust: An empirical analysis based on the local governments of China. *International Conference on Service Systems & Service Management IEEE*, 2010: 1 – 6.

② 尹保红：《政府信任危机研究》，中共中央党校 2010 年，第 104～105 页。

③ ［美］鲍克：《人们为什么不相信政府》，哈佛大学出版社 1997 年版，第 55～56 页。

④ 尹保红：《政府信任危机研究》，中共中央党校 2010 年，第 104～105 页。

⑤ 裴志军：《自我效能感、政治信任与村民选举参与：一个自治参与的心理机制》，载于《农业技术经济》2014 年第 7 期，第 49～58 页。

⑥ 李燕、朱春奎、姜影：《政治效能感、政府信任与政府网站公民参与行为——基于重庆、武汉与天津三地居民调查数据的实证研究》，载于《北京行政学院学报》2017 年第 6 期，第 35～43 页。

⑦ 朱春奎、毛万磊、李玮：《使用电子政务能够提高公众的政府信任吗？》，载于《公共管理与政策评论》2017 年第 6 期，第 60～70 页。

政治知识、政治信息和政治参与看作政治效能感的主要表现形式。政治兴趣和政治知识被认为是重要的政治心理指标，贯穿公民政治参与的全过程，并可能对公众使用政务新媒体产生影响①。政治信息是指公众通过媒体等各种渠道获取政治与政府信息的一种能力。其中，政务新媒体是现今公众获取相关信息的主要途径，政府通过政务新媒体提供信息和服务，是政府公共服务的一种形式，对政府服务的绩效感知会影响公众对政府的信任感知②。同时，有研究将公众的政治参与作为政府公共服务、政府形象和政府服务绩效感知研究中的调节变量，来研究政治参与在其中起到的调节作用③。

在媒体使用与政治效能感的关系上，媒体使用情况对公众的政治效能感具有重要意义，公众通过大众传播媒介了解信息，就有可能会影响到他们的政治效能感④。有研究表明，无论是新媒体还是传统媒体都能够增强受访者的政治效能感，包括内在效能感和外在效能感⑤。然而，也有研究表明，媒体上的信息获取提高了民众的政治认知水平，正向影响着民众的内在政治效能感，却无法对外在政治效能感与集体效能产生稳定的影响⑥。而新媒体的接触对于政治效能感的影响在纵向上有所变化，从最初的无显著影响随着时间推移转变为显著相关。现如今，在高度发达的媒体社会中，公众对媒体尤其是新媒体的依赖程度越来越高，新媒体在政治生活中的重要性逐渐增强⑦。

具体到政务新媒体这一研究对象来讲，政务新媒体的问世为公众获取政务信息和政务服务提供了更加便捷的渠道，增加了受众的政治知识、政治兴趣、政治信息和政治参与感。在这个过程中，政府提供的政务新媒体公共信息服务的满意程度又会对政府信任产生相应的影响。相较于较低政治效能感的公众，具有较高政治效能感的公众，在使用政务新媒体的过程中能够更加快速地获取对其有用的

---

① 贾哲敏、李文静：《政务新媒体的公众使用及对政府满意度的影响》，载于《北京航空航天大学学报（社会科学版）》2017 年第 2 期，第 1～9 页。

② 边晓慧、杨开峰：《西方公共服务绩效与政府信任关系之研究及启示》，载于《北京行政学院学报》2014 年第 5 期，第 26～31 页。

③ 范柏乃、金洁：《公共服务供给对公共服务感知绩效的影响机理——政府形象的中介作用与公众参与的调节效应》，载于《管理世界》2016 年第 10 期，第 50～61＋187～188 页。

④ 刘伟：《政治效能感研究：回顾与展望》，载于《内蒙古大学学报（哲学社会科学版）》2020 年第 5 期，第 65～71 页。

⑤ 胡荣、沈珊：《社会信任、政治参与和公众的政治效能感》，载于《东南学术》2015 年第 3 期，第 23～33＋246 页。

⑥ 周葆华：《突发公共事件中的媒体接触、公众参与与政治效能——以"厦门 PX 事件"为例的经验研究》，载于《开放时代》2011 年第 5 期，第 123～140 页。

⑦ 李思思：《选举政治中的媒介接触、政治效能感与政治参与——"美国总统大选"实证研究》，载于《宁波大学学报（人文科学版）》2016 年第 6 期，第 85～91 页。

各种信息和服务，与政府展开互动，从而对政府形象和政府信任的评价更贴近真实水平，同时对政府形象和政府信任的感知程度变化更加敏锐。因此，相较于较低政治效能感的公众，具有较高政治效能感的公众感知到的政务新媒体公众满意对政府形象的正向影响、政务新媒体公众满意对政府信任的正向影响、政府形象对政府信任的正向影响更为显著。

因此，本书将政治效能感作为研究中的调节变量，提出研究假设：

H8a：政治效能感对政务新媒体公众满意与政府形象的关系具有正向调节效应。

H8b：政治效能感对政府形象与政府信任的关系具有正向调节效应。

H8c：政治效能感对政务新媒体公众满意与政府信任的关系具有正向调节效应。

结合假设 H8a、假设 H8b、假设 H8c 的阐述，提出以下综合性研究假设：

H8：政治效能感在政务新媒体公众满意、政府形象与政府信任的影响路径中具有调节效应。

在政务新媒体公众满意度对政府信任的影响机理概念模型中，政府信任为因变量，政务新媒体公众满意为自变量，政府形象为中介变量，政治效能感为调节变量，共有 6 条路径关系，如图 3 – 11 所示。

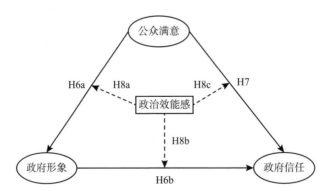

图 3 – 11　政务新媒体公众满意度对政府信任的影响机理概念模型

资料来源：笔者自制。

三、研究假设汇总

本书共提出 19 个研究假设，见表 3 – 1。

表 3-1   本书的研究假设

模型	序号	研究假设
政务新媒体公众满意度的影响因素概念模型的研究假设	H1a	公众期望对感知质量具有显著的正向影响。
	H1b	公众期望对感知价值具有显著的正向影响。
	H1c	公众期望对公众满意具有显著的正向影响。
	H2a	感知质量对感知价值具有显著的正向影响。
	H2b	感知质量对公众满意具有显著的正向影响。
	H3a	感知有用性对感知价值具有显著的正向影响。
	H3b	感知有用性对公众满意具有显著的正向影响。
	H4a	感知易用性对感知价值具有显著的正向影响。
	H4b	感知易用性对公众满意具有显著的正向影响。
	H4c	感知易用性对感知有用性具有显著的正向影响。
	H5a	感知价值对公众满意具有显著的正向影响。
政务新媒体公众满意度对政府信任的影响机理概念模型的研究假设	H6a	政务新媒体公众满意对政府形象具有显著的正向影响。
	H6b	政府形象对政府信任具有显著的正向影响。
	H6	政府形象在政务新媒体公众满意与政府信任的关系中具有中介效应。
	H7	政务新媒体公众满意对政府信任具有显著的正向影响。
	H8a	政治效能感对政务新媒体公众满意与政府形象的关系具有正向调节效应。
	H8b	政治效能感对政府形象与政府信任的关系具有正向调节效应。
	H8c	政治效能感对政务新媒体公众满意与政府信任的关系具有正向调节效应。
	H8	政治效能感在政务新媒体公众满意、政府形象与政府信任的影响路径中具有调节效应。

资料来源：笔者自制。

基于上述研究假设，绘制出了本书的整体概念模型，如图 3-12 所示。

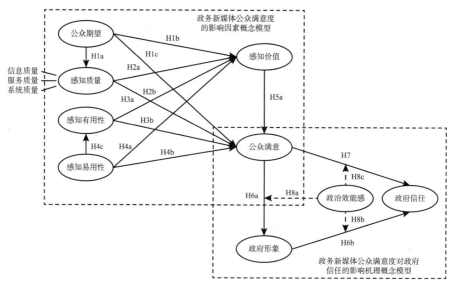

图 3 - 12　本书的概念模型

资料来源：笔者自制。

第四节　本章小结

　　本章以顾客满意度指数模型中的因果结构关系为通用分析框架，提出了政务新媒体公众满意度及其对政府信任的影响研究的分析框架。在顾客满意度指数模型为主要理论模型的基础上，借鉴了技术接受模型、信息系统成功模型的部分变量，分别建构了本书的两个概念模型。政务新媒体公众满意度的影响因素概念模型由公众期望、感知质量、感知价值、感知有用性、感知易用性、公众满意 6 个变量组成，感知质量从信息质量、服务质量、系统质量 3 个维度来衡量。政务新媒体公众满意度对政府信任的影响机理概念模型中，政府信任为因变量，政务新媒体公众满意为自变量，政府形象为中介变量，政治效能感为调节变量。其中，公众满意为两个模型所共用的变量，也是本书整体概念模型中的核心变量。

第四章

问卷调查与数据采集

第三章借鉴了顾客满意度指数模型的通用分析框架，形成了政务新媒体公众满意度及其对政府信任的影响研究的分析框架，提出了相应的研究假设和概念模型。本章将重点确定概念模型中各变量的测量指标，包括政务新媒体公众满意度及其对政府信任的影响研究的问卷设计、问卷试测、数据采集、样本分析等工作，为接下来验证研究假设提供数据支持。在本章最后，将对问卷中第二部分的"公众对政务新媒体的使用和需求情况"的数据进行描述性统计分析。

第一节　问卷设计与指标构建

一、问卷的形式选择与基本结构

（一）问卷的形式选择

在公共管理领域，无法直接测量的研究变量需要通过各种方法来间接获取，本书涉及的——政务新媒体公众满意度的影响因素，以及政务新媒体公众满意度对政府信任的影响机理——就无法直接测量。由于涉及的公众满意度和政府信任是有关个人主观态度和价值观念方面的评估，需要采用量表的形式进行测量，问卷作为包括态度量表在内的综合性测量工具很适合此次研究。随着互联网的普及，问卷法应用起来更加方便，相比其他数据采集方法而言更具可行性。问卷的主要内容是以研究假设为基础，根据概念模型及其测量指标而设计的一整套比较系统的具体问题，因此，它的设计过程实际上是研究者预先确立的研究假设具体化的过程。问卷的好坏直接影响到资料的准确性，关系到调查研究的质量①。因此，设计出一套科学有效的问卷是一次成功调查的重中之重。

本书选择在线自填问卷的形式，主要优点及原因如下。

1. 本书的被调查者为使用过政务新媒体的人群，政务新媒体的使用需要有较强的移动互联网的使用能力，采用在线自填问卷的形式投放获取的样本更容易接近被调查者的人群。

2. 在线问卷可以通过程序分辨被调查者，问卷第一部分设置甄别问题"您是否使用过政务新媒体"，凡是回答"否"的问卷将会自动结束，统计数据不计入样本量，节约调查成本。

3. 调查需要覆盖广阔的地理区域并调查大量的人来形成大样本数据，在线调查更易达到这一目的。

4. 调查效率高、费用低，在线调查可以实时获取被调查者完成问卷的数据，能够尽快获取调查结果。

5. 调查过程免受外界干扰。调查问卷无须署名，调查对象可以表达自己的真实想法，同时答案既不会受到访谈员主观倾向的影响，也不会受到不同访谈员的访问习惯等所带来的样本误差的影响。

6. 调查结果便于统计分析。本书选择在问卷网（网址链接为：https://www. wenjuan. com/list/）进行问卷的发放和数据采集，该网站可以通过后台查看答题时长和答案，快速剔除答题时间过短、答案有规律性或有较多空缺项的无效问卷。此外，该网站可以通过图表的形式对数据进行简单的描述性统计分析，并能导出数据的 Excel 格式、原始数据的 SPSS 格式和 CSV 格式，为后期通过统计分析软件进行数据处理提供了方便。

正是由于在线自填问卷所具备的优势，在本书中采用该方法来收集数据。问卷的编制需要遵循科学严谨的原则，以研究假设为指导，问卷内容要结构完整，问题设置要思路清晰。对满意度指数模型的测量多采用李克特（Likert）顺序量表，研究表明 7 ~ 10 点数字量表能收集到更具区别力的信息，且点数越高，越能够降低分布的倾斜，提高测评的精度，因此本书选择李克特 10 点量表设计调查问卷。

（二）问卷的基本结构

本书中"政务新媒体公众满意度及其对政府信任的影响研究"的调查问卷，

---

① 仇立平：《社会研究方法（第 2 版）》，重庆大学出版社 2019 年版，第 213 页。

主要由问卷名称、封面信、甄别问卷、政务新媒体的使用和需求情况调查、政务新媒体公众满意度调查、政务新媒体公众满意度对政府信任的影响调查、个人基本信息、结束语8部分组成。

1. 问卷名称。问卷名称需要简明扼要地告知被调查者问卷调查的内容，本问卷的名称为"政务新媒体公众满意度及其对政府信任的影响研究调查问卷"。

2. 封面信。封面信的主要目的是通过对调查者身份、研究目的和研究内容的解释，让被调查者愿意接受调查并如实填写问卷。首先，向被调查者介绍调查者的身份和研究单位。其次，强调此次研究的目的：旨在了解公众对政务新媒体的需求和使用情况、使用的满意情况、使用满意度的影响因素以及使用满意度对政府信任的影响情况，从而推进我国政务新媒体建设，提升政府信任，加大服务型政府的建设力度。再次，注明此次调查问卷采用匿名填写的方式，所获取的数据将予以严格保密。最后，介绍问卷的主要内容，正表包含五部分，分别是甄别问卷、政务新媒体使用和需求情况调查、政务新媒体公众满意度调查、政务新媒体公众满意度对政府信任的影响调查，以及个人基本信息调查。

3. 甄别问卷。这一部分的目的在于甄别被调查者，问题设置为"您是否使用过政务新媒体？"答案为"是"或"否"。通过在问卷网系统中设计该题的跳转逻辑，如果本题选中"否"，问卷将提前结束且不计入结果。需要注意的是，在该题前专门设置了答题说明，对政务新媒体的概念进行了界定并列举了各平台常用的政务新媒体账号和使用频率较高的政务客户端，使被调查者对政务新媒体有正确的认识和判断。

4. 政务新媒体的使用和需求情况调查。本部分旨在了解被调查者对政务新媒体的使用和需求情况，内容包括每天平均上网时长、每月平均使用政务新媒体的次数、每次使用政务新媒体的时间、初次使用至今的时间、常用的政务新媒体平台、各平台的使用程度、关注的政务新媒体账号数量、了解的渠道、使用目的、功能需求。本部分采用单选题和多选题的形式呈现。

5. 政务新媒体公众满意度调查。作为调查问卷正表中最重要的部分之一，该部分根据研究假设将前人已多次使用的满意度量表进行了符合情境的优化和改良，以保证设计的科学性。本部分需要被调查者根据个人使用政务新媒体的感受，对问卷中各项表述的赞同程度做出判断，采用10点李克特量表的形式呈现。

6. 政务新媒体公众满意度对政府信任的影响调查。该部分也是调查问卷正表中的重要部分，旨在了解被调查者对政府的信任程度、对政府形象的认知，以及对自身政治效能感的认识。调查者需对问卷中各项表述的赞同程度作出判断，采用10点李克特量表的形式呈现。

7. 个人基本信息调查。主要收集被调查者的性别、年龄、学历、网龄、手机移动网络使用年限、职业和收入等个人信息。在后期数据处理时，为了减少个人信息因素的影响，将其设置为控制变量。本部分采用单选题的形式呈现。

8. 结束语。对被调查者的配合表示感谢。

二、政务新媒体公众满意度的影响因素概念模型的指标构建

（一）公众期望

在经典顾客满意度指数模型中，预期质量的显变量均包含两个层次：宏观上的总体预期质量，微观上与具体测评对象属性相关的预期质量。后期的许多学者在研究顾客满意度或公众满意度时都采用"宏观—微观"两层次显变量的选择方式。例如，刘燕和李志刚等人在电子政务公众满意度模型中用宏观上的"公众的整体期望"和微观上的"对网站信息和服务可靠性的期望""对网站满足其个性化需求的期望"三个显变量来解释公众期望[1][2]；李海涛在政府门户网站公众满意度模型中选取了宏观上的"总体预期质量"和微观上的"信息资源预期质量""信息系统预期质量"三个显变量来解释预期质量[3]。基于此，本书也采用"宏观—微观"的模式来选择公众期望的显变量。在上文中关于"感知质量"这一潜变量的选择部分，提到了信息系统成功模型（D&M模型），该模型认为影响信息服务用户满意度的因素有信息质量、系统质量和服务质量3个。

对于政务新媒体而言，它的主要功能是提供产品（主要是政务信息）和服务（主要是在线政务服务和与政府的在线互动），而政务新媒体产品和服务的提供离不开政务新媒体信息系统的支持。政务新媒体通过信息系统和平台来发布文字、图片、视频等形式的信息，保障了政务信息发布的质量，同时它通过信息系统和平台提供的在线咨询、在线办事、信息检索、文件下载等服务，保障了政务服务的质量，此外政务新媒体信息系统和平台也为政民互动提供了有效的渠道。因此，系统质量是决定信息质量和服务质量是否优质的关键因素。对政务新媒体

---

① 刘燕：《电子政务公众满意度测评理论、方法及应用研究》，国防科学技术大学2006年，第40页。
② 李志刚、徐婷：《电子政务信息服务质量公众满意度模型及实证研究》，载于《电子政务》2017年第9期，第119~127页。
③ 李海涛：《政府门户网站公众满意度概念模型研究》，科学技术出版社2018年版，第139页。

"信息""服务"和"系统"质量的测量维度对应了"信息""服务"和"系统"三个维度的公众期望。因此，本书设立微观上的"对提供信息质量的期望""对提供服务质量的期望""对系统平台质量的期望"和宏观上的"公众的整体期望"4个显变量，具体测量指标体系如表4-1所示。

具体的测量问项是"您在使用政务新媒体前，对政务新媒体提供的信息质量的期望程度如何""您在使用政务新媒体前，对政务新媒体提供的服务质量的期望程度如何""您在使用政务新媒体前，对政务新媒体系统可靠性的期望程度如何""您在使用政务新媒体前，对政务新媒体的整体期望程度如何"。

表4-1　　　　　　　　　　　公众期望的测量指标体系

潜变量	编码	显变量	来源依据
公众期望	PE1	对提供信息质量的期望	顾客满意度指数模型中对预期质量变量的测量；刘燕（2006）；李志刚、徐婷（2017）；李海涛（2018）
	PE2	对提供服务质量的期望	
	PE3	对系统平台质量的期望	
	PE4	公众的整体期望	

资料来源：笔者自制。

（二）感知质量

根据上文中在潜变量选取章节对感知质量及其质量因子的阐述以及在上一小节对公众期望的显变量的解释，在感知质量的显变量的维度选择上也应与其一致，故选择"信息质量""服务质量"和"系统质量"三个维度来测量感知质量。

陈岚在借鉴SERVQUAL模型[①]的基础上，从信息内容、有形性、个性化、保证性、互动性、可靠性、便捷性7个维度出发来测评电子政务信息服务质量[②]。

李海涛在政府门户网站公众满意度概念模型中从"信息资源质量"和"信息系统质量"两个维度来测量感知质量，前者涉及信息资源的广泛性、完整性、可信性和时效性4个显变量，后者涉及信息系统的互动性、功能性、共享性和响应性4个显变量[③]。

---

①　SERVQUAL模型是由PZB（Parasuraman，Zeithaml，Berry）提出的纯服务行业服务质量评价模型，该模型将服务质量操作化为有形性、可靠性、响应性、保证性和移情性5个因素。
②　陈岚：《基于结构方程模型的电子政务信息服务公众满意度评价》，载于《现代情报》2013年第11期，第95~99+113页。
③　李海涛：《政府门户网站公众满意度概念模型研究》，科学技术出版社2018年版，第139页。

通过借鉴上述学者提出的理论和模型，本书中的感知质量从"信息质量""服务质量"和"系统质量"三个维度来进行显变量的选择。

信息质量维度主要考察政务新媒体发布的信息内容的质量，借鉴陈岚在电子政务信息服务质量评价模型中对信息内容的显变量的选择：时效性、有用性、正确性、完整性、权威性[①]，同时借鉴传统媒体的信息质量考评指标：时效性、客观性、有用性、透明性。这两种指标中正确性和客观性所测量的内容一致，都是确定信息内容是否真实客观，故选择其一，留下客观性。透明性所要考察的是内容信息是否公开透明，但凡公开发布的信息都具有透明性，未曾公开发布的信息又无从考察，某种程度上该指标没有考评的意义。同时，客观性、权威性和完整性在某种程度上可以反映透明性，测量指标含义有所重合，在考量时具有模糊性，故剔除透明性指标。因此，信息质量维度上选取"信息内容时效性""信息内容有用性""信息内容客观性""信息内容完整性""信息内容权威性"5个显变量来测量。

服务质量和系统质量维度的显变量主要来自陈岚的电子政务信息服务质量评价模型和李海涛的政府门户网站公众满意度概念模型中感知质量的显变量。将这些模型和评价体系中的指标内涵进行分类，凡是与公众有关的，都体现出对公众的服务，属于服务质量的范畴；凡是与系统平台相关的，属于系统质量的范畴。因此，服务质量维度中有响应性、个性化、互动性，响应性考察反馈和回复是否及时；互动性考察互动渠道是否畅通；个性化要求以公众为中心，满足公众的个性化需求。

系统质量维度，有可靠性、有形性、便捷性、保证性、功能性、共享性。其中，可靠性和保证性测评的是系统功能的稳定程度和服务平台的安全程度，都是对系统后台性能的测评，故选择其一留下可靠性指标。有形性用来考察系统的界面是否美观，设计是否规范。功能性主要考察系统中的栏目设置是否适当，各项功能是否完备。系统的共享性并不是政务新媒体的主要功能，因此不在质量测评中重点关注，予以剔除。便捷性考察公众在使用政务新媒体时是否能够快速找到需要的信息和服务，某种程度上它会受到系统有形性和系统功能性的影响，若不剔除该指标将会有重复测量的嫌疑。

综上所述，服务质量维度有"响应性""互动性"和"个性化"3个显变量；系统质量维度有"可靠性""有形性"和"功能性"3个显变量，关于感知

---

① 陈岚：《基于结构方程模型的电子政务信息服务公众满意度评价》，载于《现代情报》2013年第11期，第95~99+113页。

质量的测量指标体系如表4-2所示。

具体的测量问项是"您认为政务新媒体发布的信息内容时效性强,更新频率快吗""您认为政务新媒体发布的信息内容对您来说是有价值的吗""您认为政务新媒体发布的信息内容是客观的吗""您认为政务新媒体发布的信息内容是清晰完整的吗""您认为政务新媒体发布的信息内容权威性高,可信度强吗""您认为政务新媒体对您的评论和私信回复及时,问题反馈迅速吗""您认为政务新媒体的互动渠道畅通吗""您认为政务新媒体的服务具有针对性,能够满足您的个性化需求吗""您认为政务新媒体的系统稳定,平台安全性高吗""您认为政务新媒体系统平台的界面美观、设计规范吗""您认为政务新媒体系统平台的栏目适当、功能完备吗"。

表4-2 感知质量的测量指标体系

潜变量	维度	编码	显变量	来源依据
感知质量	信息质量维度	PQ1	信息内容时效性	陈岚(2013);传统媒体信息质量考评指标
		PQ2	信息内容有用性	
		PQ3	信息内容客观性	
		PQ4	信息内容完整性	
		PQ5	信息内容权威性	
	服务质量维度	PQ6	服务响应性	陈岚(2013);李海涛(2018)
		PQ7	服务互动性	
		PQ8	服务个性化	
	系统质量维度	PQ9	系统可靠性	陈岚(2013);李海涛(2018)
		PQ10	系统有形性	
		PQ11	系统功能性	

资料来源:笔者自制。

(三) 感知价值

感知价值来自经典顾客满意度理论,费耐尔等人认为,感知价值的核心就是顾客对于感知利得与感知利失的权衡,其中,感知利得与消费过程中的产品、服务及技术支持等内容有关,而感知利失与消费中顾客经济、时间支出及风险成本有关。感知价值就是顾客感知获得的利益与付出的成本对比后的总体评价,它基于价格和质量双因素的考量通过给定质量的价格和给定价格的质量来进行测量①。

龚莎莎在电子政务公众满意度模型中选择从"通过网站获取服务的低成本性"和"运用网站办事的高效率性"两个显变量来测量感知价值，对应了"给定质量的价格"和"给定价格的质量"两个角度②。焦微玲、陈岚在研究电子政务公众满意度时将感知价值的测量分为"社会总受益"和"公众受益程度"两个指标来说明，前者属于社会层面的考察，主要包括增加的社会福利和公众满意度。后者属于个人层面的考察，主要从个人获取服务的受益层面来考量③④。

对于政务新媒体公众满意度模型中感知价值的显变量的选择，借鉴上述理论和经验，选择"宏观"和"微观"两个测量角度。宏观的测量较为抽象，包括"政务新媒体创造的社会总受益"和"公众使用政务新媒体的个体受益程度"；微观的测量较为具体，包括"获取信息和服务的低成本性"和"获取信息和服务的高效率性"，有关感知价值的测量指标体系如表4-3所示。

具体的测量问项是"您认为政务新媒体的建设对社会发展的帮助很大，使人们的生活更加美好吗""您认为政务新媒体提供的信息和服务能够使您获益吗""就政务新媒体目前提供信息和服务的质量来看，您愿意付出更大的成本（包括上网时间、学习使用付出的精力等）来获取政务新媒体的信息和服务吗""就您目前使用政务新媒体所付出的成本（包括上网时间、学习使用付出的精力等）来看，政务新媒体提供的信息和服务质量的降低对您来说也是无所谓的吗"。

表4-3 感知价值的测量指标体系

潜变量	编码	显变量	来源依据
感知价值	PV1	创造的社会总受益	顾客满意度指数模型中对感知价值变量的测量； 龚莎莎（2009）； 焦微玲（2007）；陈岚（2009）
	PV2	公众受益程度	
	PV3	获取信息和服务的低成本性	
	PV4	获取信息和服务的高效率性	

资料来源：笔者自制。

---

① Fornell, C., Johnson M. D., Anderson E. W., Cha, J. & Bryant, B. E. The American customer satisfaction index: nature, purpose, and findings. *Journal of Marketing*, 1996, 60 (4): 7-18.

② 龚莎莎：《电子政务公众满意度模型构建及测评研究》，电子科技大学2009年，第33页。

③ 焦微玲：《我国电子政务公众满意度评估指标体系的构建》，载于《商业时代》2007年第31期，第93~94页。

④ 陈岚：《电子政务公众满意度的测评》，载于《统计与决策》2009年第1期，第66~68页。

（四）感知有用性

戴维斯将感知有用性引入信息技术接受领域，提出技术接受模型，用于研究使用者认为使用该系统对其工作及未来的收益。他选取"改善工作业绩""提高工作效果""提高生产率"和"发现信息有用"4 个指标来测量感知有用性[①]。颜端武等删除"提高工作效果"这一显变量，选取"改善工作业绩""提高生产率""发现有用"3 个指标来测量文献数据库系统用户技术接受模型中的感知有用性变量[②]。蒋骁在政府门户网站用户采纳研究中选取"网站为用户提供有用的信息""网站为用户提供有价值的服务""网站可以提高用户的办事效率"和"网站总体有用"4 个指标来测量感知有用性[③]。

本书借鉴上述研究成果，并结合政务新媒体公众服务的特性与功能，选取"提供所需要的信息""提供有价值的服务""提高办事效率""总体有用"4 个指标来测量感知有用性，具体测量指标如表 4 - 4 所示。

具体的测量问项是"政务新媒体能够为您提供所需要的信息吗""政务新媒体能够为您提供有价值的服务吗""政务新媒体的使用能够提高您的办事效率吗""总的来说，您认为政务新媒体是有用的吗"。

表 4 - 4 　　　　　　　　　　感知有用性的测量指标体系

潜变量	编码	显变量	来源依据
感知有用性	PU1	提供所需要的信息	技术接受模型中对感知有用性变量的测量（Davis, 1989）；颜端武等（2018）；蒋骁（2011）
	PU2	提供有价值的服务	
	PU3	提高办事效率	
	PU4	总体有用	

资料来源：笔者自制。

（五）感知易用性

感知易用性潜变量同样来自戴维斯提出的技术接受模型，主要用于研究

---

① Davis, F. D. Perceived usefulness, perceived ease of use, and user acceptance of information technology. *Mis Quarterly*, 1989, 13（3）：319 - 340.

② 颜端武、吴鹏、李晓鹏：《信息服务活动中用户技术接受行为研究》，科学出版社 2018 年版，第 122 页。

③ 蒋骁：《电子政务公民采纳：理论、模型与实证研究》，经济管理出版社 2011 年版，第 134 页。

使用者感受到的系统容易使用的程度，并将其操作化为以下4个指标，分别是"容易学习操作信息系统""容易熟练使用信息系统""容易利用信息系统做想做的事""发现信息系统容易使用"①。温卡特什（Venkatesh）等通过"交互是清楚和可以理解的""容易利用信息系统做想做的事情""发现信息系统容易使用""与信息系统交互不需要太多脑力"来测量感知易用性②。颜端武等完全借鉴温卡特什提出的测量指标对文献数据库系统的感知易用性进行测量③。

李海涛通过"易理解性""易操作性""易学习性"来测量政府门户网站的感知易用性④。苏君华选用"容易学习""容易使用""容易交互"和"总体易用"4个指标来测量搜索引擎的感知易用性⑤。

综合上述各个观测指标发现，"容易利用信息系统做想做的事"和"发现信息系统容易使用"的内涵较为接近，"交互是清晰的和可以理解的"与"交互不需要太多脑力"之间的测量问项也非常接近，分开测量是不易区分的，本书分别选择"容易使用"和"容易交互"来测量，"容易使用"是指公众能够轻松地使用政务新媒体提供的各项功能；"容易交互"是指在使用政务新媒体时，人机之间的交互清晰易懂。此外，再引入"容易理解"和"容易学习"指标，"容易理解"是指政务新媒体各板块的主题与内容表述清晰，容易理解；"容易学习"是指学习如何使用政务新媒体是非常容易的。基于此，本书选择"容易理解""容易学习""容易使用""容易交互"4个指标来测量政务新媒体的感知易用性，如表4-5所示。

具体的测量问项是"您认为政务新媒体各板块的主题与内容表述清楚，容易理解吗""学会使用政务新媒体对您来说容易吗""您能轻松地使用政务新媒体提供的各项功能吗""在使用政务新媒体时，您认为人机之间的交互清晰易懂吗"。

---

① Davis, F. D. Perceived usefulness, perceived ease of use, and user acceptance of information technology. *Mis Quarterly*, 1989, 13 (3): 319 – 340.
② Venkatesh, V. & Davis, F. D. A theoretical extension of the technology acceptance model: four longitudinal field studies. *Management Science*, 2000, 46 (2): 186 – 204.
③ 颜端武、吴鹏、李晓鹏：《信息服务活动中用户技术接受行为研究》，科学出版社2018年版，第123页。
④ 李海涛：《政府门户网站公众满意度概念模型研究》，科学技术出版社2018年版，第139页。
⑤ 苏君华：《面向搜索引擎的技术接受模型研究》，江西人民出版社2013年版，第90~92页。

表 4 - 5　　　　　　　　　　　　感知易用性的测量指标体系

潜变量	编码	显变量	来源依据
感知易用性	PEOU1	容易理解	技术接受模型中对感知易用性变量的测量（Davis，1989；Venkatesh，2000）；颜端武等（2018）；苏君华（2013）；李海涛（2018）
	PEOU2	容易学习	
	PEOU3	容易使用	
	PEOU4	容易交互	

资料来源：笔者自制。

（六）公众满意

在经典顾客满意度指数模型中，对顾客满意的衡量采用"宏观—微观"模式，通过宏观的"总体的满意评价"和微观的"与期望的差异""与理想的比较"3 个指标来综合考量。目前，在实证研究中，对于公众满意的显变量的选择主要分为三类：第一类延续了经典顾客满意度指数模型中的测量方法，从用户整体满意程度、实际服务质量与预期质量相比的满意程度、实际服务质量与理想质量相比的满意程度 3 个指标来考量，主要代表学者是刘燕[1]、朱红灿等[2]；第二类从用户总体满意程度、信息的内容与期望的比较、服务的质量与期望的比较三个指标来考量，主要代表学者是焦微玲[3]和陈岚[4]；第三类认为公众满意是综合潜变量，是对服务结果的累积性心理体验，需要考察服务过程是否公平，可以从总体满意、过程满意、结果满意 3 个指标来考量，主要代表学者是李海涛[5]。

通过比较发现，这三类指标选择方式都有宏观的"整体满意程度"，故保留之。第一类在微观上采取与预期质量和理想质量的比较，是经典顾客满意度指数模型最初对公众满意的观测指标，经过近半个世纪的实证检验延续至今，可见其适应性，本书予以保留。第二类在微观上选取与具体测评对象属性相关的公众满意的显变量，以上述学者所研究的电子政务公众满意度为例，从电子政务作为虚拟产品所提供的服务内容来考察，主要包括信息内容和服务，因此分别考察它们

---

① 刘燕：《电子政务公众满意度测评理论、方法及应用研究》，国防科学技术大学 2006 年，第 40 页。
② 朱红灿、喻凯西：《政府信息公开公众满意度测评研究》，载于《图书情报工作》2012 年第 3 期，第 130 ~ 134 页。
③ 焦微玲：《我国电子政务公众满意度评估指标体系的构建》，载于《商业时代》2007 年第 31 期，第 93 ~ 94 页。
④ 陈岚：《电子政务公众满意度的测评》，载于《统计与决策》2009 年第 1 期，第 66 ~ 68 页。
⑤ 李海涛：《政府门户网站公众满意度概念模型研究》，科学技术出版社 2018 年版，第 139 页。

在这两方面的满意程度，这一方法考虑了研究对象的特性，是具体且有价值的观测方向，故借鉴之。第三类在微观层面的显变量选择上，对过程的满意程度在某种程度上决定了对结果的满意程度，将二者分开考察是不科学的，故不采纳。

前文阐述到，关于政务新媒体感知质量的测量可以通过"信息质量""服务质量"和"系统质量"三方面来考察，因此在政务新媒体公众满意显变量的微观层面选择上，也可以对应这三方面的满意程度。基于此，在公众满意显变量的选择上，采用"宏观—微观"模式，在宏观上考察"公众的整体满意程度"在微观上考察"与预期质量相比的满意程度""与理想质量相比的满意程度""信息质量的满意程度""服务质量的满意程度"和"系统质量的满意程度"，如表4-6所示。

具体的测量问项是"综合考虑所有因素，您认为政务新媒体的整体满意程度如何""政务新媒体提供的信息和服务质量，与您预期相比如何""政务新媒体提供的信息和服务质量，与您理想相比如何""您认为政务新媒体提供的信息质量的满意程度如何""您认为政务新媒体提供的服务质量的满意程度如何""您在使用政务新媒体的系统平台时，满意程度如何"。

表4-6　　　　　　　　　　　**公众满意的测量指标体系**

潜变量	编码	显变量	来源依据
公众满意	PS1	公众的整体满意程度	顾客满意度指数模型中对公众满意变量的测量；刘燕（2006）；朱红灿等（2012）；焦微玲（2007）；陈岚（2009）
	PS2	与预期质量相比的满意程度	
	PS3	与理想质量相比的满意程度	
	PS4	信息质量的满意程度	
	PS5	服务质量的满意程度	
	PS6	系统质量的满意程度	

资料来源：笔者自制。

（七）指标汇总

政务新媒体公众满意度的影响因素测量指标体系包含33个指标，指标PE1~PE4测量公众期望，指标PQ1~PQ11测量感知质量，指标PV1~PV4测量感知价值，指标PU1~PU4测量感知有用性，指标PEOU1~PEOU4测量感知易用性，指标PS1~PS6测量公众满意。

政务新媒体公众满意度的影响因素研究主要涉及公众期望、感知质量、感知价值、感知有用性、感知易用性、公众满意 6 个潜变量。公众期望涉及对提供信息质量的期望、对提供服务质量的期望、对系统平台质量的期望、公众的整体期望。感知质量反映了信息内容的时效性、有用性、客观性、完整性、权威性，服务的响应性、互动性、个性化，系统的可靠性、有形性、功能性。感知价值考察政务新媒体创造的社会总受益、公众受益程度、获取信息和服务的低成本性、获取信息和服务的高效率性。感知有用性包含提供所需要的信息、提供有价值的服务、提高办事效率和总体有用。感知易用性聚焦容易理解、容易学习、容易使用和容易交互。公众满意重点关注公众的整体满意程度、与预期质量相比的满意程度、与理想质量相比的满意程度、信息质量的满意程度、服务质量的满意程度、系统质量的满意程度。具体测量指标体系如表 4 - 7 所示。

表 4 - 7　　　　政务新媒体公众满意度的影响因素测量指标体系

公众期望	
PE1	对提供信息质量的期望
PE2	对提供服务质量的期望
PE3	对系统平台质量的期望
PE4	公众的整体期望
感知质量	
PQ1	信息内容时效性
PQ2	信息内容有用性
PQ3	信息内容客观性
PQ4	信息内容完整性
PQ5	信息内容权威性
PQ6	服务响应性
PQ7	服务互动性
PQ8	服务个性化
PQ9	系统可靠性
PQ10	系统有形性
PQ11	系统功能性

感知价值	
PV1	创造的社会总受益
PV2	公众受益程度
PV3	获取信息和服务的低成本性
PV4	获取信息和服务的高效率性
感知有用性	
PU1	提供所需要的信息
PU2	提供有价值的服务
PU3	提高办事效率
PU4	总体有用
感知易用性	
PEOU1	容易理解
PEOU2	容易学习
PEOU3	容易使用
PEOU4	容易交互
公众满意	
PS1	公众的整体满意程度
PS2	与预期质量相比的满意程度
PS3	与理想质量相比的满意程度
PS4	信息质量的满意程度
PS5	服务质量的满意程度
PS6	系统质量的满意程度

资料来源：笔者自制。

三、政务新媒体公众满意度对政府信任的影响机理概念模型的指标构建

(一)公众满意

具体测量指标见政务新媒体公众满意度的影响因素指标构建中有关"公众满

意"的指标选择部分。

（二）政府信任

目前，学界关于政府信任的测量主要有直接测量和间接测量两种方式，直接测量是通过直接询问受访者是否信任政府来测量，通常要求受访者借助李克特量表对政府信任度作出直接评价。有研究通过受访者对各级政府（中央—省—市—县—乡）的信任程度作出直接评价来测量政府信任。间接测量是通过询问受访者对政府行为、政策、信息等方面的满意度或信心来间接反映受众对政府的信任程度。为保证调查研究的可靠性，间接测量一般采用多个维度的方式，考虑到政府信任的结构问题从而对政府信任做出系统性判断①。

胡衬春在研究地方政府网站、政务微博、政务微信的使用与公众政府信任的关系时，采用了直接测量与间接测量相结合的方式，直接测量上设置了对地方政府及相关机构、地方政府及相关机构官员、一般公务人员信任度的感知三个题项，间接测量上选择了政府部门本职工作的完成、效率、政府部门的诚信、公正、以民为本、帮助市民 6 个指标来考量②。沈瑞英等人在研究中国政府形象对政府信任的影响时，题项上设置"作为政府形象代言人的公职人员的信任"来测量政府信任，是直接测量的一种方式③。

目前，直接测量的方法使用更为广泛，原因在于：具体的政治机构测量比抽象的政治价值在人际更具可比性，不同人群对具体政治机构之内涵和外延的理解基本一致，因而直接测量具有较好的信度和效度。基于此，本书采用直接测量的方式，从地方政府、中央政府、政府官员、政府一般公务人员 4 个方面的信任度来测量政府信任，具体测量指标体系如表 4 - 8 所示。

具体的测量问项是"您认为地方政府是值得信赖的吗""您认为中央政府是值得信赖的吗""您认为政府官员是值得信赖的吗""您认为政府一般公务人员是值得信赖的吗"。

①　朱春奎、毛万磊：《政府信任的概念测量、影响因素与提升策略》，载于《厦门大学学报（哲学社会科学版）》2017 年第 3 期，第 89～98 页。

②　胡衬春：《地方政府网站、政务微信、政务微博的使用与公众政府信任的关系研究》，载于《电子政务》2017 年第 12 期，第 90～101 页。

③　沈瑞英、周霓羽：《中国政府形象对政府信任的影响——基于 CSS2013 数据的实证研究》，载于《上海大学学报（社会科学版）》2017 年第 6 期，第 94～103 页。

表4-8   政府信任的测量指标体系

潜变量	编码	显变量	来源依据
政府信任	PT1	地方政府信任度	朱春奎等（2017）；胡衬春（2017）；沈瑞英等（2017）
	PT2	中央政府信任度	
	PT3	政府官员信任度	
	PT4	政府一般公务人员信任度	

资料来源：笔者自制。

（三）政府形象

政府形象是公众对政府机构的整体性印象。在我国，善政是良好政府形象的主要体现，服务型政府的特征是良好政府形象的追求目标。我国的善政应当具备民主、责任、服务、质量、效益、专业、透明和廉洁八大要素[①]。服务型政府要求民主政府、法治政府、透明政府、有限政府、高效政府、责任政府、顾客导向政府，这既是服务型政府的基本特征也是服务型政府的建设目标[②]。

范柏乃等人选择政府责任心、政府进取心、政府诚信度和政府廉洁度4个指标来衡量政府在公众心目中的形象[③]。我国一直致力于建设服务型政府，本研究也是在服务型政府建设的背景下和服务型政府理论的指导下进行的，因此选择服务型政府的建设目标作为政府形象测量指标的选择依据，借鉴前人在测量上的经验，确定从责任、进取、诚信、廉洁、透明、执行和法治7个方面来测量政府形象，具体指标体系如表4-9所示。

具体的测量问项是"您认为当地政府具有较强的责任心吗""您认为当地政府在工作中能够开拓进取吗""您认为当地政府具有较高的诚信度吗""您认为当地政府工作廉洁自律吗""您认为当地政府工作具有较高的透明度吗""您认为当地政府工作专业高效，执行力强吗""您认为当地政府在执行公务时，严格遵守法律法规吗"。

---

① 俞可平：《论国家治理现代化》，社会科学文献出版社2014年版，第61页。
② 谢庆奎：《服务型政府建设的基本途径：政府创新》，载于《北京大学学报（哲学社会科学版）》2005年第1期，第126~132页。
③ 范柏乃、金洁：《公共服务供给对公共服务感知绩效的影响机理——政府形象的中介作用与公众参与的调节效应》，载于《管理世界》2016年第10期，第50~61+187~188页。

表 4 - 9　　　　　　　　　　　　　政府形象的测量指标体系

潜变量	编码	显变量	来源依据
政府形象	PI1	政府责任心	俞可平（2014）；谢庆奎（2005）；范柏乃等（2016）
	PI2	政府进取心	
	PI3	政府诚信度	
	PI4	政府廉洁度	
	PI5	政府透明度	
	PI6	政府执行力	
	PI7	政府法治化	

资料来源：笔者自制。

（四）政治效能感

政治效能感是研究公民参与的重要影响因素，公民具有较高的参与意图才会有实际的参与行为，政治效能感常出现在媒体接触与政府信任的相关研究中。

贾哲敏等人在研究政务新媒体公众使用对政府满意度的影响时，选择了"政治影响变量"，包括政治兴趣和政治知识两类，测量问项为"您认为自己是否对政治感兴趣"和"您认为自己政治知识的水平如何"，这些政治因素反映了被调查者自身的政治效能感[1]。一些学者将政治效能感分为内在政治效能感和外在政治效能感两个维度来研究，内在政治效能感指个体对自身的政治理解能力及有效参与政治能力的信念，包含公民对政治新闻的了解、对政治知识的掌握，以及参加政治活动的自我认知。外在政治效能感是指个体对政府当局及机构满足公民需求的回应的信念，包括对民众影响力、政府关心度和政府回应性的认识[2]。

公众对自身政治能力的认知往往比自身对外界政治回应的感受来得更为直观，因此选择内在政治效能感来进行测量。将上述学者有关内在政治效能感的测量指标进行汇总，从政治兴趣、政治知识、政治信息和政治参与 4 个指标来考量，如表 4 - 10 所示。

具体的测量问项是"您认为自己对政治感兴趣，对国家重大议题有足够了解

---

① 贾哲敏、李文静：《政务新媒体的公众使用及对政府满意度的影响》，载于《北京航空航天大学学报（社会科学版）》2017 年第 2 期，第 1 ~ 9 页。

② 朱春奎、毛万磊、李玮：《使用电子政务能够提高公众的政府信任吗?》，载于《公共管理与政策评论》2017 年第 6 期，第 60 ~ 70 页。

吗""您认为自己的政治水平较高，对国家重大议题有自己的见解吗""您认为自己对政治与政府信息的了解比一般大众更加丰富吗""您认为自己有能力参加政治活动吗"。

表 4 – 10   政治效能感的测量指标体系

潜变量	编码	显变量	来源依据
政治效能感	PEf1	政治兴趣	贾哲敏等（2017）；朱春奎等（2017）
	PEf2	政治知识	
	PEf3	政治信息	
	PEf4	政治参与	

资料来源：笔者自制。

（五）指标汇总

政务新媒体公众满意度对政府信任的影响因素测量指标体系包含 21 个指标，指标 PS1 ~ PS6 测量公众满意，指标 PT1 ~ PT4 测量政府信任，指标 PI1 ~ PI7 测量政府形象，指标 PEf1 ~ PEf4 测量政治效能感。具体测量指标体系如表 4 – 11 所示。

政务新媒体公众满意度对政府信任的影响因素研究涉及公众满意、政府信任、政府形象、政治效能感 4 个潜变量。公众满意涉及公众的整体满意程度、与预期质量相比的满意程度、与理想质量相比的满意程度、信息质量的满意程度、服务质量的满意程度、系统质量的满意程度。政府信任包含地方政府信任度、中央政府信任度、政府官员信任度、政府一般公务人员信任度。政府形象考察政府责任心、政府进取心、政府诚信度、政府廉洁度、政府透明度、政府执行力、政府法治化。政治效能感聚焦政治兴趣、政治知识、政治信息、政治参与。

表 4 –11   政务新媒体公众满意度对政府信任的影响因素测量指标体系

公众满意	
PS1	公众的整体满意程度
PS2	与预期质量相比的满意程度
PS3	与理想质量相比的满意程度

	公众满意
PS4	信息质量的满意程度
PS5	服务质量的满意程度
PS6	系统质量的满意程度
	政府信任
PT1	地方政府信任度
PT2	中央政府信任度
PT3	政府官员信任度
PT4	政府一般公务人员信任度
	政府形象
PI1	政府责任心
PI2	政府进取心
PI3	政府诚信度
PI4	政府廉洁度
PI5	政府透明度
PI6	政府执行力
PI7	政府法治化
	政治效能感
PEf1	政治兴趣
PEf2	政治知识
PEf3	政治信息
PEf4	政治参与

资料来源：笔者自制。

四、问卷的前测访谈与试测

（一）问卷的前测访谈

问卷的前测访谈主要有两方面的目的：一是帮助调查者确定问卷设计是否科学，是否能够收集到研究所需要的数据；二是测试被调查者是否理解问卷，是否方便进行填答。此外，还能反映出一些研究者未曾意识到的问题，并尽早予以解决，以避免日后大规模发放所付出的高昂成本。

本书的前测访谈共分两种形式进行：专题小组讨论和专家访谈。首先进行的是专题小组讨论，专题小组成员由郑州大学新闻与传播学院五名博士研究生，郑州大学政治与公共管理学院三名博士研究生，以及郑州大学商学院两名博士研究生组成，专题小组的主持人由研究者担任。之所以如此选择，原因有三：一是异质的专题小组能够听到更多不同的声音，获得对不同经验和看法的认识，而不是获得一个有代表性的样本。二是虽然各位成员分属三个不同的学院，但背景或经历并未相差太大，且学科背景都为人文社科，又都有做问卷调查的经历，可以获得更多专业性的建议。三是 10 人的专题小组，既保证了成员的多样性和讨论的动力性，又确保了每位成员的声音都能够被听到。

在三个多小时的专题小组讨论中，各位博士对调查问卷初稿进行了讨论，提出了以下意见：第一，问卷若采用单个量表题，最后呈现出的问题多达 63 题，被调查者会没有耐心填写，可以在问卷网上将部分题目设置为矩阵量表的形式，最终问题缩减为 30 题。第二，问卷中"关于对政务新媒体各项期望程度"的问项，应将问题顺序进行调整，从原来的"宏观—微观"调整为"微观—宏观"，先询问公众对信息、服务、系统的期望程度，再询问公众的整体期望程度。第三，问卷中有两道题目出现了一个测度项内含有多个测量内容的错误，需要将初稿中第 20 题的问项"回复及时、问题反馈迅速，互动渠道畅通"分拆为"回复及时，问题反馈迅速"和"互动渠道畅通"两个问项，分别考察"服务响应性"和"服务互动性"；将初稿中第 23 题的问项"界面美观、设计规范、栏目适当、功能完备"分拆为"界面美观、设计规范"和"栏目适当、功能完备"两个问项，分别考察"系统有形性"和"系统功能性"，并在显变量的选择部分进行修改（本书指标的构建和显变量的呈现部分是按照最终版本的题项进行描述的，没有体现前测访谈后的修改过程）。

在专题小组讨论后，本书根据各位成员的建议修改了问卷，随后进行了专家访谈，访谈专家为郑州大学新闻与传播学院的两名教授、郑州大学政治与公共管理学院的两名教授，以及河南日报报业集团内容分发部的两名编辑。此次访谈属于认知访谈，旨在访谈中探查和评估他们对问题的理解及其回答问题的方式，并将研究假设、概念模型、测量指标和问卷一并带过去，以便专家更加全面地评价问卷初稿，提出合理建议。专家的意见如下：第一，甄别问卷中的概念界定过于书面化，理论性太强，普通民众难以理解，建议改得通俗易懂些；第二，问卷最后可以设置 1～2 个质量甄别题目，来检测被调查者是否认真作答；第三，采取一定的问卷作答激励措施，比如问卷网上的红包设置功能，在通过问卷质量审核后，发放一定的红包奖励；第四，在发放问卷时，要配合编辑一条适合被调查者理解的"填表说明"，尤其要选取民众熟知的政务新媒体账号和政务客户端再次举例和介绍。经过以上环节，最终形成了正式调查问卷，详见附录 A。

（二）问卷试测

政务新媒体公众满意度及其对政府信任的影响研究调查问卷是在文献梳理、专题小组讨论和专家访谈的基础上构建的，可能存在一定的主观性。为保证问卷能够尽可能地反映现阶段政务新媒体公众满意度的水平及其对政府信任的影响情况，需要在正式调查前对问卷进行科学、严谨的试测，确保问卷具有良好的信度和效度。

本书选择郑州大学新闻与传播学院 2019 级新闻与传播专业硕士班、北京林业大学林业与环境特种装备实验室，以及郑州市福园社区黄鹤小区进行了问卷试测。其中，在新闻与传播专业硕士班发放了 39 份，实验室发放了 36 份，小区发放了 75 份，共计发放了 150 份，回收了 136 份，其中有效问卷 118 份。

之所以选择上述人群作为试测样本，原因在于该选择方式可以更好地反映正式调查的样本。具体而言：第一，对年轻群体进行了试测，相关研究表明青年人是使用新媒体的主力军；第二，选择文科和工科，可以尽可能地保证男女比例的平衡；第三，该小区并非单位家属院，因此各种职业均有，可以有效覆盖较多的职业群体和收入范围；第四，小区中的学历层次经前期走访，发现以大学本科及以下居多，和前两部分所提到的试测群体结合后，各学历层次均有涉及；第五，经了解，小区中居民的年龄段以 35～55 岁的中年人为主，和第一点所提到的试测群体结合后，年龄层能够覆盖较全面。此外，试测选择相对容易接触的样本，可以在收到问卷后，访谈部分被调查者，获取被调查者对问卷的填写感受与题项设置的反馈，为更好地优化问卷提供可能。

1. 政务新媒体公众满意度的影响因素问卷的信度与效度

信度分析是为了确保模型拟合度评价和假设检验的有效性，运用 SPSS22.0 软件对试测问卷进行分析。采用 Cronbach's α 系数来检查问卷中研究变量在各个测量题项上的一致性程度。政务新媒体公众满意度的影响因素问卷的信度分析结果如表4-12所示。

表4-12　政务新媒体公众满意度的影响因素各变量的信度分析结果

变量	题项	CITC 值	删除项后的 Cronbach's α 值	Cronbach's α 值
公众期望	PE1	0.631	0.850	0.856
	PE2	0.691	0.826	
	PE3	0.785	0.785	
	PE4	0.713	0.817	
感知质量	PQ1	0.739	0.938	0.943
	PQ2	0.717	0.938	
	PQ3	0.794	0.935	
	PQ4	0.779	0.936	
	PQ5	0.813	0.935	
	PQ6	0.683	0.940	
	PQ7	0.751	0.937	
	PQ8	0.732	0.938	
	PQ9	0.654	0.941	
	PQ10	0.793	0.935	
	PQ11	0.807	0.935	
感知价值	PV1	0.623	0.772	0.815
	PV2	0.624	0.772	
	PV3	0.639	0.765	
	PV4	0.652	0.759	
感知有用性	PU1	0.776	0.842	0.885
	PU2	0.745	0.854	
	PU3	0.686	0.875	
	PU4	0.792	0.836	
感知易用性	PEOU1	0.752	0.867	0.893
	PEOU2	0.693	0.888	
	PEOU3	0.830	0.837	
	PEOU4	0.784	0.855	

续表

变量	题项	CITC 值	删除项后的 Cronbach's α 值	Cronbach's α 值
公众满意	PS1	0.752	0.878	0.899
	PS2	0.666	0.890	
	PS3	0.794	0.872	
	PS4	0.769	0.875	
	PS5	0.764	0.876	
	PS6	0.626	0.897	

资料来源：笔者自制。

CITC 值（corrected item-total correlation）是指删除题项与其他题项总分的相关程度，若该值低于 0.5，则删除该题项。删除项后的 Cronbach's α 值是指如果删除该题项，在该指标下其余题项的 Cronbach's α 值会变成多少，如果"删除项后的 Cronbach's α 值"小于变量的"Cronbach's α 值"，说明删除后的 Cronbach's α 值比原来的还低，那么就不能删除该题项①。一般构面提高信度做的大多是变量缩减，本书以上述规则作为净化题项的依据。此外，Cronbach's α 值大于 0.7 则表明各变量具有良好的信度②。

从表 4 – 12 可知，变量公众期望、感知质量、感知价值、感知有用性、感知易用性、公众满意的 Cronbach's α 值分别为 0.856、0.943、0.815、0.885、0.893、0.899，均大于 0.7，CITC 值均大于 0.5，删除任意一题均不会引起 Cronbach's α 值的增加。基于此，可以认为政务新媒体公众满意度的影响因素问卷整体具有较高信度。

效度分析是指问卷题目的有效性和准确性，即问卷题目能否准确反映调查者的目的和目标③，通常使用内容效度和结构效度进行测量。其中，内容效度是指题项与所测变量的适合性和逻辑相符性④，本书中使用的问卷是建立在文献回顾和理论基础之上的，并且根据前测访谈的结果对题项措辞、表述方式等作了进一步的修正和完善，因而可以认为量表的内容效度符合要求。结构效度是指题项衡

① 荣泰生：《SPSS 与研究方法》，重庆大学出版社 2009 年版，第 45 页。
② Hair, J. F., Anderson, R. E., Tatham, R. L. & Black, W. C. Multivariate data analysis. *Technometrics*, 1998, 30（1）：130 – 131.
③ 范柏乃、蓝志勇：《公共管理研究与定量分析方法（第二版）》，科学出版社 2013 年版，第 84 页。
④ 陆娟、芦艳、娄迎春：《服务忠诚及其驱动因素：基于银行业的实证研究》，载于《管理世界》2006 年第 8 期，第 94～103 页。

量所测变量的能力[①]，此处通过对试测收集回来的数据进行探索性因子分析来检验量表的结构有效性。

进行探索性因子分析前需要进行因子分析的可行性检验，即观察指标间的相关性。检验相关性的方法主要有 KMO（Kaiser – Meyer – Olkin）检验和 Bartlett 球形检验（Bartlett test of sphericity），需要同时满足 KMO > 0.7 和 Bartlett 球形检验显著（Sig. < 0.05）两个条件。

利用 SPSS22.0 软件对政务新媒体公众满意度的影响因素试测问卷进行指标间的相关性检验，得到 KMO 检验和 Bartlett 球形检验结果，如表 4 – 13 所示。

表 4 – 13   政务新媒体公众满意度的影响因素问卷的 KMO 和 Bartlett 球形检验

KMO 检验值		0.855
Bartlett 的球形检验	卡方值	2738.923
	自由度	528
	Sig.	0.000

资料来源：笔者自制。

由表 4 – 13 可知，KMO 检验值为 0.855，大于 0.7，Bartlett 球形检验值显著（Sig. < 0.05），表明问卷数据符合因子分析的前提要求，适合采用探索性因子分析，可进行进一步的效度检验。因子提取时采用主成分分析方法，并以特征根大于 1 为因子提取公因子，因子旋转时采用方差最大正交旋转进行因子分析，分析结果如表 4 – 14 所示。

表 4 – 14   政务新媒体公众满意度的影响因素问卷的解释总方差

组件	初始特征值			提取载荷平方和			旋转载荷平方和		
	总计	方差/%	累积方差/%	总计	方差%	累积方差/%	总计	方差/%	累积方差/%
1	9.848	29.841	29.841	9.848	29.841	29.841	7.088	21.479	21.479
2	5.225	15.835	45.676	5.225	15.835	45.676	4.341	13.154	34.634
3	2.484	7.528	53.204	2.484	7.528	53.204	3.140	9.516	44.149

---

① 蔡莉、尹苗苗：《新创企业学习能力、资源整合方式对企业绩效的影响研究》，载于《管理世界》2009 年第 10 期，第 1 ~ 10 + 16 页。

续表

组件	初始特征值			提取载荷平方和			旋转载荷平方和		
	总计	方差/%	累积方差/%	总计	方差%	累积方差/%	总计	方差/%	累积方差/%
4	2.406	7.291	60.494	2.406	7.291	60.494	3.082	9.339	53.489
5	1.685	5.106	65.601	1.685	5.106	65.601	2.935	8.895	62.384
6	1.562	4.734	70.335	1.562	4.734	70.335	2.624	7.952	70.335
7	0.833	2.525	72.860						
8	0.791	2.396	75.256						
9	0.745	2.258	77.514						
10	0.652	1.977	79.491						
11	0.591	1.792	81.283						
12	0.577	1.750	83.033						
13	0.536	1.623	84.656						
14	0.488	1.480	86.136						
15	0.456	1.380	87.516						
16	0.427	1.293	88.809						
17	0.388	1.174	89.984						
18	0.355	1.076	91.060						
19	0.329	0.997	92.057						
20	0.317	0.960	93.016						
21	0.278	0.843	93.860						
22	0.270	0.817	94.677						
23	0.240	0.729	95.405						
24	0.215	0.651	96.056						
25	0.201	0.608	96.664						
26	0.196	0.595	97.259						
27	0.171	0.517	97.776						
28	0.156	0.474	98.250						
29	0.149	0.453	98.703						
30	0.128	0.387	99.090						
31	0.116	0.350	99.440						
32	0.102	0.310	99.750						
33	0.082	0.250	100.000						

资料来源：笔者自制。

从表4-14可知，因子分析结果总共得到6个因素，解释能力分别为21.479%、13.154%、9.516%、9.339%、8.895%、7.952%，总解释能力达到了70.335%，大于60%，表明提取出的公共因子解释能力较强，筛选出来的6个因子有良好的代表性，能够较好地测量政务新媒体公众满意度的影响因素。

相应的旋转成分矩阵如表4-15所示，各个测量题项的因子载荷量均大于0.5，且交叉载荷量均小于0.4，每个题项均落到对应的因素中，表明量表具有良好的结构效度。

表4-15　　　政务新媒体公众满意度的影响因素问卷的旋转成分矩阵

变量	题项	组件					
		1	2	3	4	5	6
公众期望	PE1	0.117	0.131	-0.161	0.214	**0.749**	0.045
	PE2	0.174	0.032	0.185	-0.056	**0.792**	0.139
	PE3	0.126	0.063	0.077	0.189	**0.840**	0.151
	PE4	0.184	0.101	0.156	0.128	**0.800**	0.144
感知质量	VPQ1	**0.766**	0.076	0.076	-0.178	0.153	0.122
	PQ2	**0.745**	0.082	0.034	-0.029	0.227	-0.014
	PQ3	**0.817**	0.131	-0.014	-0.010	0.092	0.116
	PQ4	**0.809**	-0.003	0.153	-0.009	0.098	0.134
	PQ5	**0.852**	0.090	-0.019	-0.047	-0.017	0.105
	PQ6	**0.732**	0.185	0.070	0.208	0.026	-0.122
	PQ7	**0.788**	0.051	0.055	-0.028	0.062	0.142
	PQ8	**0.722**	0.278	-0.105	0.106	0.202	0.136
	PQ9	**0.717**	-0.064	-0.008	-0.023	0.092	0.080
	PQ10	**0.811**	0.203	-0.090	0.180	0.036	0.116
	PQ11	**0.853**	0.023	0.126	0.094	-0.030	0.068
感知价值	PV1	0.167	0.354	0.027	0.050	0.049	**0.719**
	PV2	0.126	0.156	0.084	0.123	0.135	**0.739**
	PV3	0.164	0.093	0.144	0.295	0.103	**0.713**
	PV4	0.163	0.169	0.047	0.146	0.204	**0.740**

变量	题项	组件					
		1	2	3	4	5	6
感知有用性	PU1	0.054	0.186	**0.842**	0.108	0.155	0.034
	PU2	−0.037	0.072	**0.875**	0.019	0.131	0.010
	PU3	0.099	0.204	**0.758**	0.218	−0.061	0.115
	PU4	0.081	0.125	**0.835**	0.185	0.007	0.136
感知易用性	PEOU1	−0.127	0.261	0.268	**0.757**	0.118	0.124
	PEOU2	0.065	0.107	0.132	**0.736**	0.160	0.296
	PEOU3	0.044	0.245	0.157	**0.840**	0.196	0.102
	PEOU4	0.050	0.322	0.065	**0.820**	0.051	0.137
公众满意	PS1	0.131	**0.798**	0.141	0.166	0.121	0.031
	PS2	0.159	**0.725**	0.097	0.145	−0.017	0.052
	PS3	0.170	**0.823**	0.092	0.094	0.088	0.156
	PS4	0.030	**0.810**	0.172	0.093	0.076	0.261
	PS5	0.066	**0.792**	0.064	0.212	0.153	0.160
	PS6	0.094	**0.679**	0.096	0.161	−0.010	0.133

资料来源：笔者自制。

2. 政务新媒体公众满意度对政府信任的影响因素问卷的信度与效度

信度分析将试测样本数据输入到 SPSS22.0 软件来检查政务新媒体公众满意度对政府信任的影响因素问卷的信度情况，分析结果如表4-16所示。

表4-16　政务新媒体公众满意度对政府信任的影响因素各变量的信度分析结果

变量	题项	CITC 值	删除项后的 Cronbach's α 值	Cronbach's α 值
公众满意	PS1	0.752	0.878	0.899
	PS2	0.666	0.890	
	PS3	0.794	0.872	
	PS4	0.769	0.875	
	PS5	0.764	0.876	
	PS6	0.626	0.897	

续表

变量	题项	CITC 值	删除项后的 Cronbach's α 值	Cronbach's α 值
政府信任	PT1	0.824	0.884	0.915
	PT2	0.808	0.890	
	PT3	0.797	0.892	
	PT4	0.798	0.892	
政府形象	PI1	0.707	0.899	0.910
	PI2	0.785	0.890	
	PI3	0.783	0.890	
	PI4	0.807	0.887	
	PI5	0.654	0.905	
	PI6	0.699	0.900	
	PI7	0.678	0.903	
政治效能感	PEf1	0.638	0.813	0.840
	PEf2	0.665	0.801	
	PEf3	0.678	0.797	
	PEf4	0.722	0.776	

资料来源：笔者自制。

从表 4 – 16 可知，变量公众满意、政府信任、政府形象、政治效能感的 Cronbach's α 值分别为 0.899、0.915、0.910、0.840，均大于 0.7，CITC 值均大于 0.5，删除任意一题均不会引起 Cronbach's α 值的增加。基于此，可以认为政务新媒体公众满意度对政府信任的影响问卷整体上具有较高信度。

效度分析将政务新媒体公众满意度对政府信任的影响因素问卷的试测样本数据输入到 SPSS22.0 软件中进行指标间的相关性检验，得到 KMO 检验和 Bartlett 球形检验结果，如表 4 – 17 所示。

表 4 – 17 中，KMO 检验值为 0.873，大于 0.7，Bartlett 球形检验值显著 （Sig. < 0.05），表明问卷数据符合因子分析的前提要求，适合采用探索性因子分析进行进一步的效度检验。采用方差最大正交旋转进行因子分析，结果如表 4 – 18 所示。

表 4 - 17   政务新媒体公众满意度对政府信任的影响因素各变量的
KMO 和 Bartlett 球形检验

KMO 检验值		0.873
Bartlett 的球形检验	卡方值	1571.782
	自由度	210
	Sig.	0.000

资料来源：笔者自制。

表 4 - 18   政务新媒体公众满意度对政府信任的影响因素问卷的解释总方差

组件	初始特征值			提取载荷平方和			旋转载荷平方和		
	总计	方差/%	累积方差/%	总计	方差%	累积方差/%	总计	方差/%	累积方差/%
1	7.721	36.765	36.765	7.721	36.765	36.765	4.588	21.845	21.845
2	2.623	12.492	49.258	2.623	12.492	49.258	4.142	19.726	41.571
3	2.476	11.791	61.049	2.476	11.791	61.049	3.199	15.234	56.806
4	1.898	9.039	70.088	1.898	9.039	70.088	2.789	13.282	70.088
5	0.730	3.478	73.565						
6	0.623	2.966	76.531						
7	0.607	2.892	79.423						
8	0.521	2.483	81.906						
9	0.504	2.401	84.307						
10	0.463	2.205	86.511						
11	0.405	1.926	88.438						
12	0.382	1.819	90.256						
13	0.327	1.557	91.813						
14	0.320	1.523	93.336						
15	0.266	1.269	94.605						
16	0.248	1.182	95.787						
17	0.223	1.064	96.851						
18	0.187	0.889	97.740						
19	0.177	0.844	98.583						
20	0.153	0.729	99.313						
21	0.144	0.687	100.000						

资料来源：笔者自制。

从表4－18可知，因子分析结果总共得到4个因素，解释能力分别为21.845％、19.726％、15.234％、13.282％，总解释能力达到了70.088％，大于60％，表明提取出的公共因子解释能力较强，筛选出来的4个因子具有良好的代表性，能够较好地测量政务新媒体公众满意度对政府信任的影响因素。

相应的旋转成分矩阵如表4－19所示，各个测量题项的因子载荷量均大于0.5，且交叉载荷量均小于0.4，每个题项均落到对应的因素中，表明量表具有良好的结构效度。

表4－19　政务新媒体公众满意度对政府信任的影响因素问卷的旋转成分矩阵

变量	题项	组件			
		1	2	3	4
公众满意	PS1	0.234	**0.787**	0.157	0.044
	PS2	0.200	**0.730**	0.127	0.063
	PS3	0.181	**0.825**	0.171	0.119
	PS4	0.148	**0.809**	0.146	0.192
	PS5	0.166	**0.807**	0.184	0.042
	PS6	0.088	**0.690**	0.247	−0.035
政府信任	PT1	0.203	0.231	**0.841**	0.092
	PT2	0.165	0.325	**0.807**	0.069
	PT3	0.182	0.149	**0.863**	0.067
	PT4	0.156	0.242	**0.840**	−0.016
政府形象	PI1	**0.744**	0.152	0.200	0.046
	PI2	**0.840**	0.202	0.105	−0.067
	PI3	**0.816**	0.217	0.095	0.074
	PI4	**0.827**	0.194	0.119	0.106
	PI5	**0.718**	0.056	0.177	0.161
	PI6	**0.796**	0.115	−0.008	0.050
	PI7	**0.690**	0.177	0.234	0.176
政治效能感	PEf1	0.146	0.252	−0.019	**0.762**
	PEf2	0.064	−0.065	0.126	**0.817**
	PEf3	0.110	0.157	−0.082	**0.807**
	PEf4	0.049	−0.003	0.148	**0.854**

资料来源：笔者自制。

第二节 数 据 采 集

一、样本的选择

本书的问卷采用在线自填问卷的形式进行发放，问卷题目共30题，详见附录A。其中矩阵量表有11题，共考察48个指标。根据戈萨奇（Gorsuch）等人的观点，调查问卷的回收数量应该是题项数的10倍以上[①]。本书的矩阵量表中有48道小题项，其余基本信息和使用情况调查有18小题，共计66题。此外，本书采用AMOS22.0分析软件来进行结构方程模型的分析时需满足以下条件：一是当模型中存在形成概念时，要有大于变量指标数10倍的有效问卷；二是在分析结构模型时，要有大于最多结构路径数10倍的有效问卷[②]。综合来看，本书的问卷数要不少于660份。

为了提高样本的覆盖率，同时保证调研的可行性及成本的可负担性，故采用非随机抽样的方式，大样本数据收集选择在中国的东部、南部、西部、北部、中部五个区域进行，每个区域选择两座有代表性的城市。为了保证调研结果的科学性和均衡性，既要考虑各城市政务新媒体的发展状况，又要兼顾经济发达地区和经济欠发达地区。由于抽样范围的扩大，靠研究者一人之力几乎无法完成，考虑到调研的可行性，即研究者在该城市是否有可利用资源。最终的城市确定为：东部区域的上海和南京；南部区域的广州和深圳；西部区域的贵阳和昆明；北部区域的北京和呼和浩特；中部区域的武汉和郑州，共10座城市。

在发放问卷前，需要对各位调研员进行问卷发放的相关培训。首先，统一了问卷发放的介绍语，并要求调研员在发放问卷时对政务新媒体的具体含义以举例的形式进行介绍，要求政务新媒体平台和账号的举例应结合地方特色，增加地方政务新媒体的介绍内容，使被调查者能快速知晓政务新媒体具体指什么；其次，探讨了提高线上问卷回收率的方法，比如一对一发放、红包奖励等；再次，强调

---

① Gorsuch, R. L. & Ortberg, J. Moral obligation and attitudes: their relation to behavioral intentions. *Journal of Personality and Social Psychology*, 1983, 44 (5): 1025–1028.

② 李宗富：《信息生态视角下政务微信信息服务模式与服务质量评价研究》，吉林大学2017年，第174页。

了各调研员在问卷发放过程中要兼顾性别比例、年龄区间、学历层次、职业种类、收入水平等个人特征变量，确保被调查者特征的全面性和丰富性；最后，建议各调研员可以选择到各地区的政务服务大厅、社区、街道办等地方进行集中发放，虽为线下发放，但仍采用线上自填问卷的形式，携带问卷二维码，扫一扫就可以填写，方便后期的数据统计。

本书安排抽样区域的各城市负责人在其负责的城市中各发放200份问卷，总计2000份问卷。各城市问卷发放情况如表4-20所示。

表4-20　　　　　　　　　　　　各城市问卷发放情况　　　　　　　　　单位：份

抽样区域		回收问卷	有效问卷
东部	上海	168	143
	南京	183	151
南部	广州	162	146
	深圳	159	138
西部	贵阳	174	153
	昆明	181	159
北部	北京	183	165
	呼和浩特	164	147
中部	武汉	168	157
	郑州	179	162
合计		1721	1521

资料来源：笔者自制。

本书的集中调研时间为2020年7月20日—9月20日，为期两个月的时间。为了保证网络问卷的可靠性，采取了一些控制措施：首先，为了避免出现重复答题的情况，在问卷网的系统中设置了本调查每个IP地址只能回答一次问卷的条件。其次，将答题时间少于2分钟的问卷视为被调查者未认真作答，将其作为废卷处理。再次，调查结束后，本书通过人工逐一浏览问卷的方式，把相同选项在90%以上或选项间有明显规律性的问卷看作无效问卷予以剔除。最后，在问卷最后一题设置了被调查者自评问卷是否认真作答的问项作为参考，若回答为否，则视为无效问卷，系统将自动筛选剔除。

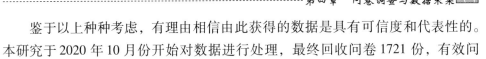

鉴于以上种种考虑，有理由相信由此获得的数据是具有可信度和代表性的。本研究于2020年10月份开始对数据进行处理，最终回收问卷1721份，有效问卷1521份，有效率为88.4%。

二、样本人口统计学特征

将本研究回收的1521份有效问卷输入到SPSS22.0统计软件中，分析样本的人口统计学特征，如表4-21所示。

表4-21　　　　　　　　　　　样本人口统计学特征

人口统计学特征	类别	人数	百分比（%）
性别	男	757	49.8
	女	764	50.2
年龄	18岁以下	9	0.6
	18~24岁	242	15.9
	25~30岁	419	27.5
	31~40岁	366	24.1
	41~50岁	327	21.5
	51~60岁	140	9.2
	61岁及以上	18	1.2
学历	高中及以下	227	14.9
	大学专科	363	23.9
	大学本科	597	39.3
	硕士	282	18.5
	博士	52	3.4
网龄	1年以下	9	0.6
	1~3年	59	3.9
	4~6年	263	17.3
	7~9年	353	23.2
	10年及以上	837	55.0

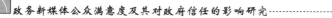
续表

人口统计学特征	类别	人数	百分比（%）
使用手机移动网络年限	1 年以下	12	0.8
	1~3 年	71	4.7
	4~6 年	345	22.6
	7~9 年	433	28.5
	10 年及以上	660	43.4
职业	在校学生	45	3.0
	政府/机关干部/公务员	213	14.0
	企业管理者（包括基层及中高层管理者）	187	12.3
	普通职员（办公室/写字楼工作人员）	364	23.9
	专业人员（如医生/律师/文体/记者/老师等）	306	20.1
	商业服务业职工（如销售人员/商店职员/服务员等）	247	16.2
	个体经营者/承包商	82	5.4
	自由职业者	37	2.4
	退休	19	1.2
	暂无职业	14	1.0
	其他职业人员	7	0.5
收入	3000 元及以下	305	20.1
	3001~5000 元	627	41.2
	5001~8000 元	435	28.6
	8001~10000 元	73	4.8
	10001~15000 元	53	3.5
	15000 元以上	28	1.8
总计		1521	100.0

资料来源：笔者自制。

　　由表 4-21 可知，本次调查的受访者中，在性别方面，男性有 757 人，占总数的 49.8%，女性有 764 人，占总数的 50.2%，样本在性别方面的分布较为均衡。在年龄方面，主要集中在 25~30 岁的年龄段，有 419 人，占总数的 27.5%；31~40 岁有 366 人，占比 24.1%；41~50 岁有 327 人，占比 21.5%；18~24 岁有 242 人，占比 15.9%。此外，其他年龄段区间也都有所涉及，能够反映各年龄段人群对政务新媒体公众满意度的影响因素的认知以及政务新媒体公众满意度对政府信任的影响因素的认知。在学历方面，大学本科学历有 597 人，占总数的 39.3%；大学专科学历有 363 人，占比 23.9%，调查对象整体受教育水平较高，能够较好地理解测量指标的含义。在网龄方面，10 年及以上网龄的人数最多，有 837 人，占总数的 55.0%。在使用手机移动网络年限方面，10 年及以上年限的人数最多，有 660 人，占总数的 43.4%，表明调查对象有较为丰富的互联网与移动网络使用经验。在职业方面，基本涵盖了所有能涉及的职业类型，其中普通职员有 364 人，占总数的 23.9%；专业人员 306 人，占比 20.1%；商业服务业职工 247 人，占比 16.2%；政府/机关干部/公务员有 213 人，占比 14.0%；企业管理者 187 人，占比 12.3%。在收入方面，3001～5000 元收入有 627 人，占比 41.2%；3000 元及以下收入有 305 人，占总数的 20.1%；5001～8000 元收入有 435 人，占比 28.6%。

第三节 公众对政务新媒体的使用和需求情况的描述性统计分析

一、公众对政务新媒体的使用情况分析

通过对问卷中有关"政务新媒体的使用和需求情况调查"的数据进行统计分析，将公众关于"政务新媒体的使用情况"单选题的回答绘制成表 4-22。

表 4-22　　　　　　　公众对政务新媒体的使用情况分析表

使用情况描述	类别	人数	百分比（%）
每月平均使用政务新媒体的次数	小于 1 次	132	8.7
	1～3 次	558	36.6
	4～6 次	327	21.5
	7～9 次	159	10.5
	10 次及以上	345	22.7

使用情况描述	类别	人数	百分比（%）
每次使用政务新媒体的时长	10 分钟以下	564	37.1
	10～30 分钟	702	46.2
	31～60 分钟	204	13.3
	60 分钟以上	51	3.4
使用政务新媒体的时间	6 个月以下	447	29.4
	6～12 个月	402	26.4
	13～24 个月	237	15.6
	24 个月以上	435	28.6
经常使用的政务新媒体的数量	1～3 个	669	44.0
	4～6 个	567	37.2
	7～9 个	129	8.5
	10 个及以上	156	10.3

资料来源：笔者自制。

由表 4－22 可知，在公众每月平均使用政务新媒体的次数方面，使用 1～3 次的人数最多，有 558 人，占比 36.7%；使用 10 次及以上的人数次之，有 345 人，占比 22.7%；使用 4～6 次的人数有 327 人，占比 21.5%；使用小于 1 次的人数最少，仅有 132 人，占比 8.7%。

在公众每次使用政务新媒体的时长方面，使用 10～30 分钟的人数最多，有 702 人，占比 46.2%；其次是使用 10 分钟以下的人数，有 564 人，占比 37.1%；使用 60 分钟以上的人数最少，只有 51 人，占比 3.4%。总的来说，公众每次使用政务新媒体的时间不长，多为 30 分钟以下，占比 83.3%。

在公众使用政务新媒体的时间方面，使用时间在 6 个月以下的人数最多，有 447 人，占比 29.4%；使用时间在 24 个月以上的人数次之，有 435 人，占比 28.6%。13～24 个月的人数最少，有 237 人，占比 15.6%。

在公众经常使用的政务新媒体的数量方面，使用数量为 1～3 个的人数最多，有 669 人，占比 44.0%；使用数量为 4～6 个的人数次之，有 567 人，占比 37.3%；使用数量为 7～9 个的人数最少，仅有 129 人，占比 8.5%。由此可见，公众经常使用的政务新媒体账号或政务客户端比较固定，数量多为 1～6 个，占比 81.3%。

此外，在调查公众对政务新媒体各平台的使用情况时发现，使用政务微信公众号/小程序的人数最多，其次是政务微博，再次是政务客户端（App），最后是政务抖音号。公众对政务新媒体各平台的使用程度也呈现同样趋势，公众对政务微信公众号/小程序的使用程度最高，政务微博和政务客户端（App）的使用程度相当，但均低于政务微信公众号/小程序的使用程度，政务抖音号的使用程度最低。在其他选项中，有被调查者提到了政务头条号。统计结果如图4-1、图4-2所示。

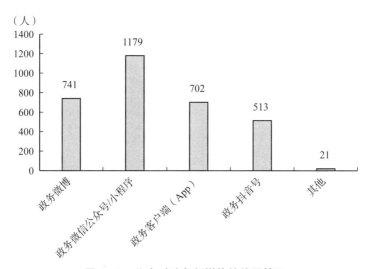

图4-1　公众对政务新媒体的使用情况

资料来源：笔者自制。

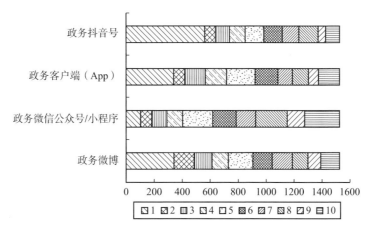

图4-2　公众对政务新媒体各平台的使用程度

资料来源：笔者自制。

二、公众对政务新媒体的需求情况分析

公众对政务新媒体的需求情况通过公众了解政务新媒体的渠道、公众使用政务新媒体的主要目的、公众对政务新媒体的功能需求来分析，这三个问题均为多选题。统计结果如图4-3、图4-4和图4-5所示。

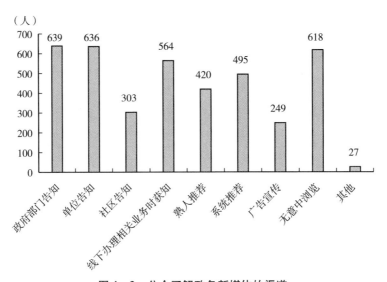

图4-3　公众了解政务新媒体的渠道

资料来源：笔者自制。

由图4-3可知，公众了解政务新媒体的渠道主要有政府部门告知、单位告知、无意中浏览、线下办理相关业务时获知等。在其他渠道中，有被调查者提到了根据自身需要主动搜索查询获得。

通过调研公众使用政务新媒体的主要目的发现，更多的人使用政务新媒体是为了获取政务信息，其次是为了获取在线政务服务。使用政务新媒体进行在线咨询和问题反馈的公众较少。在其他目的中，有被调查者提到通过政务新媒体进行学习，并列举出"学习强国"和"青年大学习"App的例子。

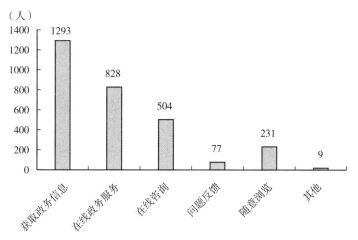

图 4－4　公众使用政务新媒体的主要目的

资料来源：笔者自制。

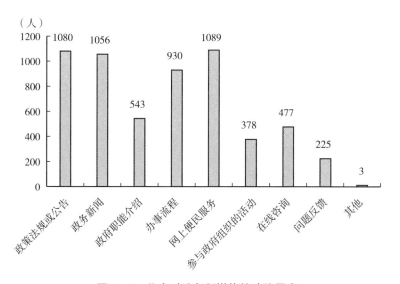

图 4－5　公众对政务新媒体的功能需求

资料来源：笔者自制。

　　在调查公众对政务新媒体的功能需求情况时发现，公众对政务新媒体提供的网上便民服务、政策法规或公告、政务新闻、办事流程的功能需求较多。相对而言，公众对政务新媒体提供的问题反馈、参与政府组织的活动、在线咨询、政府职能介绍等功能需求较少。

第四节　本章小结

本章首先在概念模型的基础上，确定了各潜变量的测量指标，并对问卷的发放形式、问卷结构、问卷的测量题项等进行了设计，形成了调查问卷初稿。其次，通过专题小组讨论和专家访谈的形式对问卷进行了前测访谈，确定了正式调查问卷。再次，在小范围内进行了问卷试测，并对试测小样本进行了信度和效度检验，均符合要求。从次，对问卷调查的样本数据采集方式进行了介绍，并对收集到的正式样本数据进行了人口统计学特征分析，为接下来验证研究假设提供了数据支持。最后，对问卷中第二部分"政务新媒体的使用和需求情况调查"收集到的数据进行了描述性统计分析，介绍了公众对政务新媒体的使用和需求情况。

第五章

政务新媒体公众满意度的影响因素及影响机理

本章将对采集到的问卷中第三部分"政务新媒体公众满意度调查"的数据进行统计分析，包括描述性统计分析、验证性因子分析、区别效度及相关分析、结构方程模型分析，对研究假设进行实证检验，讨论政务新媒体公众满意度的影响因素及影响机理。

第一节　描述性统计分析

通过测量影响政务新媒体公众满意度的各因素的平均值和标准差，能在一定程度上反映各变量的水平和整体情况。对各因素的偏度和峰度进行分析，可以用来验证所获数据是否服从正态分布。

表5-1是政务新媒体公众满意度的影响因素各变量的描述性统计分析结果，主要包含公众期望、感知质量、感知价值、感知有用性、感知易用性以及公众满意各指标的平均值、标准差、偏度、峰度等信息。

表5-1　　　政务新媒体公众满意度的影响因素各变量的描述性统计

变量	指标名称	样本数	最小值	最大值	平均值	标准差	偏度	峰度
公众期望	公众的整体期望	1521	1	10	7.02	2.231	-0.424	-0.644
	对提供信息质量的期望	1521	1	10	6.50	2.102	-0.326	-0.662
	对提供服务质量的期望	1521	1	10	6.77	2.163	-0.200	-0.862
	对系统平台质量的期望	1521	1	10	7.11	2.151	-0.462	-0.571

续表

变量	指标名称	样本数	最小值	最大值	平均值	标准差	偏度	峰度
感知质量	信息内容时效性	1521	1	10	6.44	1.773	−0.644	−0.111
	信息内容有用性	1521	1	10	7.21	1.835	−0.581	0.241
	信息内容客观性	1521	1	10	6.60	2.010	−0.582	−0.411
	信息内容完整性	1521	1	10	6.77	1.878	−0.561	0.126
	信息内容权威性	1521	1	10	6.81	1.729	−1.071	0.954
	服务响应性	1521	1	10	6.10	2.029	−0.357	−0.435
	服务互动性	1521	1	10	6.30	2.091	−0.484	−0.327
	服务个性化	1521	1	10	6.71	2.008	−0.416	−0.276
	系统可靠性	1521	1	10	7.03	1.697	−0.637	0.877
	系统有形性	1521	1	10	7.16	1.924	−0.455	−0.140
	系统功能性	1521	1	10	6.63	1.806	−0.799	0.467
感知价值	创造的社会总受益	1521	1	10	6.37	2.030	−0.102	−0.573
	公众受益程度	1521	1	10	6.17	1.908	−0.203	−0.561
	获取信息和服务的低成本性	1521	1	10	6.74	1.980	−0.357	−0.365
	获取信息和服务的高效率性	1521	1	10	6.76	2.042	−0.364	−0.295
感知有用性	提供所需要的信息	1521	1	10	6.55	1.851	−0.520	−0.056
	提供有价值的服务	1521	1	10	6.72	1.851	−0.522	−0.144
	提高办事效率	1521	1	10	6.52	1.716	−0.532	0.082
	总体有用	1521	1	10	6.82	1.715	−0.403	−0.180
感知易用性	容易理解	1521	1	10	6.34	1.870	−0.559	0.112
	容易学习	1521	1	10	6.23	1.829	−0.346	−0.003
	容易使用	1521	1	10	6.64	1.788	−0.522	0.150
	容易交互	1521	1	10	6.55	1.886	−0.481	−0.077
公众满意	公众的整体满意程度	1521	1	10	6.30	1.925	−0.227	−0.235
	与预期质量相比的满意程度	1521	1	10	6.65	1.780	−0.561	0.045
	与理想质量相比的满意程度	1521	1	10	6.43	1.750	−0.347	0.133
	信息质量的满意程度	1521	2	10	6.59	1.797	−0.303	−0.174
	服务质量的满意程度	1521	1	10	7.04	1.958	−0.486	−0.256
	系统质量的满意程度	1521	1	10	6.83	2.001	−0.314	−0.310

资料来源：笔者自制。

总体而言，各指标平均值在 6.10 ~ 7.21 之间，平均得分都超过 6 分（满分 10 分），处于中等略偏上的水平。其中，感知质量中的"服务响应性"得分最低，为 6.10，说明被调查者对服务质量中的互动反馈速度的评价相对较低。而感知质量中的"信息内容有用性"得分最高，为 7.21，说明被调查者对信息质量中信息内容的价值性的评价相对较高。各指标的标准差在 1.697 ~ 2.231 之间。

具体到每一个潜变量，在公众期望中，"对提供信息质量的期望"得分最低，为 6.50；"对系统平台质量的期望"得分最高，为 7.11；"对提供服务质量的期望"介于二者之间，为 6.77。由此可见，公众对政务新媒体的期望是系统 > 服务 > 信息。

在感知质量中，"服务响应性"得分最低，为 6.10；"信息内容有用性"得分最高，为 7.21。就信息内容维度而言，"信息内容时效性"得分最低，为 6.44；"信息内容有用性"得分最高，为 7.21。由此可见，相对而言，公众认为信息内容的发布还不够及时，但能提供较为有用的信息。就服务维度而言，"服务响应性"得分最低，为 6.10；"服务个性化"得分较高，为 6.71。相对而言，公众认为政务新媒体的反馈速度还有待提高，但政务新媒体提供的服务较能满足公众的个性化需求。就系统维度而言，"系统有形性"得分最高，为 7.16；"系统功能性"得分最低，为 6.63。相对而言，公众认为政务新媒体的界面较美观、设计较规范，但政务新媒体的功能与栏目设置的完备度与合理性还有待提高。

在感知价值中，将"创造的社会总收益"与"公众受益程度"相比，前者（6.37）高于后者（6.17），表明公众认为政务新媒体在社会总体发展水平的提高与人民整体生活水平的提升方面所做的贡献要高于公众个人的获益感知。在"获取信息和服务的低成本性"与"获取信息和服务的高效率性"方面，公众的感知较为接近（6.74 和 6.76）。

在感知有用性中，"提高办事效率"得分最低，为 6.52；"总体有用"得分最高，为 6.82。在微观层面，提供有价值的服务 > 提供所需要的信息 > 提高办事效率。由此可见，政务新媒体虽然能够提供公众需要的在线政务服务，但其线上办理的效率还有待进一步提高。

在感知易用性中，"容易使用"得分最高，为 6.64；"容易学习"得分最低，为 6.23。相对而言，政务新媒体是比较容易操作的，但是公众一旦遇到操作上面的问题，难以找到学习使用的渠道来快速地加以解决。

在公众满意中，就信息质量、服务质量和系统质量的满意程度而言，服务质量（7.04）＞系统质量（6.83）＞信息质量（6.59）。相对而言，公众对服务质量的满意程度最高，对信息质量的满意程度最低。

此外，表5-1中各个指标的偏度绝对值均小于3，峰度绝对值均小于10，符合克莱恩（Kline）提出的样本服从正态分布的条件[①]。

第二节　验证性因子分析

采用验证性因子分析进行各变量内部题项的收敛效度检验来分析实际的测量数据与理论架构的适配度，需要满足以下条件[②]。

1. 测量模型具有收敛效度的条件：（1）因子载荷量（factor loadings）用来评估每个载荷量是否具有 0.01 的显著性水平，且需大于 0.6；（2）组合信度（composite reliability，CR）表示构面题目的内部一致性，信度越高表示这些题项的一致性越好，需大于 0.7；（3）平均方差抽取量（average variance extracted，AVE）是计算潜变量各个测量题目对该变量的变异解释能力，AVE 值越大，表示题项具有越高的信度与收敛效度，需大于 0.5[③]。模型修正一般根据以下条件做变量缩减：（1）删除因子载荷量低于 0.5 的测量题项；（2）删除有共线性存在的测量题项；（3）删除残差不独立的测量题项。后两者的修正需查看修正指标（modification indices，M. I. ）。

2. 模型整体拟合指标。选择卡方自由度之比（CMIN/DF）、适配度指数（GFI）、调整后的适配度指数（AGFI）、规准适配指数（NFI）、非规准适配指数（TLI）、增值适配指数（IFI）、比较适配指数（CFI）和渐进残差均方和平方根（RMSEA）等指标对模型的拟合情况进行评价，各指标的理想标准值见表 5 - 2。

表5-3中显示，CMIN/DF 为 2.903，小于 3，GFI、AGFI、NFI、TLI、IFI、CFI 均大于 0.9，RMSEA 为 0.035，小于 0.08，因此，认为这个模型有较好适配度。

① Kline，R. B. Principles and practice of structural equation modeling. *New York*：*The Guilford Press*，1998：123 - 125.

② 黄芳铭：《结构方程模式》，中国税务出版社 2005 年版，第 130 页。

③ Fornell，C. & Larcker，D. F. Structural equation models with unobservable variables and measurement error：algebra and statistics. *Journal of Marketing Research*，1981，18（3）：382 - 388.

表5-2　　　　　　　　　　　　　　模型拟合指标理想标准值

拟合指标	CMIN/DF	GFI	AGFI	NFI	TLI	IFI	CFI	RMSEA
接受范围	<3	>0.9	>0.9	>0.9	>0.9	>0.9	>0.9	<0.08

资料来源：吴明隆（2010）①。

表5-3　　　　　　　　政务新媒体公众满意度的影响因素模型适配度

拟合指标	可接受范围	测量值
CMIN		1393.457
DF		480
CMIN/DF	<3	2.903
GFI	>0.9	0.947
AGFI	>0.9	0.938
RMSEA	<0.08	0.035
NFI	>0.9	0.955
IFI	>0.9	0.970
TLI	>0.9	0.967
CFI	>0.9	0.970

资料来源：笔者自制。

图5-1表示了政务新媒体公众满意度的影响因素验证性因子分析模型，包含33个测量指标。

表5-4中的结果表明，各路径系数P值均达到显著性水平；非标准化因子载荷显著不等于0；标准化因子载荷最小值"PV2←感知价值"也有0.634，表示测量变量能较好地反映其要测得的构念特质；没有很大的标准误（均介于0.025~0.043之间）。公众期望、感知质量、感知价值、感知有用性、感知易用性、公众满意的组合信度（CR）分别为0.857、0.941、0.820、0.873、0.907、0.895，均大于0.7。平均方差抽取量（AVE）分别为0.600、0.591、0.534、0.632、0.710、0.587，均大于0.5，达到收敛效度的标准。适配度也在可接受的范围内，说明设计的理论指标能够有效测量政务新媒体公众满意度的影响因素水

①　吴明隆：《结构方程模型——AMOS的操作与应用（第2版）》，重庆大学出版社2010年版，第240页。

平，因此保留全部题目以作后续分析。

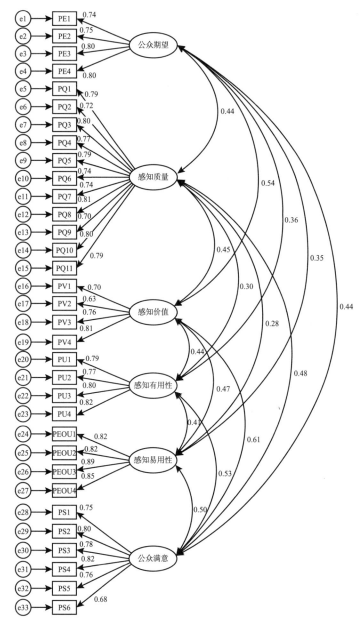

图 5 – 1　政务新媒体公众满意度的影响因素验证性因子分析模型

资料来源：笔者自制。

表 5 - 4　　　政务新媒体公众满意度的影响因素验证性因子分析结果

变量	题项	非标准化因子载荷	标准误	临界比	P	标准化因子载荷	组合信度（CR）	平均方差抽取量（AVE）
公众期望	PE1	1.000				0.742	0.857	0.600
	PE2	0.954	0.034	27.701	***	0.751		
	PE3	1.052	0.036	29.557	***	0.805		
	PE4	1.039	0.035	29.384	***	0.799		
感知质量	PQ1	1.000				0.787	0.941	0.591
	PQ2	0.953	0.031	30.587	***	0.725		
	PQ3	1.149	0.033	34.533	***	0.798		
	PQ4	1.037	0.031	33.035	***	0.771		
	PQ5	0.984	0.029	34.313	***	0.794		
	PQ6	1.072	0.034	31.232	***	0.737		
	PQ7	1.109	0.035	31.381	***	0.740		
	PQ8	1.165	0.033	35.216	***	0.810		
	PQ9	0.852	0.029	29.327	***	0.701		
	PQ10	1.102	0.032	34.619	***	0.799		
	PQ11	1.019	0.030	33.952	***	0.787		
感知价值	PV1	1.000				0.703	0.820	0.534
	PV2	0.848	0.038	22.097	***	0.634		
	PV3	1.058	0.041	26.008	***	0.762		
	PV4	1.161	0.043	27.213	***	0.811		
感知有用性	PU1	1.000				0.787	0.873	0.632
	PU2	0.977	0.032	30.714	***	0.769		
	PU3	0.948	0.029	32.334	***	0.805		
	PU4	0.964	0.029	32.923	***	0.819		
感知易用性	PEOU1	1.000				0.818	0.907	0.710
	PEOU2	0.976	0.027	36.383	***	0.816		
	PEOU3	1.035	0.025	40.595	***	0.885		
	PEOU4	1.047	0.027	38.419	***	0.849		

续表

变量	题项	非标准化因子载荷	标准误	临界比	P	标准化因子载荷	组合信度（CR）	平均方差抽取量（AVE）
公众满意	PS1	1.000				0.747	0.895	0.587
	PS2	0.989	0.032	31.246	***	0.799		
	PS3	0.954	0.031	30.627	***	0.784		
	PS4	1.024	0.032	32.12	***	0.820		
	PS5	1.029	0.035	29.442	***	0.756		
	PS6	0.949	0.036	26.327	***	0.682		

资料来源：笔者自制。

第三节　区别效度及相关分析

相关分析主要研究变量之间的相关关系，相关系数的取值范围介于 $-1 \sim 1$ 之间，绝对值越大，表明变量之间的相关越紧密。$|r|=1$，完全相关；$0.70 \leqslant |r| < 1.00$，高度相关；$0.40 \leqslant |r| < 0.70$，中度相关；$0.10 \leqslant |r| < 0.40$，低度相关；$|r| < 0.10$，微弱或无相关[①]。

区别效度分析是验证不同的两个构面相关在统计上是否有差异，在不同构面的题项应该不具有高度相关，如有（0.85 以上），就表示这些题项是测量同一件事，通常会发生在构面的定义有过度重叠时。本书采用较严谨的 AVE 法来评估区别效度，每个因素的 AVE 开根号须大于各成对变数的相关系数，表示因素之间具有区别效度[②]。

由表 5-5 可知，对角线上的数为各因素 AVE 开根号，其均大于对角线外的标准化相关系数，因此本研究具有区别效度。

从表 5-5 中可以发现，公众期望与感知质量的相关系数为 0.397，且 P 值达到了 0.01 的显著水平，表明公众期望与感知质量存在显著的正向相关关系；感知有用性与感知易用性的相关系数为 0.369，且 P 值达到了 0.01 的显著水平，表明感知

---

① 邱皓正：《结构方程模型——LISEL 的理论、技术与应用》，双叶书廊 2005 年版，第 105～106 页。
② Fornell, C. & Larcker, D. F. Structural equation models with unobservable variables and measurement error: algebra and statistics. *Journal of Marketing Research*, 1981, 18（3）：382-388.

有用性与感知易用性存在显著的正向相关关系；公众期望、感知质量、感知有用性、感知易用性与感知价值的相关系数分别为：0.449、0.400、0.376、0.404，且 P 值达到了 0.01 的显著水平，表明公众期望、感知质量、感知有用性、感知易用性与感知价值均存在显著的正向相关关系；公众期望、感知质量、感知价值、感知有用性、感知易用性与公众满意的相关系数分别为：0.382、0.439、0.523、0.458、0.446，且 P 值达到了 0.01 的显著水平，表明公众期望、感知质量、感知价值、感知有用性、感知易用性与公众满意均存在显著的正向相关关系。

表 5 - 5　　政务新媒体公众满意度的影响因素各变量的区别效度及相关分析

	公众期望	感知质量	感知价值	感知有用性	感知易用性	公众满意
公众期望	**0.774**					
感知质量	0.397 **	**0.768**				
感知价值	0.449 **	0.400 **	**0.730**			
感知有用性	0.311 **	0.269 **	0.376 **	**0.794**		
感知易用性	0.301 **	0.257 **	0.404 **	0.369 **	**0.842**	
公众满意	0.382 **	0.439 **	0.523 **	0.458 **	0.446 **	**0.766**

注：** 表示在置信度（双测）为 0.01 时，相关性是显著的。
资料来源：笔者自制。

因此，假设 H1a、H1b、H1c、H2a、H2b、H3a、H3b、H4a、H4b、H4c、H5a 初步得到了验证。虽然相关性分析初步验证了 6 个研究变量之间是具有显著相关性的，但不能反映出变量间的相关影响，且由于两个变量之间地位平等，没有因变量与自变量之分，此处的相关系数并不能反映单指标与总体之间的因果关系，因此引入结构方程模型来进行下一步的研究。

第四节　结构方程模型分析

一、初始结构方程模型及其拟合效果

根据第三章构建的政务新媒体公众满意度的影响因素概念模型，使用

AMOS22.0 软件绘制了初始结构方程路径系数图，如图 5 - 2 所示。图中显示了结构方程模型中各个参数的标准化输出结果。其中，潜变量用椭圆形表示，显变量用矩形表示，残差项用圆形表示，直接效果或单方向的路径关系用单向箭号表示，相关关系或共变关系用双向箭号表示。初始模型中共有 6 个潜变量和 33 个显变量。公众期望和感知易用性属于外生潜变量，分别对应 PE1 - PE4、PEOU1 - PEOU4 共 8 个外生显变量，感知质量、感知有用性、感知价值、公众满意属于内生潜变量，分别对应 PQ1 - PQ11、PU1 - PU4、PV1 - PV4、PS1 - PS6 共 25 个内生显变量。外生变量在模型中不受其他变量的影响，作为其他变量的"因"而存在，其值由外部输入，相当于自变量的概念。内生变量在模型中受其他变量的影响，其值由其他变量决定，相当于因变量的概念。除了潜变量与显变量，模型中

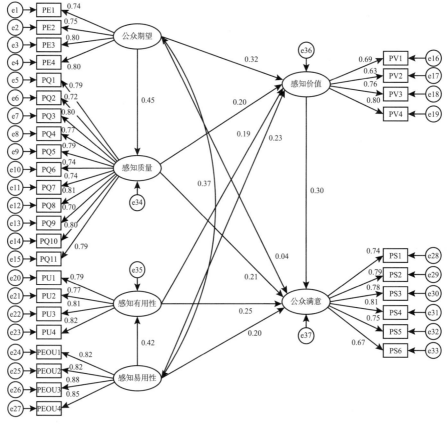

图 5 - 2　政务新媒体公众满意度的影响因素初始结构方程路径系数

资料来源：笔者自制。

还存在 e1 – e33 共 33 个显变量的误差变量和 e34、e35、e36、e37 共 4 个潜变量的残差变量。

应用结构方程模型作为理论模型的验证时，良好的模型适配度是结构方程模型分析的必要条件，适配度是模型所估算出来的期望共变异数矩阵与样本共变异数矩阵一致性的程度，适配度愈好即代表模型与样本愈接近。

由表 5 – 6 可知，GFI、AGFI、NFI、IFI、TLI、CFI 均大于 0.9，RMSEA 为 0.037，小于 0.08，而 CMIN/DF = 3.137，没有小于 3，因此，可以认为该模型的适配度没有达到最优标准，需要将模型进行修正优化。

表 5 – 6　　　　政务新媒体公众满意度的影响因素初始结构方程模型适配度

拟合指标	可接受范围	测量值
CMIN		1515.362
DF		483
CMIN/DF	< 3	3.137
GFI	> 0.9	0.944
AGFI	> 0.9	0.935
RMSEA	< 0.08	0.037
NFI	> 0.9	0.951
IFI	> 0.9	0.966
TLI	> 0.9	0.963
CFI	> 0.9	0.966

资料来源：笔者自制。

表 5 – 7 给出了使用极大似然法估计出的政务新媒体公众满意度的影响因素初始结构方程模型的路径系数，用于评估模型的内在质量。从表中可以看出，"公众期望→公众满意"这条路径的 P 值大于 0.05 的显著标准，表明不具有显著影响，假设没有得到支持，即公众期望对公众满意不具有显著影响。其他各条路径的 P 值均小于 0.05 的显著标准，假设均得到支持。

现实中，由于概念模型本身可能存在的问题或是问卷收集过程中难以避免的数据偏差，经过一次运算就达到完美适配效果的模型是非常少见的。因此，需要有针对性地对模型进行修正来达到最优适配度的标准。

表5-7　　　政务新媒体公众满意度的影响因素初始结构方程模型路径系数

路径关系	标准化系数	非标准化系数	标准误差	T值	P	假设成立支持
感知质量←公众期望	0.449	0.378	0.025	15.184	***	支持
感知有用性←感知易用性	0.421	0.400	0.027	14.566	***	支持
感知价值←公众期望	0.318	0.268	0.028	9.63	***	支持
感知价值←感知质量	0.205	0.205	0.028	7.213	***	支持
感知价值←感知有用性	0.191	0.183	0.028	6.631	***	支持
感知价值←感知易用性	0.226	0.206	0.028	7.406	***	支持
公众满意←公众期望	0.035	0.030	0.026	1.17	0.242	不支持
公众满意←感知质量	0.211	0.211	0.026	7.994	***	支持
公众满意←感知有用性	0.250	0.240	0.026	9.165	***	支持
公众满意←感知易用性	0.196	0.179	0.026	6.943	***	支持
公众满意←感知价值	0.304	0.304	0.035	8.811	***	支持

注：*** = P < 0.001
资料来源：笔者自制。

二、结构方程模型修正及其拟合效果

结构方程模型的修正有两个方向：一是向模型简约方向修正，即删除或限制一些路径，使模型变得更简洁；二是向模型扩展方向修正，即放松一些路径的限制，提高模型的拟合程度。显然，二者不能同时兼顾，但无论怎样修正，都需要有理论或经验的依据，其最终目的都是获得一个既简约又符合实际意义的模型[①]。此外，当假设模型与观察样本无法适配时，AMOS 会提供修正指标（modification indices，M.I.），修正指标值摘要表的修正指标与期望参数改变值（Par Change）可作为假设模型修正的参考。AMOS 提供的修正指标值包括增列变量间协方差、增列变量的路径系数、增列变量的方差估计，模型修正程序中最常使用者为增列变量间的协方差或增列变量间的影响路径[②]。

需要注意的是，由于 AMOS 提供的修正指标值中增列变量协方差或增列路径

①　易丹辉、李静萍编著：《结构方程模型及其应用》，北京大学出版社 2019 年版，第 139 ~ 140 页。
②　吴明隆：《结构方程模型——AMOS 实务进阶》，重庆大学出版社 2013 年版，第 177 ~ 178 页。

系数时，并没有考量此种修正是否违反结构方程模型的假定或修改后的假设模型意涵是否具有实质意义，因而研究者不能只根据 AMOS 提供的所有修正指标值进行假设模型修正的参考，因为其中某些修正指标值是不具有意义的。具体而言，模型的修正与模型检验不能够违反结构方程模型的基本假定。就结构方程模型的基本假定而言，以下五种情形的变量间是没有因果关系或共变关系的，即：外因潜变量与内因潜变量的显变量间没有直接因果关系；内因潜变量与外因潜变量的显变量间没有直接因果关系；外因潜变量的显变量与内因潜变量的显变量间没有直接因果关系；潜变量与内因潜变量的预测残差项没有共变关系；显变量与所有显变量的误差项间没有共变关系。此外，在进行模型修正时，每次只能释放一个参数，否则模型修正结果可能会有过度修正的可能①。

就结构方程模型修正的两个方向来看，在实际操作的过程中，如果仅因路径不显著就将不显著路径直接删除来进行模型优化，会有过度修正之嫌。基于以上规则，本书的模型修正选择通过 AMOS 中提供的 M. I. 值来依次进行。每次找出 M. I. 最大的两个测量误差项，这是因为增列这二者的协方差会使模型的卡方值减少的差异量最大。用双向箭头将两者连接起来，不可跨维度连接，不可在测量误差项和潜变量间进行连接，因为结构方程模型预设各题项只在同一因子间相关，其题项与测量误差项不相关，测量误差项彼此间也不能相关，测量误差项与潜变量不应相关，但在实务中因为都是态度量表，很难不相关，在不违反理论假设的情形下，可以放宽的是一个因子下各题项彼此的测量误差项相关（一个因子下的各题项彼此必定相关，不然就不成为一个因子）。所以修正指标（M. I.）的修正可以使用的是同一因子间的各测量误差项，不可以使用的是其他的相关性。每次建立起一个因子下的两个测量误差项之间的关系后，再次进行模型运算。重复这些步骤，直至测量模型达到可接受的适配度。

表 5-8 为测量误差项间的协方差修正指标，表示两个测量误差项之间建立一条相关路径后能够减少模型的卡方值，即增列二者的共变关系可以降低卡方值。

由表 5-8 可知，从最大的修正指标开始，对测量误差项 e9 和 e15、e6 和 e8、e11 和 e14、e5 和 e6 依次设定共变关系，将其固定参数改设为自由参数，以此来降低模型的卡方值，从而改善模型的拟合度，使理论模型和实际数据更为契合。修正后再次执行模型得到图 5-3。

---

① 吴明隆：《结构方程模型——AMOS 实务进阶》，重庆大学出版社 2013 年版，第 189 页。

表 5 – 8 测量误差项间的协方差修正指标

测量误差项			M. I.	Par Change
e9	←→	e15	22.935	0.158
e6	←→	e8	20.723	0.189
e11	←→	e14	17.326	−0.189
e5	←→	e6	14.780	0.215

资料来源：笔者自制。

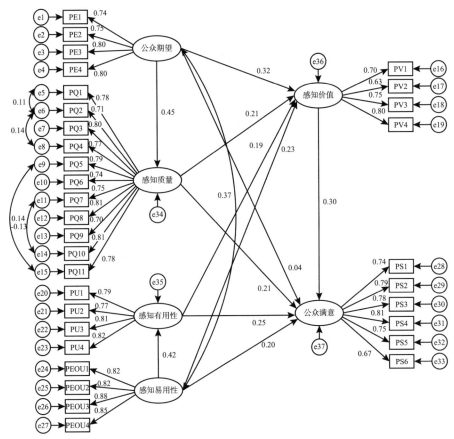

图 5 – 3 修正后的政务新媒体公众满意度的影响因素结构方程路径系数

资料来源：笔者自制。

表 5 – 9 给出了修正后的结构方程模型的适配度，可以看出 CMIN/DF 为 2.998，小于 3，RMSEA 为 0.036，小于 0.08，其他指标均大于 0.9，由此认为这

个模型适配情形良好。因此，本书将经过 4 次 M. I. 值修正后的模型确定为最终的结构方程模型。

表 5 - 9 　　修正后的政务新媒体公众满意度的影响因素结构方程模型适配度

拟合指标	可接受范围	测量值
CMIN		1435.891
DF		479
CMIN/DF	<3	2.998
GFI	>0.9	0.946
AGFI	>0.9	0.937
RMSEA	<0.08	0.036
NFI	>0.9	0.953
IFI	>0.9	0.968
TLI	>0.9	0.965
CFI	>0.9	0.968

资料来源：笔者自制。

表 5 - 10 给出了修正后的政务新媒体公众满意度的影响因素结构方程模型路径系数，可以发现，绝大多数路径系数在 0.05 的显著性水平上通过检验。

表 5 - 10 　　修正后的政务新媒体公众满意度的影响因素结构方程模型路径系数

路径关系	标准化系数	非标准化系数	标准误差	T 值	P	假设成立支持
感知质量←公众期望	0.449	0.376	0.025	15.168	***	支持
感知有用性←感知易用性	0.421	0.400	0.027	14.566	***	支持
感知价值←公众期望	0.316	0.267	0.028	9.584	***	支持
感知价值←感知质量	0.208	0.210	0.029	7.330	***	支持
感知价值←感知有用性	0.190	0.183	0.028	6.630	***	支持
感知价值←感知易用性	0.226	0.207	0.028	7.413	***	支持
公众满意←公众期望	0.036	0.030	0.026	1.188	0.235	不支持
公众满意←感知质量	0.209	0.210	0.027	7.890	***	支持

续表

路径关系	标准化系数	非标准化系数	标准误差	T值	P	假设成立支持
公众满意←感知有用性	0.251	0.241	0.026	9.183	***	支持
公众满意←感知易用性	0.197	0.180	0.026	6.960	***	支持
公众满意←感知价值	0.304	0.304	0.035	8.784	***	支持

注：*** ＝ P < 0.001
资料来源：笔者自制。

"公众期望→公众满意"这条路径的 P 值大于 0.05 的显著标准，表明不具有显著影响，假设没有得到支持，即公众期望对公众满意不具有显著的正向影响。这是因为目前我国的政务新媒体发展尚处起步阶段，功能还不够完备，公众对其熟悉程度不高，因而期望感知模糊；另外，目前我国政务新媒体的服务水平还未达到公众的理性要求，因而公众期望尚不能对公众满意产生直接影响。

公众期望对感知质量、感知易用性对感知有用性、公众期望对感知价值、感知质量对感知价值、感知有用性对感知价值、感知易用性对感知价值、感知质量对公众满意、感知有用性对公众满意、感知易用性对公众满意、感知价值对公众满意的标准化系数分别为 0.449、0.421、0.316、0.208、0.190、0.226、0.209、0.251、0.197、0.304，且 P < 0.05，表明公众期望对感知质量有显著的正向影响；感知易用性对感知有用性有显著的正向影响；公众期望对感知价值有显著的正向影响；感知质量对感知价值有显著的正向影响；感知有用性对感知价值有显著的正向影响；感知易用性对感知价值有显著的正向影响；感知质量对公众满意有显著的正向影响；感知有用性对公众满意有显著的正向影响；感知易用性对公众满意有显著的正向影响；感知价值对公众满意有显著的正向影响。

第五节 影响因素及影响机理分析

本章对政务新媒体公众满意度的影响因素研究假设进行了验证，共提出了 11 个研究假设，10 个可被证实，1 个尚不能被证实，如表5-11所示。

表5-11　　　　　政务新媒体公众满意度的影响因素研究假设检验结果

序号	研究假设	检验结果
H1a	公众期望对感知质量具有显著的正向影响。	证实
H1b	公众期望对感知价值具有显著的正向影响。	证实
H1c	公众期望对公众满意具有显著的正向影响。	不能证实
H2a	感知质量对感知价值具有显著的正向影响。	证实
H2b	感知质量对公众满意具有显著的正向影响。	证实
H3a	感知有用性对感知价值具有显著的正向影响。	证实
H3b	感知有用性对公众满意具有显著的正向影响。	证实
H4a	感知易用性对感知价值具有显著的正向影响。	证实
H4b	感知易用性对公众满意具有显著的正向影响。	证实
H4c	感知易用性对感知有用性有显著的正向影响。	证实
H5a	感知价值对公众满意具有显著的正向影响。	证实

资料来源：笔者自制。

　　进而绘制出政务新媒体公众满意度各因素之间的影响机理，对于未证实的研究假设（公众期望对公众满意的影响路径）在影响机理图中未予以体现。具体如图5-4所示。

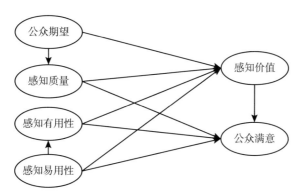

图5-4　政务新媒体公众满意度各因素之间的影响机理

资料来源：笔者自制。

　　根据AMOS22.0软件运算输出的标准化直接效果、标准化间接效果和标准化总效果，可整理出政务新媒体公众满意度的影响因素结构方程模型潜变量间路径的标准化影响效果，如表5－12所示。标准化总效果由标准化直接效果和标准化间接效果相加得到，标准化直接效果为直接的路径标准化系数，标准化间接效果是自变量到因变量之间所有的标准化路径系数的乘积。

表5－12　　　　　政务新媒体公众满意度的影响因素结构方程模型
潜变量间路径标准化影响效果

变量关系	标准化直接效果	标准化间接效果	标准化总效果
公众期望→感知质量	0.449	—	0.449
公众期望→感知价值	0.316	0.093	0.409
感知质量→感知价值	0.208	—	0.208
感知质量→公众满意	0.209	0.063	0.272
感知易用性→感知有用性	0.421	—	0.421
感知有用性→感知价值	0.190	—	0.190
感知有用性→公众满意	0.251	0.058	0.309
感知易用性→感知价值	0.226	0.080	0.306
感知易用性→公众满意	0.197	0.069	0.266
感知价值→公众满意	0.304	—	0.304

资料来源：笔者自制。

一、公众期望的影响效果分析

1. 公众期望对感知质量具有显著的正向影响。公众期望对感知质量的标准化总效果为0.449，高于任何其他影响因素的作用效果。这一结果证明，公众期望在政务新媒体公众满意度的各影响因素中占据着主导地位，并且感知质量的高低受到公众期望的影响作用很大。因此，若要提升公众对政务新媒体的质量水平的感知，需要在公众期望上下功夫。政府部门和政务新媒体开发和运营人员需要时刻考虑公众对政务新媒体各个方面需求的期望变化情况，在提供各项公共信息服务时更有侧重点和针对性，以此来提高公众对政务新媒体的质量感知。同时，要增强公众对政务新媒体的认识与了解，引导公众形成客观的公众预期，而不会产生过高或过低的使用期待。

2. 公众期望对感知价值具有显著的正向影响。公众期望对感知价值的标准化总效果为 0.409，在各潜变量间路径标准化总效果中位列第三位，这一结果也再次证明了公众期望在政务新媒体公众满意度的各影响因素中发挥着重要作用，公众对政务新媒体期望度的提升有助于公众对政务新媒体价值感知的提升。其中，公众期望对感知价值的路径中有 0.093 的标准化间接效果，主要来自感知质量在其中起到的间接影响作用。

3. 公众期望与公众满意间无显著相关影响。这与李志刚等人在电子政务公众满意度研究中的结果相一致[1]，同时也印证了卡尔史密斯和阿隆森（Carlsmith and Aronson）在顾客满意度研究中提出的观点，预期质量与顾客满意度之间没有直接关系[2]。阿洛伊和塔巴奇尼克（Alloy and Tabachnik）对顾客满意度的研究结论也可以作出理论解释，他们认为预期质量与顾客满意度之间是否存在直接关系，存在何种直接关系，取决于顾客对消费产品或服务信息的了解程度，而影响方向会因为研究对象的特性以及调查对象样本特征的不同而不同[3]。

具体到政务新媒体公众满意度的研究，公众期望与公众满意无直接显著影响。首先，可能是因为目前我国的政务新媒体发展尚处于起步阶段，人们对政务新媒体的认识及熟悉程度不高，公众还没有积累起足够的经验来理性调整自身的期望值；其次，可能是政务新媒体的内部结构不良，功能不够完备，导致公众对政务新媒体的期望感知模糊；再次，也有可能是我国目前政务新媒体的服务水平还未达到公众的理性要求，因此公众期望尚不能对公众满意产生直接影响。但是，需要关注的是，虽然公众期望无法直接对公众满意产生积极影响，但它可以通过感知质量和感知价值来间接影响公众满意，且二者的标准化总效果相对较高，因此，不能忽视公众期望在政务新媒体公众满意度中所发挥的作用。

此外，在公众期望的 4 个显变量中，公众对政务新媒体服务质量的期望（0.80）和系统质量的期望（0.80）的影响相对较大。这一方面说明相较于获取政务信息，公众更看中使用政务新媒体来进行在线政务服务办理的优势功能；另一方面说明公众参政议政的意识在提高，更加关注政务新媒体服务中的在线互动功能，希望能通过政务新媒体来表达自己的诉求，与政府进行互动沟通。此外，

---

[1] 李志刚、徐婷：《电子政务信息服务质量公众满意度模型及实证研究》，载于《电子政务》2017 年第 9 期，第 119 ~ 127 页。

[2] Carlsmith, J. M. & Aronson, E. Some hedonic consequences of the confirmation and disconfirmation of expectancies. *Journal of Abnormal & Social Psychology*, 1963, 66 (2): 151 – 156.

[3] Alloy, L. B. & Tabachnik, N. Assessment of covariation by humans and animals: the joint influence of prior expectations and current situational information. *Psychological Review*, 1984, 91 (1): 112 – 149.

也体现出公民在使用政务新媒体之前，对互联网及移动终端上的政务新媒体的系统稳定性较为看重。

二、感知质量的影响效果分析

感知质量对感知价值、公众满意具有显著的正向影响，这表明提升公众对政务新媒体的感知质量有助于提升公众对政务新媒体的感知价值和使用满意程度的感知。感知质量对感知价值的标准化总效果为0.208，感知质量对公众满意的标准化总效果为0.272，这表明感知质量对公众满意的影响作用要高于感知质量对感知价值的影响作用。其中，感知质量对公众满意的影响作用中有0.063是标准化间接效果，主要来自感知价值在其中起到的间接影响作用。

在感知质量的11个显变量中，影响较大的指标有：服务个性化（0.81）、系统有形性（0.81）、信息内容客观性（0.80）、信息内容权威性（0.79）、信息内容时效性（0.78）、系统功能性（0.78）等。其中，信息质量对感知质量的影响最大，尤其要重视信息内容客观性、权威性和时效性，因此要求政务新媒体运营者要及时更新信息内容，加强对信息来源和真实性的考证，保证信息内容客观可靠。其次，系统质量对感知质量的影响也非常重要，尤其关注系统的有形性和功能性，这就要求政府部门在政务新媒体的开发过程中，既要保证界面美观大方、设计合理，又要尽可能地扩大政务新媒体功能范围，有更多的信息板块、服务项目和平台功能供公众选择。最后，服务个性化是公众在服务质量中最为关注的内容，这就要求政务新媒体所具备的在线政务服务功能更加全面，能够尽可能地满足每位公众的个性化需求。

三、感知有用性的影响效果分析

感知有用性对感知价值、公众满意具有显著的正向影响，这表明提升公众对政务新媒体的感知有用性有助于提升公众对政务新媒体的感知价值和使用满意程度的感知。感知有用性对感知价值的标准化总效果是0.190，感知有用性对公众满意的标准化总效果为0.309，这表明感知有用性对公众满意的影响作用要高于感知有用性对感知价值的影响作用。感知有用性对公众满意的标准化总效果在各潜变量间路径标准化总效果中排在第四位。其中，感知有用性对公众满意的影响作用中有0.058是标准化间接效果，主要来自感知价值在其中起到的间接影响作用。

在感知有用性的 4 个显变量中，总体有用（0.82）的影响最大。这表明公众更关注政务新媒体所发挥的功效是否在信息、服务和解决问题的效率上达到平衡。

四、感知易用性的影响效果分析

感知易用性对感知有用性、感知价值和公众满意具有显著的正向影响，这表明提升公众对政务新媒体的感知易用性有助于提升公众对政务新媒体的感知有用性、感知价值和使用满意程度的感知。感知易用性对感知有用性的标准化总效果是 0.421，对感知价值的标准化总效果是 0.306，对公众满意的标准化总效果是 0.266，这表明，相较于感知价值和公众满意，感知易用性对感知有用性具有更大的直接影响作用。其中，感知易用性对感知价值的影响作用中有 0.080 的标准化间接效果，主要来自感知有用性在其中起到的间接影响作用；此外，感知易用性对公众满意的影响作用中有 0.069 的标准化间接效果，主要来自感知价值在其中起到的间接影响作用。

在感知易用性的 4 个显变量中，容易使用（0.88）的影响最大。这说明公众对政务新媒体是否容易操作非常关注，这就要求政务新媒体的开发者和运营者在内容板块划分和功能设计上，更加符合公众的使用习惯。不仅要保证各个板块的信息发布有条理，还要对在线政务服务办理流程进行简化，同时使公众能够快速找到与政府互动和表达个人诉求的入口。

五、感知价值的影响效果分析

感知价值对公众满意具有显著的正向影响，这表明提升公众对政务新媒体的感知价值有助于提升公众对政务新媒体的使用满意程度的感知。感知价值对公众满意的标准化总效果为 0.304。

在影响感知价值的四条路径中，相较于感知质量（0.208）、感知有用性（0.190）、感知易用性（0.306），公众期望（0.409）对感知价值的标准化总效果最大，说明公众期望在所有影响感知价值的直接因素中所发挥的作用最大。这表明要想提高公众对政务新媒体的感知价值，首先需要增强公众对政务新媒体的认识与了解，引导公众形成客观的公众预期。同时，政府部门及政务新媒体开发和运营人员要时刻关注公众期望的变化情况，及时且有针对性地优化政务新媒体的内容与功能。

在感知价值的4个显变量中，获取信息和服务的高效率性（0.80）影响最大。这表明，相较于政务新媒体给社会和个人带去的益处以及公众使用政务新媒体所付出的成本是否可接受，公众更加看重政务新媒体的使用在获取信息的速度与解决问题的效率上所具备的优势性。

六、公众满意的影响效果分析

在影响公众满意的四条路径中，相较于感知质量（0.272）、感知易用性（0.266）、感知价值（0.304），感知有用性（0.309）对公众满意的标准化总效果最大。这表明要想提高公众对政务新媒体的使用满意程度，政务新媒体运营者应着力提高公众对政务新媒体的感知有用性，尽可能地增加政务信息和政务服务的内容，重点保证政务新媒体能够提供人民群众喜闻乐见的信息和满足人民群众需求的服务，为政民互动提供畅通良好的渠道。同时，不断优化信息和服务的检索渠道和功能布局，以此来提高公民在政务新媒体上获取有用信息和服务的可能性与便捷度，有效提高人民群众的办事效率。

在公众满意的6个显变量中，信息质量的满意程度（0.81）影响最大。这表明公众对信息质量的满意程度会对公众满意产生更大的影响。在信息、服务和系统三者的满意程度的重要性比较中，信息质量的满意程度 > 服务质量的满意程度 > 系统质量的满意程度。

第六节　本章小结

本章对收回的正式样本数据中问卷的第三部分进行了多种统计分析来检验政务新媒体公众满意度的影响因素概念模型中提出的研究假设，包括数据的描述性统计分析、验证性因子分析、区别效度及相关分析、结构方程模型分析。研究发现，除了公众期望对公众满意具有显著正向影响的研究假设未得到验证外，其余的研究假设均成立，并在影响因素及影响机理分析部分详细讨论了影响政务新媒体公众满意度的各因素之间的作用机理。其中，重点分析了在政务新媒体公众满意度的影响因素中，公众期望对公众满意无显著正向影响的原因，这也是本书的重要发现。

政务新媒体公众满意度对政府信任的影响因素及影响机理

本章将对问卷中的第四部分"政务新媒体公众满意度对政府信任的影响调查"收集到的数据，进行描述性统计分析、验证性因子分析、区别效度及相关分析、结构方程模型分析、Bootstrap 法中介效应检验、分层回归分析，来验证研究假设，探究政务新媒体公众满意度对政府信任的影响机理，重点是探讨政府形象的中介效应和政治效能感的调节效应。

第一节　描述性统计分析

表 6-1 呈现了公众满意、政府信任、政府形象、政治效能感各指标的描述性统计分析结果，主要包含平均值、标准差、偏度、峰度等信息。

表 6-1　政务新媒体公众满意度对政府信任的影响因素各变量的描述性统计

变量	指标名称	样本数	最小值	最大值	平均值	标准差	偏度	峰度
公众满意	公众的整体满意程度	1521	1	10	6.30	1.925	-0.227	-0.235
	与预期质量相比的满意程度	1521	1	10	6.65	1.780	-0.561	0.045
	与理想质量相比的满意程度	1521	1	10	6.43	1.750	-0.347	0.133
	信息质量的满意程度	1521	2	10	6.59	1.797	-0.303	-0.174
	服务质量的满意程度	1521	1	10	7.04	1.958	-0.486	-0.256
	系统质量的满意程度	1521	1	10	6.83	2.001	-0.314	-0.310

续表

变量	指标名称	样本数	最小值	最大值	平均值	标准差	偏度	峰度
政府信任	地方政府信任度	1521	1	10	6.21	2.021	-0.568	-0.450
	中央政府信任度	1521	1	10	6.33	2.231	-0.329	-0.664
	政府官员信任度	1521	1	10	6.45	2.079	-0.581	-0.295
	政府一般公务人员信任度	1521	1	10	6.42	2.141	-0.489	-0.551
政府形象	政府责任心	1521	1	10	6.27	2.031	-0.483	-0.303
	政府进取心	1521	1	10	6.19	2.083	-0.434	-0.466
	政府诚信度	1521	1	10	5.91	2.079	-0.271	-0.498
	政府廉洁度	1521	1	10	6.14	2.144	-0.241	-0.800
	政府透明度	1521	1	10	6.32	2.098	-0.382	-0.614
	政府执行力	1521	1	10	6.07	1.899	-0.306	-0.269
	政府法治化	1521	1	10	6.12	2.135	-0.162	-0.760
政治效能感	政治兴趣	1521	1	10	6.08	1.726	-0.485	0.212
	政治知识	1521	1	10	5.89	1.871	-0.263	-0.359
	政治信息	1521	1	10	5.93	1.849	-0.225	0.138
	政治参与	1521	1	10	5.83	1.800	-0.328	-0.287

资料来源：笔者自制。

总体而言，各指标平均值在 5.83~7.04 之间，其中，公众满意、政府信任和政府形象中的绝大部分指标（仅政府诚信度指标的平均得分为 5.91）的平均得分都在 6 分以上（满分 10 分），处于中等略偏上的水平。而政治效能感中 4 个指标中有 3 个指标都处于 6 分以下（满分 10 分）。这表明，相较于被调查者对政务新媒体的使用满意程度、政府信任以及政府形象的评价，被调查者对自身政治效能感的评价最低。其中，政治效能感中的"政治参与"在全部变量中得分最低，为 5.83，基本处于中等水平，说明被调查者认为自身政治参与的能力一般。各指标的标准差在 1.726 与 2.231 之间。

具体到每一个潜变量，在政府信任中，公众对政府机构公务人员的信任度（6.45 和 6.42）要高于对政府机构的信任度（6.33 和 6.21）。就政府机构的信任度而言，中央政府的信任度（6.33）比地方政府的信任度（6.21）高，这也证明了差序政府信任是我国政府信任的主要特征。学者李连江最早提出：差序政府信任是中国较常见的政府信任形态，其基本特征是对行政级别较高政府的信任度高于对行政级别较低政府的信任度，对中央政府的信任度高于对地方政府的信任度①。这是因为相较于中央政府而言，民众对地方政府的接触更为直接，民众感知地方政府的治理绩效更为明显。中央负责国家宏观目标的规划，地方负责微观社会的治理。只有当宏观目标实现出现问题，才会引起中央政府的信任危机，而地方社会的微观治理出现问题，就会引起地方政府信任危机②。多个微观社会治理问题联动才有可能导致宏观目标实现出现问题，出现微观社会治理问题的可能性比宏观目标出问题的可能性要大得多，因此会出现公众对中央政府信任度高于地方政府信任度的层级差异。

此外，政府官员信任度（6.45）要比政府一般公务人员信任度（6.42）高，这表明相较于政府一般公务人员，公众更加信任政府官员，在政府机构公务人员的信任上也体现出差序政府信任的格局。这是由于公众更多地接触基层政府工作人员，而基层工作人员在解决公众问题、为民服务过程中难以保证每件事都令公众满意。与之不同的是，公众与政府官员的接触机会少，政府官员在面对公众时，总是以更正面的形象示人，因此公众对政府官员的信任度要高于对政府一般公务人员的信任度。

在政务形象中，政府透明度得分最高，为6.32。这表明在公众心目中，我国政府在信息公开方面与政府形象的其他方面相比，表现得最好。而政府诚信度得分最低，为5.91。这表明相对于政府形象的其他方面，我国政府在信用度上有所欠缺，未来政府允诺民众的事要最快最好地予以兑现。就政府形象各个方面的具体得分来看，政府透明度 > 政府责任心 > 政府进取心 > 政府廉洁度 > 政府法治化 > 政府执行力 > 政府诚信度。

在政治效能感中，政治兴趣得分最高，为6.08；其次是政治信息，为5.93；随后是政治知识，为5.89；政治参与得分最低，为5.83。这表明公众对自身政治能力的评估由简单到复杂、由基础到深入，得分逐渐降低。政治参与最难，因此公众对自身政治参与能力的认知也最低。

此外，各指标的偏度绝对值均小于3，峰度绝对值均小于10，满足正态分布的条件，说明各个指标均服从正态分布。

① 李连江：《差序政府信任》，载于《二十一世纪》2012年第6期，第108~114页。

② Weitz - Shapiro, R. The local connection: local government performance and satisfaction with democracy in Argentina. *Comparative Political Studies*, 2008, 41（3）: 285 - 308.

第二节　验证性因子分析

由于公众满意、政府信任、政府形象、政治效能感各因素间关系并非两两正交，本书使用 AMOS22.0 软件对政务新媒体公众满意度对政府信任的影响因素进行验证性因子分析。

从表 6 – 2 可以看出，CMIN/DF 为 2.680，小于 3，RMSEA 为 0.033，小于 0.08，其余各指标均大于 0.9，因此，可以认为这个模型有较好的适配度。

表 6 – 2　　　　政务新媒体公众满意度对政府信任的影响因素模型适配度

拟合指标	可接受范围	测量值
CMIN		490.477
DF		183
CMIN/DF	<3	2.680
GFI	>0.9	0.970
AGFI	>0.9	0.962
RMSEA	<0.08	0.033
NFI	>0.9	0.972
IFI	>0.9	0.982
TLI	>0.9	0.980
CFI	>0.9	0.982

资料来源：笔者自制。

图 6 – 1 表示了政务新媒体公众满意度对政府信任的影响因素验证性因子分析模型，包含 21 个测量指标。

表 6 – 3 中显示的分析结果表明，各路径系数 P 值均达到显著性水平；非标准化因子载荷显著不等于 0；标准化因子载荷最小值"PI1←政府形象"也有 0.662，表示测量变量能较好地反映其要测得的构念特质；没有很大的标准误（均介于 0.026 ~ 0.050 之间）。公众满意、政府信任、政府形象、政治效能感的

组合信度（CR）分别为 0.895、0.902、0.889、0.850，均大于 0.7。平均方差抽取量（AVE）分别为 0.588、0.698、0.534、0.587，均大于 0.5，达到收敛效度的标准。适配度也在可接受的范围，说明设计的理论指标能够有效测量政务新媒体公众满意度对政府信任的影响因素中各变量的水平，因此保留全部题目以作后续分析。

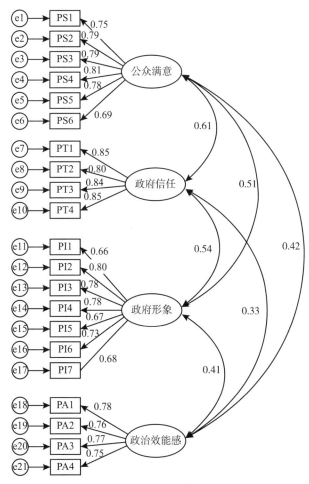

图 6 - 1　政务新媒体公众满意度对政府信任的影响因素验证性因子分析模型

资料来源：笔者自制。

表6-3 政务新媒体公众满意度对政府信任的影响因素验证性因子分析结果

变量	题项	非标准化因子载荷	标准误	临界比	P	标准化因子载荷	组合信度（CR）	平均方差抽取量（AVE）
公众满意	PS1	1				0.747	0.895	0.588
	PS2	0.979	0.032	30.802	***	0.791		
	PS3	0.958	0.031	30.672	***	0.787		
	PS4	1.018	0.032	31.804	***	0.815		
	PS5	1.037	0.035	29.598	***	0.762		
	PS6	0.962	0.036	26.664	***	0.692		
政府信任	PT1	1				0.850	0.902	0.698
	PT2	1.061	0.029	37.011	***	0.801		
	PT3	1.015	0.026	39.756	***	0.840		
	PT4	1.076	0.027	40.376	***	0.848		
政府形象	PI1	1				0.662	0.889	0.534
	PI2	1.264	0.047	26.683	***	0.796		
	PI3	1.239	0.047	26.346	***	0.784		
	PI4	1.303	0.050	26.255	***	0.780		
	PI5	1.089	0.047	23.124	***	0.671		
	PI6	1.051	0.042	24.959	***	0.734		
	PI7	1.148	0.049	23.250	***	0.675		
政治效能感	PEf1	1				0.782	0.850	0.587
	PEf2	1.056	0.036	28.959	***	0.761		
	PEf3	1.050	0.036	29.139	***	0.766		
	PEf4	1.007	0.035	28.709	***	0.755		

资料来源：笔者自制。

第三节 区别效度及相关分析

采用较严谨的 AVE 法来进行区别效度分析，由表6-4可知，对角线上的数为各因素 AVE 开根号，其均大于对角线外的标准化相关系数，因此本研究具有区别效度。

公众满意与政府形象的相关系数为0.333，且P值达到了0.01的显著水平，表明公众满意与政府形象之间存在显著的正向相关关系；公众满意、政府形象与政府信任的相关系数分别为0.377、0.349，且P值达到了0.01的显著水平，表明公众满意、政府形象与政府信任之间存在显著的正向相关关系。因此，假设H6a、H6b、H7初步得到验证。随后引入结构方程模型来进行下一步的研究。

表6-4　政务新媒体公众满意度对政府信任的影响因素各变量的区别效度及相关分析

	公众满意	政府形象	政治效能感	政府信任
公众满意	**0.766**			
政府形象	0.333 **	**0.835**		
政治效能感	0.361 **	0.238 **	**0.730**	
政府信任	0.377 **	0.349 **	0.122 **	**0.766**

注：** 表示在置信度（双测）为0.01时，相关性是显著的。
资料来源：笔者自制。

第四节　结构方程模型分析

一、结构方程模型及其拟合效果

根据第三章构建的概念模型，运用AMOS22.0软件绘制出政务新媒体公众满意度对政府信任的影响因素的结构方程路径系数图（图6-2），表中显示了结构方程模型的各个参数的标准化输出结果，共有3个潜变量和17个显变量。

从表6-5的整体适配效果看，CMIN/DF为2.653，小于3，RMSEA为0.036，小于0.08，其余各指标均大于0.9，因此可以认为这个模型有良好的适配度。

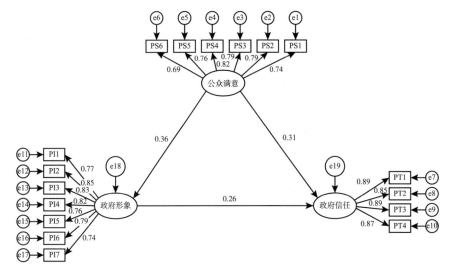

图 6 - 2　政务新媒体公众满意度对政府信任的影响因素结构方程路径系数

资料来源：笔者自制。

表 6 - 5　政务新媒体公众满意度对政府信任的影响因素结构方程模型适配度

拟合指标	可接受范围	测量值
CMIN		307.742
DF		116
CMIN/DF	< 3	2.653
GFI	> 0.9	0.977
AGFI	> 0.9	0.970
RMSEA	< 0.08	0.036
NFI	> 0.9	0.982
IFI	> 0.9	0.989
TLI	> 0.9	0.987
CFI	> 0.9	0.989

资料来源：笔者自制。

表 6 - 6 给出了使用极大似然法估计出的政务新媒体公众满意度对政府信任的影响因素结构方程模型的路径系数，用于评估模型的内在质量。从表中可以看出，"公众满意→政府形象"的标准化系数为 0.358，且 P < 0.05，表明公众满意

对政府形象具有显著的正向影响；"公众满意→政府信任"的标准化系数为0.312，且 P < 0.05，表明公众满意对政府信任具有显著的正向影响；"政府形象→政府信任"的标准化系数为 0.262，且 P < 0.05，表明政府形象对政府信任具有显著的正向影响。因此，假设均得到支持。

表6 - 6　政务新媒体公众满意度对政府信任的影响因素结构方程模型路径系数

路径关系	标准化系数	非标准化系数	标准误差	T 值	P	假设成立支持
政府形象←公众满意	0.358	0.390	0.031	12.402	***	支持
政府信任←公众满意	0.312	0.393	0.036	10.952	***	支持
政府信任←政府形象	0.262	0.303	0.032	9.476	***	支持

注：*** = P < 0.001
资料来源：笔者自制。

二、中介效应与调节效应分析

（一）政府形象的中介效应

本书采用 bootstrap 法对政府形象在政务新媒体公众满意度对政府信任的影响研究中所发挥的中介效应进行验证。Bootstrap 法一般建议抽样次数最少应在 1000 次以上，因此设定 bootstrap 样本数为 1000，执行中介效应检验。若 bootstrap 置信区间不包含 0，则对应的间接效应存在[①]。

政府形象的中介效应的验证结果如表 6 - 7 所示。在该研究中，政府形象在公众满意与政府信任之间存在间接效应，同时在 95% 置信水平下 Bias - Corrected 方法置信区间为 [0.065, 0.131]，Percentile 方法置信区间为 [0.064, 0.129]，均不包含 0 在内，说明间接效应存在，间接效应估计值为 0.094。故得出研究结论：政府形象在政务新媒体公众满意度对政府信任之间的结构方程模型中具有中介效应，假设 H6 成立。

---

① Preacher, K. J. & Hayes, A. F. Asymptotic and resampling strategies for assessing and comparing indirect effects in multiple mediator models. *Behavior Research Methods*, 2008, 40 (3): 879 - 891.

表 6 - 7 政府形象的中介验证

路径	间接效应	Bias – Corrected 95% CI		Percentile 95% CI	
	计值	Lower	Upper	Lower	Upper
公众满意—政府形象—政府信任	0.094	0.065	0.131	0.064	0.129

资料来源：笔者自制。

表 6 - 7 中的数据显示，政府形象的中介效应值是 0.094，占政务新媒体公众满意对政府信任的影响关系中总体效应值的 23%，由此可见，政府形象在政务新媒体公众满意度与政府信任的关系中发挥着重要的桥梁和中介作用，通过优化政务新媒体的服务供给来提高政务新媒体的公众满意度是提升政府形象的有力手段，与此同时，政府形象的改善可以有效提高公众的政府信任。

有关政府形象的中介作用的理论分析将在本章第五节的影响因素及影响机理分析部分予以重点阐释。

（二）政治效能感的调节效应

以政府形象为因变量，公众满意为自变量，政治效能感为调节变量，性别、年龄、学历、网龄、使用手机移动网络年限、职业、收入为控制变量，列入到回归方程中。使用 SPSS22.0 软件进行分层回归分析，用量表分（scale score）作为潜变量的观测值进行分析，将测量一个潜变量的若干题目视为一个分量表，将各题目得分的平均分作为该分量表的得分，并作为对应的潜变量的观测值，结果如表 6 - 8 所示。

表 6 - 8 政治效能感在公众满意对政府形象中的调节效应

Model	Model1		Model2		Model3		Model4	
	B	t	B	t	B	t	B	t
性别	0.005	0.211	− 0.003	− 0.133	0.003	0.143	0.010	0.442
年龄	0.089	3.087	0.053	1.935	0.050	1.825	0.038	1.470
学历	− 0.038	− 1.275	− 0.016	− 0.560	− 0.006	− 0.210	0.005	0.187
网龄	− 0.001	− 0.024	0.018	0.586	0.028	0.904	0.010	0.348
使用手机年限	− 0.019	− 0.571	− 0.037	− 1.169	− 0.044	− 1.403	− 0.043	− 1.446

续表

Model	Model1		Model2		Model3		Model4	
	B	t	B	t	B	t	B	t
职业	− 0.150	− 5.222 ***	− 0.108	− 3.945 ***	− 0.104	− 3.814	− 0.110	− 4.311
收入	− 0.006	− 0.226	− 0.010	− 0.399	− 0.012	− 0.470	− 0.002	− 0.088
公众满意			0.321	13.134 ***	0.273	10.574 ***	0.374	14.865 ***
政治效能感					0.136	5.259 ***	0.161	6.657 ***
公众满意 * 政治效能感							0.346	14.601 ***
R − squared	0.023		0.123		0.139		0.246	
Adjusted R − squared	0.019		0.119		0.134		0.246	
F value	5.139 ***		26.569 ***		27.106 ***		49.140 ***	

注：*** $= P < 0.001$，** $= P < 0.01$，* $= P < 0.05$　因变量：政府形象
资料来源：笔者自制。

最后的回归方程可以解释政府形象方差的24.6%，有较高的拟合程度；统计变量 F 值为49.140，显著性 P 值小于0.001，表明这些变量对政府形象的总体回归效果达到显著水平。

模型四的结果显示，公众满意 * 政治效能感对政府形象的回归系数为0.346，且 $P < 0.05$，达到显著水平。因此，可以表明政治效能感对政务新媒体公众满意与政府形象的关系具有显著的正向调节作用，假设 H8a 成立。

以政府信任为因变量，公众满意、政府形象分别为自变量，政治效能感为调节变量，性别、年龄、学历、网龄、使用手机移动网络年限、职业、收入为控制变量，列入到回归方程中，通过计算分量表中各题目得分的平均分，用量表分的方法来进行分析，结果如表6-9所示。

最后的回归方程可以解释政府信任方差的21.8%，有较高的拟合程度；统计变量 F 值为34.946，显著性 P 值小于0.001，表明这些变量对政府信任的总体回归效果达到显著水平。

模型四的结果显示，公众满意 * 政治效能感对政府信任的回归系数为0.021，且 $p > 0.05$，未达到显著水平。因此，表明政治效能感对政务新媒体公众满意与政府信任的关系不具有显著的正向调节作用，假设 H8c 不成立。

政府形象 * 政治效能感对政府信任的回归系数为0.357，且 $p < 0.05$，达到

显著水平。因此，表明政治效能感对政府形象与政府信任的关系具有显著的正向调节作用，假设 H8b 成立。

表6-9　　　政治效能感在公众满意、政府形象对政府信任中的调节效应

Model	Model1		Model2		Model3		Model4	
	B	t	B	t	B	t	B	t
性别	-0.017	-0.652	-0.026	-1.137	-0.029	-1.234	-0.034	-1.476
年龄	0.026	0.886	-0.030	-1.164	-0.030	-1.132	-0.029	-1.106
学历	0.020	0.657	0.050	1.862	0.047	1.737	0.048	1.809
网龄	0.008	0.226	0.026	0.860	0.022	0.743	0.018	0.621
使用手机年限	0.022	0.665	0.010	0.345	0.013	0.433	0.015	0.489
职业	-0.056	-1.948	0.021	0.799	0.020	0.767	0.010	0.397
收入	0.022	0.805	0.020	0.806	0.020	0.833	0.025	1.037
公众满意			0.300	12.234 ***	0.315	12.240 ***	0.286	9.883 ***
政府形象			0.255	10.392 ***	0.261	10.556 ***	0.294	10.500 ***
政治效能感					-0.046	-1.860	0.297	3.774 ***
公众满意 * 政治效能感							0.021	0.806
政府形象 * 政治效能感							0.357	4.550 ***
R - squared	0.005		0.204		0.206		0.218	
Adjusted R - squared	0.001		0.199		0.201		0.218	
F value	1.147		43.084 ***		39.185 ***		34.946 ***	

注：*** = P < 0.001，** = P < 0.01，* = P < 0.05　　　因变量：政府信任
资料来源：笔者自制。

有关政治效能感的调节作用的理论分析将在本章第五节的影响因素及影响机理分析部分予以重点阐释。

第五节　影响因素及影响机理分析

本章研究政务新媒体公众满意度对政府信任的影响机理，重点考察政府形象

与政治效能感在其中的中介与调节效应。通过验证研究假设发现，共提出了8个研究假设，6个可被证实，1个尚不能被证实，1个可被部分证实。如表6-10所示。

表6-10　政务新媒体公众满意度对政府信任的影响因素研究假设检验结果

序号	研究假设	检验结果
H6a	政务新媒体公众满意对政府形象具有显著的正向影响。	证实
H6b	政府形象对政府信任具有显著的正向影响。	证实
H6	政府形象在政务新媒体公众满意与政府信任的关系中具有中介效应。	证实
H7	政务新媒体公众满意对政府信任具有显著的正向影响。	证实
H8a	政治效能感对政务新媒体公众满意与政府形象的关系具有正向调节效应。	证实
H8b	政治效能感对政府形象与政府信任的关系具有正向调节效应。	证实
H8c	政治效能感对政务新媒体公众满意与政府信任的关系具有正向调节效应。	不能证实
H8	政治效能感在政务新媒体公众满意、政府形象与政府信任的影响路径中具有调节效应。	部分证实

资料来源：笔者自制。

进而可以绘制政务新媒体公众满意度对政府信任的影响机理，如图6-3所示。

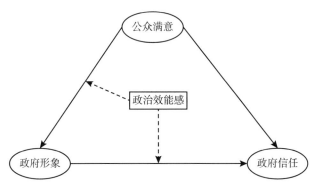

图6-3　政务新媒体公众满意度对政府信任的影响机理

资料来源：笔者自制。

根据 AMOS22.0 软件运算输出的标准化直接效果、标准化间接效果和标准化总效果，可整理出政务新媒体公众满意度对政府信任的影响机理的结构方程模型潜变量间路径的标准化影响效果，如表6-11所示。

表6-11　　　　政务新媒体公众满意度对政府信任的影响机理结构方程
模型潜变量间路径标准化影响效果

变量关系	标准化直接效果	标准化间接效果	标准化总效果
公众满意→政府形象	0.358	—	0.358
公众满意→政府信任	0.312	0.094	0.406
政府形象→政府信任	0.262	—	0.262

资料来源：笔者自制。

一、公众满意对政府信任的影响效果分析

政务新媒体公众满意度对政府信任具有显著的正向影响。政务新媒体提供的信息与服务的质量水平越高，政民互动渠道越畅通，公众对政府的信任度就越高。提升政务新媒体公共信息服务的供给水平是提升政府信任的重要手段，在服务型政府建设和推进政府治理能力现代化的进程中，政务新媒体稳健发展在社会治理中所发挥的重要作用以及带来的社会效益应当引起政府部门的充分重视。

我国自2004年提出建设服务型政府以来，一直在政民关系上进行调整，要求政府贯彻落实"以人为本"的理念，把服务作为政府的根本使命，在行为方式上践行便民原则，政府责任要被民监督，建设一个与民融合的政府。为了在信息化社会中更好地承担起服务责任，我国政府开始利用互联网等技术手段来提供更加优质的公共信息服务，通过电子政务建设发展网上便民服务；通过多种渠道的政务信息公开，畅通民众监督渠道；通过城市大数据、智慧城市、城市大脑等方面的建设，为数字化城市运营提供可能。未来，我国服务型政府建设将致力于打造一个集政务服务、公共服务、便民服务为一体的综合性服务平台，这也是为全面落实党的十九届四中全会作出的坚持和完善中国特色社会主义制度、推动国家治理体系和治理能力现代化的重大决定所作出的努力。政务新媒体在其中充当着重要角色，具备提供政务信息、政务服务、与民互动等多重功能，发挥着重要的平台作用。

本研究在这部分有以下三点理论贡献。

第一，政务新媒体作为一种新兴的媒体形式，政务新媒体公众满意度对政府信任的影响研究丰富了媒体因素对政府信任影响的研究视角。研究发现，政务新媒体对政府信任具有正向直接影响。政务新媒体虽然在形式上属于新媒体，但在对政府信任的影响上，并不遵从已有研究中多数学者提到的新媒体对政府信任有负向影响的结论①②。相反，政务新媒体更偏重"政务"属性因而具有官方媒体的特征，在对政府信任的影响上也与官方媒体对政府信任的影响方向与路径相一致。

第二，影响政府信任因素的观点主要有政府绩效论和社会资本论，政府绩效论是从政府视角出发思考政府信任的影响因素，倾向于分析经济绩效、政治绩效、政府能力、政府质量、政府理念、政府行为、政府服务与治理、腐败治理等对政府信任的影响。社会资本论是从民众视角出发思考政府信任的影响因素，倾向于分析共同体精神、社会信任、公众参与等对政府信任的影响，并将政府信任视为一种特殊的社会信任③。后来影响政府信任的因素逐渐走向政府绩效与社会资本的调和，也有研究关注个人特征因素、人际关系、媒体因素、心理因素等其他因素对政府信任的影响。

因此，将本书归属于政府信任影响因素中的政府绩效论观点也是有一定道理的。政府绩效论认为公民对政府的信任评价主要基于政府的表现，政府绩效作为政府表现的考量指标，是影响政府信任的重要因素，不信任常与政府的糟糕表现紧密相连。公共服务是评估和测量政府绩效的重要内容，依照政府信任研究中的绩效假设，改善公共服务能够提高公民满意进而增加政府信任④。提升政务新媒体公众满意度是改善政府公共服务的表现形式，可以有效提升政府信任。

第三，本书的调查结果也印证了政府质量对政府信任具有促进作用⑤的已有研究成果。高质量的政府能够促进社会公平和公正，提升公民的获得感和幸福感。政府质量的衡量主要由政府服务质量来体现，服务型政府的理念要求，对政

① 朱慧劼：《时政亲和、媒介使用与网络青年的政治信任》，载于《北京青年研究》2017年第2期，第40~48页。
② 孙兰英、陈嘉楠：《网络新媒体对政府信任的影响——文化主义与制度主义的多重中介作用》，载于《预测》2019年第3期，第31~37页。
③ 刘建平、周云：《政府信任的概念、影响因素、变化机制与作用》，载于《广东社会科学》2017年第6期，第83~89页。
④ 边晓慧、杨开峰：《西方公共服务绩效与政府信任关系之研究及启示》，载于《北京行政学院学报》2014年第5期，第26~31页。
⑤ 宋典、芮国强、丁叙文：《政府质量对公民参与倾向的影响：一个有调节的中介模型》，载于《江苏社会科学》2019年第4期，第128~136+259页。

府服务质量的评价应由服务接受方的感受，即公众的满意度来进行评价。政务新媒体作为政府公共信息服务的一部分，对政务新媒体服务质量的评价可以通过公众对政务新媒体的使用满意程度来考量，即政务新媒体公众满意度。政务新媒体公众满意度对政府信任的正向影响恰巧印证了政府质量对政府信任的正向影响关系。

因此，我国政府应该关注政务新媒体的运营与发展对政府信任的积极作用，通过提升政务新媒体的质量水平，来提高公众对政务新媒体的使用满意程度，从而提升公众的政府信任。

在政府信任中，就政府信任中各项显变量的平均得分看，中央政府的信任度（6.33）比地方政府的信任度（6.21）高，政府官员信任度（6.45）比政府一般公务人员信任度（6.42）高，这体现了在政府机构和政府机构公务人员的信任度上均存在差序政府信任的格局，证明了差序政府信任是我国政府信任的主要特征。该结论是对学者李连江提出的"差序政府信任是中国较常见的政府信任形态[①]"的佐证，他的差序政府信任理论认为：民众对行政级别较高政府的信任度高于对行政级别较低政府的信任度，对中央政府的信任度高于对地方政府的信任度[②]。

政府机构的差序政府信任是因为相较于中央政府而言，民众对地方政府的接触更为直接，民众对地方政府的治理绩效的感知更为明显。中央负责国家宏观目标的规划，地方负责微观社会的治理。只有当宏观目标实现出现问题，才会引起中央政府的信任危机，而地方社会的微观治理出现问题，就会引起地方政府的信任危机[③]。多个微观社会治理问题的联动才可能导致宏观目标实现出现问题，出现微观社会治理问题的可能性比宏观目标出问题的可能性要大得多，因此会出现公众对中央政府信任度要高于地方政府信任度的层级差异。

政府机构公务人员的差序政府信任是由于公众在日常生活中接触基层政府工作人员的频率比接触政府官员的频率要高，基层工作人员在解决公众问题、为民服务的过程中难免不会出错，想要保证每件事的处理都令公众满意是难以达到的。而政府官员在面对公众时，总是以更正面的形象示人，正所谓"距离产生美"，因此公众对政府官员的信任度要高于对政府一般公务人员的信任度。

---

①② 李连江：《差序政府信任》，载于《二十一世纪》2012 年第 6 期，第 108 ~ 114 页。

③ Weitz – Shapiro, R. The local connection: local government performance and satisfaction with democracy in Argentina. *Comparative Political Studies*, 2008, 41 (3): 285 – 308.

二、政府形象的中介作用

政府形象在政务新媒体公众满意度与政府信任的关系中起到中介作用，优化政务新媒体服务供给、提升政务新媒体的公众满意度有利于提升政府形象，同时政府形象的改善有利于提高公众的政府信任。

首先，政府作为公共服务领域公众的问责对象，公众往往将公众服务的功过归结于政府①。尽管政府形象与政府声誉的形成往往受到政府整体行为的影响，但政府不能只关注"整体性"，还应注意各项公共服务的细节。本书所研究的政务新媒体公众满意度与政府信任的关系恰恰佐证了优质的公共信息服务同样有助于提升政府形象，证明了单项公共服务的供给特征对政府形象的影响不容忽视。对政务新媒体公共信息服务的优化，搭建起公众与政府沟通的桥梁，畅通政务信息公开的渠道，有助于加快我国建设以开放政府、透明政府为特征的服务型政府的进程，打开横亘在公众面前的政府"黑箱"，加深公众对政府的了解，改善政府与民众之间的不平等关系与紧张氛围，缓解有些公众以往对政府的负面情绪，有利于良好政府形象的塑造②。

其次，良好的政府形象有利于提升公众的政府信任。政府形象是政府职能的外在具像化呈现形式，政府信任与政府形象联系紧密，相辅相成。归因理论认为出现某一事件会直接或间接导致另一事件的发生。汤姆林森（Tomlinson）等人应用该理论发展出信任认知投射，认为政府形象与政府信任之间存在某种相似投射模型③。公众在日常生活中会通过政府提供的各种服务感受到政府职能的发挥，它们共同构建起公众对政府的形象认知。一旦政府背离了"为人民服务"的初衷，公众对政府形象的原有认知与实际现实之间就会产生感知落差，导致公众对政府的质疑，由此产生对政府信任的动摇。本研究印证了政府形象与政府信任的相似投射关系，政府形象的改变会引起政府信任的同向改变。

再次，从政府形象对政务新媒体公众满意度与政府信任的影响效应的传递来看，政府形象在其中发挥着"传导器"的功效。通过政务新媒体来提升政府信任

① 尚虎平：《"整体主义"难解政府服务绩效之困——国内外"政府服务绩效评价"研究差异的文献解释》，载于《经济管理》2013 年第 2 期，第 186～198 页。

② Welch, E. W., Hinnant, C. C. & Moon, M. J. Linking citizen satisfaction with E-government and trust in government. *Journal of Public Administration Research and Theory*, 2005, 15 (3): 371-391.

③ Tomlinson, E. C. & Mayer, R. C. The role of causal attribution dimensions in trust repair. *Academy of Management Review*, 2009, 34 (1): 85-104.

的路径有许多种，比如通过提升媒体信任来增强政府信任，或通过激发公民参与来提升政府信任。但本研究表明，在政务新媒体对政府信任的影响中，重要的中间机制之一是提升政府形象。数据显示，政府形象的中介效应值是0.094，占政务新媒体公众满意对政府信任的影响关系中总体效应值的23%，由此可见，政府形象在其中发挥的桥梁作用非常重要。

最后，在政府形象中，影响较大的指标有政府进取心（0.85）、政府诚信度（0.83）、政府廉洁度（0.82）等。这不仅要求政府更加努力地带动经济发展，满足人民群众日益增长的物质文化需要，还要求政府关注政务新媒体健康有序发展所带来的社会效益，不断锐意进取，满足人民群众日益增长的精神文化需求和对美好生活的向往。同时，政府要对人民群众讲诚信，尊重事实，实事求是，答应人民群众的事要做到，把人民的诉求放在心上。此外，各级政府、政府官员和一般公务人员要廉洁自律，关注民生，营造风清气正的社会氛围。

三、政治效能感的调节作用

政治效能感正向调节政务新媒体公众满意度与政府形象之间的关系。政治效能感较弱的人，政务新媒体公众满意度对政府形象的正向影响更弱；反之，政治效能感较强的人，政务新媒体公众满意度对政府形象的正向影响更强。这是因为政务新媒体除了能够便利公众的日常生活外，还为公众提供了更多与政府沟通、参政议政、表达个人诉求的渠道和机会。一方面，公众通过使用政务新媒体能够对政府公共信息服务的水平有更清晰和客观的认识；另一方面，公众在使用政务新媒体参政议政、发表个人诉求的过程中能够打开政府这个"黑箱"，加深对政府的了解。而具有较高政治效能感的个人，有更加浓厚的政治兴趣、更加丰富的政治知识、更加广泛的政治信息和更加积极的政治参与。他们在使用政务新媒体的过程中，获取的信息、服务以及与政府互动的收获与感受更加敏锐，因此对政府形象的正向影响也会更加强烈。

政治效能感正向调节政府形象与政府信任之间的关系。政治效能感较弱的人，政府形象对政府信任的正向影响更弱；反之，政治效能感较强的人，政府形象对政府信任的正向影响更强。政治效能感强的人，对政治、政府职能、政府服务、政府绩效、政府形象以及政府信任等方面的感知更为敏锐；同时，相对于政治效能感弱的人而言，政治效能感强的人对政治方面的认知更为客观，因此，他们在政府形象对政府信任的正向影响关系上的感知也会更为强烈。

虽然实证研究表明，政治效能感在政务新媒体公众满意度对政府信任的正向影响关系中发挥的正向调节作用并不显著，假设不成立，但政治效能感能够通过对政府形象中介效应所在的两条路径的正向调节作用来产生间接影响，因此不能忽视政治效能感在政务新媒体公众满意度与政府信任关系中所发挥的积极作用。政治效能感通过正向调节政务新媒体公众满意度与政府形象之间的关系以及政府形象与政府信任之间的关系来对政务新媒体公众满意度与政府信任之间的关系产生间接的积极影响。

基于以上分析，本书提出提升公众政治效能感的方法。首先，国家应大力发展教育，提高公众的文化水平，培养公众的政治兴趣；其次，国家应推进政务公开，大力发展政务新媒体，畅通获取政治信息的渠道；再次，国家应加大政务新媒体的扶持力度，为公众提供丰富个人政治知识的途径；最后，国家应加大宣传力度，鼓励公众参政议政，发表个人诉求。

第六节 本章小结

本章对收回的正式样本数据中问卷的第四部分进行了多种统计分析来检验政务新媒体公众满意度对政府信任的影响机理概念模型中提出的研究假设，包括数据的描述性统计分析、验证性因子分析、区别效度及相关分析、结构方程模型分析、中介效应检验和调节效应检验。研究发现，政务新媒体公众满意度对政府信任具有显著的正向影响，并验证了政府形象在其中起到的中介作用。政治效能感在其中起到的调节作用只得到了部分验证，即政治效能感对政务新媒体公众满意度与政府形象的关系具有正向调节作用，对政府形象与政府信任的关系具有正向调节作用，假设成立。而政治效能感对政务新媒体公众满意度与政府信任的关系具有正向调节作用的结果不显著，假设不成立。最后，在影响因素及影响机理分析部分详细讨论了政务新媒体公众满意度对政府信任的影响机理，重点在政府形象和政治效能感在其中分别发挥的中介作用和调节作用的机理。

第七章

验证性案例研究

本书采用定量分析的方法对政务新媒体公众满意度的影响因素以及政务新媒体公众满意度对政府信任的影响机理进行了阐述和剖析。有学者认为问卷调查法的信度和效度在一定程度上受被调查者主观意识的影响[①]，因此本章将采用案例研究的方法对前述问题进行定性分析，来弥补问卷调查的不足，以印证上述研究结果，使研究更科学，从而夯实本书的研究价值与理论贡献。

第一节 案例设计

一、研究策略

案例研究法适用于如下情况：一是研究的问题类型是"怎么样"和"为什么"；二是研究的对象是目前正在发生的事件；三是研究者对于当前正在发生的事件不能进行控制或仅能进行极低程度的控制[②]。本研究恰恰符合上述条件：第一，对于政务新媒体公众满意度的影响因素研究，属于"怎么样"的问题，哪些因素影响公众对政务新媒体的满意度，怎样影响？而政务新媒体公众满意度对政府信任的影响机理研究兼具"怎么样"和"为什么"的问题，首先阐释政务新媒体公众满意度对政府信任的影响是怎样的，随后探究其理论层面的原因。第二，研究对象政务新媒体是正在发生且不断发展的事物，同时政府对

---

① 胡晓明：《个人慈善捐赠动力机制研究》，郑州大学 2017 年，第 27 页。
② ［美］罗伯特·K. 殷：《案例研究：设计与方法》，周海涛，史少杰译，重庆大学出版社 2010 年版，第 19 页。

政务新媒体的态度是鼓励和支持的，媒体对政府信任的影响也将一直存在。第三，在本书中，研究者无法对政务新媒体的发展状况以及其对公众和国家产生的影响进行控制。因此，本书适合采用案例分析法。在研究设计的选择上，本书选择单案例研究的形式，单案例研究主要适用于五种范围——批判性的、不寻常的、典型性的、启示性的或者纵向的个案①。本研究兼具典型性和启示性，主要表现在案例选择具有代表性，同时能够进入以前无法进入的情境中进行实证研究，来揭示前人未曾研究过的现象。此外，多案例研究虽能使结论更具说服力，但多案例遵从的是复制法则，而不是抽样法则，并不适用于启示性案例，同时也会占用较多的研究资源和时间。因此，在本章中采用单案例研究的方法。

　　研究政务新媒体公众满意度及其对政府信任的影响，仅对使用过政务新媒体的公众进行相关的问卷调查是较为宏观笼统的，每个使用者对政务新媒体的使用程度、使用方式和选择的平台系统不尽相同，要想深入全面地了解影响政务新媒体公众满意度的因素、影响因素之间的相互关系以及政务新媒体公众满意度对政府信任的影响机制，还需要将其放到固定的场域中进行微观层面的系统分析，进行更为具体和有针对性的研究。对媒体使用效果和使用满意度的调查一般选择某一确定的媒体或平台，把其作为具体的分析对象，研究该媒体或平台的运营与传播机制并调查公众对它的使用感受。对媒体使用满意度与政府信任的关系研究，也可以以某一具体的媒体或平台为研究对象，研究二者之间的相互关系和作用机制。因此，本书将选择一个有代表性的政务新媒体来进行案例研究。同时，案例研究也是对前述通过问卷调查进行定量分析的研究方法的不足之处的补充。将两种研究方法加以结合，会使研究更具说服力。若微观上的结论能与宏观上的结论相互印证，则本研究的普适性和影响力不言而喻。

二、案例选择

　　在本章的案例研究中，选择郑州市政务新媒体——"郑好办"App 作为主要研究对象。需要注意的是，在研究"郑好办"App 上的政务信息内容时，会访谈到"郑州发布"微信公众号的运营人员，原因是"郑好办"App 上的政务信息

　　① ［美］罗伯特·K. 殷：《案例研究：设计与方法》，周海涛，史少杰译，重庆大学出版社 2010 年版，第 19 页。

直接由"郑州发布"微信公众号上的信息接入，因此在后续研究的过程中会涉及"郑州发布"微信公众号的内容和运营。

（一）案例概况

自国务院办公厅下发《关于推进政务新媒体健康有序发展的意见》以来，河南省高度重视，郑州市作为河南省的省会城市，积极响应国家和省里的号召，开始着手政务新媒体的建设，郑州市人民政府定期对政务新媒体进行检查、抽查并将运营情况向社会各界通报。

"郑好办" App 是由郑州市人民政府主办、郑州市大数据管理局承办、郑州大数据发展有限公司运营的城市综合运营平台，涵盖政务服务、生活服务、交通出行、政民互动、社会治理等领域，是郑州数字政府、智慧城市、智慧社会建设成果展示、应用的移动端数字政府。郑州市城市大脑建设项目提出的"一脑赋全城、一网治全城、一码通全城、一端惠全城"的技术架构体系中的"一端"指的就是"郑好办" App（客户端）。该 App 坚持以服务群众为初衷、以在线政务服务和媒体权威发布为切入点，以用户体验为中心、打造有温度的城市服务"掌上办"综合移动应用，于 2020 年 3 月 20 日零点上线。

"郑好办" App 共有五个选择页面，分别是"首页""办事""资讯""生活"和"我的"。在"首页"里，是对该 App 常用功能的汇总，包括"公告""找服务""猜你要办"和"政策·资讯"四个栏目。"办事"页面中，包含"个人办事/法人办事""特色服务"和"主题服务"三个栏目。"资讯"页面中，主要引入的是郑州市人民政府官网上的相关新闻和公告以及"郑州发布"微信公众号的内容，主要有热点、发布等版块，点开相关新闻会直接链接到郑州市人民政府的官方网站或者"郑州发布"微信公众号的文章。"生活"页面中，包含"附近停车场""智慧健康""文化旅游"等便民服务栏目。"我的"页面中，包含"个人中心""我的服务""法人服务"三个栏目，是有关个人信息和在线办理业务的查询页面。此外，对 App 使用过程中遇到的问题也可以在"我的·我的服务"下的"联系我们"和"问题反馈"版块联系到相关工作人员，予以解决。图 7-1 为"郑好办" App的下载二维码。

图 7-1 "郑好办"App 下载二维码

资料来源：http://zz. bendibao. com/news/202073/70819. shtm。

（二）案例的代表性

2020 年 5 月，《省级政府和重点城市网上政务服务能力（政务服务"好差评"）调查评估报告（2020）》发布，郑州市排名提升 6 位，为增速最快城市；2021 年 5 月，在一体化政务服务能力年度"国考"中，郑州市一体化政务服务能力位列第 10 名。2021 年 12 月 23 日，在"2021 智慧中国年会智慧城市与数字经济论坛"上发布了《2021 第一届中国城市 App 发展水平评估报告》，"郑好办"App 以总分 85.1 的得分在全国 100 个城市 App 中排名第七，荣获"2021 城市 App 综合示范奖"①。

截至 2021 年 12 月 20 日，"郑好办"App 上线 644 天，注册用户共 869 万人，占郑州市常住人口的 68.9%，平均日活跃用户 30 万人。累计办件量超过 248 万件，办结率超过 90%，证照打印类 27 万，查询类超过 2000 余万人次；上线"一件事"和高频事项 725 项，平均每月上线事项超过 38 项，平均每天上线事项超过 1.26 项，其中 249 项通过数据共享实现"零材料"办理②。

在政务服务方面，"郑好办"App 提供的服务涵盖社保、医保、公积金、税务、不动产、交通、户籍、法律援助、住房保障、医疗卫生、人才工作、教育等事项类型，全国首创了公积金提取"刷脸秒办"到"五日审核，十日领证"的居住证快速核发，新生入学"零材料"掌上办，涵盖公积金、人社、医保、社

①② 中宏网豫闻：《郑好办跻身全国城市 App 十强》，https://baijiahao. baidu. com/s?id = 1719995675765998667&wfr = spider&for = pc，2021 - 12 - 24/2022 - 01 - 09。

保、居住证、不动产、交通、水电气暖、教育等事项，并不断拓展服务类型，现已上线智慧医疗、智慧停车、文旅服务、疫情防控、郑州数据、一码通城、生态环境、消防宣传、智慧体育、智慧政法等 10 项智慧城市服务；先后联合市商务局、宣传部、教育局等单位开展了"醉美夜郑州""红色二七打卡"等惠民活动11 次，承接"钜惠郑州乐享消费""观影惠民季""汽车消费券"等市政府消费券发放活动 7 次，累计参与市民超过 300 万人次①。

在政务信息方面，"郑好办" App 中的一部分信息来自郑州市人民政府官网上的相关新闻和公告，另一部分信息直接引入"郑州发布"微信公众号的内容。"郑州发布"作为郑州市委宣传部主管的微信公众账号，由郑州报业集团负责该账号的运营，专业媒体机构的加入，使得信息发布更加官方和专业。不仅如此，在中国信息化研究与促进网联合中国日报网等权威机构发布的《2020 年中国优秀政务平台推荐及综合影响力评估结果通报》中，"郑州发布"微信公众号荣获"2020 年度优秀政务新媒体"的称号②。

在政民互动方面，"郑好办" App 引入郑州报业集团主办的"心通桥"栏目，为群众向政府部门反馈问题提供了渠道。2021 年上半年，"心通桥"栏目共受理网民诉求及建议 3697 件，回复 3327 件，综合回复、办结率 90%③。

"郑好办" App 作为集政务服务、信息发布、政民互动三项政务新媒体所应具备的主要功能于一身的政务新媒体，具有代表性。同时，自其上线以来，郑州市各街道办事处、各单位都在积极进行"郑好办" App 的宣传推广活动，其在郑州市民中普及率较高，使用基数较大，也是其代表性的体现。综上所述，"郑好办" App 发展势头迅猛，覆盖范围广，影响力大，在郑州市政务新媒体发展中处于龙头位置，是重点发展的项目。

（三）案例资料的易获得性

"郑好办" App 资料的易获得性也是选其作为案例的一个重要原因。"郑好办" App 是郑州市民使用率较高且评价较好的政务新媒体。这不仅说明"郑好办" App 在郑州市政务新媒体当中的代表性，也反映出在对使用过该 App 的公众

---

① 中宏网豫闻：《郑好办跻身全国城市 App 十强》，https：//baijiahao. baidu. com/s?id = 17199956757 65998667&wfr = spider&for = pc，2021 - 12 - 24/2022 - 01 - 09。
② 中国日报网：《2020 年中国优秀政务平台推荐及综合影响力评估结果通报》，https：//baijiahao. baidu. com/s?id = 1686391092595368991&wfr = spider&for = pc，2020 - 12 - 18/2021 - 08 - 28。
③ 数据来自"郑好办" App 2021 年 7 月份工作月报，由郑州市大数据局提供。

进行深度访谈时较易选取访谈样本，有利于案例调研的开展，并能节约调研成本。与此同时，研究者的导师近年来与郑州市网信办、郑州市大数据管理局以及郑州市各大媒体单位都有过政务新媒体研究项目的合作，研究者每次都参与其中，开展过多次座谈会和项目考察活动，结识了相关单位的一些领导和工作人员，收集到了不少关于郑州市政务新媒体发展和运营的第一手资料，其中就有关于"郑好办"App 的丰富资料。资料收集渠道的多样化有利于提高案例研究的信度和效度，便于案例调查的开展。

三、资料来源

本次案例研究的资料采用虚拟民族志的方法来获取，这是一种以网络虚拟环境作为主要的研究背景和环境，利用互联网的表达平台和互动工具来收集资料，探究和阐释互联网及相关的社会现象的方法①。有学者提出，浸染是进行网络研究最重要的方法，因为只有直接参与其中才能真正了解网络内容和文化②。具体而言主要分为资料收集、线上参与式观察和深度访谈三步。

（一）资料收集

本次案例研究的资料收集主要来自以下两部分：一是媒体上关于郑州市政务新媒体以及"郑好办"App 发展状况的报道材料。二是研究者之前参加相关部门召开的政务新媒体发展情况座谈会时记录的笔记，以及实地考察时收集的文档资料。

（二）线上参与式观察

研究者于 2020 年 10 月 15 日至 2020 年 11 月 15 日，每天抽出约 10 分钟的时间使用该 App，对其发布的政务信息，提供的政务服务、便民服务以及"心通桥"政民互动平台上的内容和功能进行了解和使用，并详细记录下使用情况与感受，通过亲自使用"郑好办"App，来了解该 App 提供的信息内容、服务种类和政民互动方式。此外，本步骤还邀请了郑州大学新闻与传播学院的两位博士研究生参与到线上参与式观察中来，请她们将各自的使用感受记录下来，并于 2020

---

① 杨国斌：《连线力：中国网民在行动》，邓艳华译，广西师范大学出版社 2012 年版，第 103 页。
② 张娜：《虚拟民族志方法在中国的实践与反思》，载于《中山大学学报（社会科学版）》2015 年第 4 期，第 143～150 页。

年 11 月 25 日下午召开了三人小型座谈会，分享了各自的使用感受。

（三）深度访谈

通过深度访谈的方式研究者能够感受和体验其他参与者为何投入到虚拟田野活动中。为了解其他公众对"郑好办"App 的使用情况以及他们的使用感受对政府信任的感知变化情况，本研究需要对"郑好办"App 的使用者进行访谈。

在访谈过程中，对访谈样本即被采访人的选择需要有代表性。具体而言，在访谈对象的选择上，尽量在性别、年龄和职业上有所区分和兼顾，研究者在 2020 年 12 月 15 日和 12 月 16 日分别前往郑州市政务服务大厅寻找被采访人。首先，研究者携带学院所开具的调研函与政务服务大厅工作人员进行接洽，获得调研许可。随后，研究者对当天办理业务的人员表达访谈意向，了解其是否使用过"郑好办"App，如若使用过，即为案例研究的目标访谈对象，并会记录下其中有意愿接受访谈的公众的性别、年龄、职业、联系方式等基本信息。随后在保证男女比例均衡、主要年龄阶段覆盖平衡、职业分布上涵盖主要职业类型等标准的前提下，结合目标访谈对象可利用的时间，于 12 月 20 日至 1 月 20 日对选取的 10 位"郑好办"App 的使用者进行了深度访谈。访谈样本情况如表 7 - 1 所示，其中有 5 男 5 女，2 位 20 ~ 30 岁人士，3 位 30 ~ 40 岁人士，3 位 40 ~ 50 岁人士，2 位 50 岁以上人士。职业涵盖公务员、企业管理者、普通职员、专业人员、普通工人、商业服务业职员、个体经营者、在校学生等。访谈采用面谈、微信文字和语音的方式，共访谈了 15 次。

表 7 - 1　　　　　　　　　"郑好办" App 使用者的访谈情况统计

公众	性别	年龄	职业	方式	次数
ZJS	女	51	公务员	面谈	1
ZM	男	35	私企员工	面谈	1
CBL	女	32	医生	微信文字	2
ZJR	女	45	国企员工	面谈	1
LDL	男	23	在校学生	面谈	2
LM	男	38	私企管理者	面谈	1
JD	女	43	个体经营者	面谈	3
YX	男	55	律师	微信语音	1

续表

公众	性别	年龄	职业	方式	次数
ZYL	男	47	工厂工人	面谈	2
LZX	女	28	服务员	微信文字	1

资料来源：笔者自制。

　　同时，为了了解政府在政务新媒体运营方面的政策要求和相关规范，且公众对政务新媒体的使用感受与其运营状况息息相关，本书还对"郑好办"App 的主办单位——郑州市人民政府办公厅负责该业务的工作人员和承办单位——郑州市大数据管理局负责该业务的工作人员进行了访谈。此外，还访谈了"郑州发布"微信公众号的运营编辑以及其他相关媒体机构的记者和新媒体运营编辑，他们不仅具备官方新媒体运营的实战经验，也是自家新媒体客户端或账号的忠实使用者、其他政务新媒体客户端或账号的使用者与学习者。因此，对他们的访谈不仅可以有力地印证本研究的结论，还可以为后续提出具有建设性和可操作性的政务新媒体运营建议提供帮助。当然，也可以将他们作为公众的一部分，探究他们的政务新媒体使用行为和使用感受对政府信任产生的影响。主要访谈对象及访谈情况如表 7-2 所示。

表 7-2　　　　　　　　政务新媒体开发与运营者的访谈情况统计

对象	身份	性别	年龄	方式	次数
LX	郑州市人民政府办公厅公务员	女	31	微信语音	2
YQL	郑州市大数据管理局工作人员	男	46	面谈	2
QZ	郑州市大数据管理局应用推进处工作人员	男	35	面谈	2
SDX	"郑好办"App 运营人员	男	27	面谈	3
LXN	"郑州发布"微信公众号运营主管	女	38	微信文字	2
WJ	河南广播电视台"大象融媒"客户端负责人	女	41	面谈	1
WW	河南日报报业集团记者、编辑	男	28	面谈	1
ZHM	"学习强国"河南平台运营负责人	女	34	微信文字	1

资料来源：笔者自制。

第二节 "郑好办" App 用户使用满意度调查及影响因素研究

对"郑好办" App 用户使用满意度的调查，本书从信息系统成功模型（D&M 模型）中的信息质量、服务质量、系统质量三个维度出发进行梳理，"郑好办" App 具备四大基础功能，即政务信息、政务服务、便民服务、政民互动功能。其中，提供政务信息的功能对应信息质量，政务服务、便民服务、政民互动功能对应服务质量，该平台的技术支持和操作体验对应系统质量。

一、信息质量

（一）政务信息功能

对于"郑好办" App 上的政务信息功能，多位用户提到他们只会在使用 App 在线办理业务或者使用便民服务功能的时候顺便看一下首页滚动的新闻头条，当发现与生活息息相关的政务新闻或通知出现在头条滚动窗时，他们才会点进去详细阅读。比如，机动车限号通知、公租房申请条件及在线办理步骤通知等。用户还谈到他们几乎不会点开"郑好办" App 上的资讯界面。

用户 YX 说道：

我平时不怎么会在这个 App 上看新闻，因为我已经形成了获取信息的习惯性渠道，今日头条是我经常看新闻的地方，也会通过新浪微博热搜榜来关注当天的新鲜事儿。关于政务信息，我会关注地区性质的政务微信账号，比如"郑州发布"，每天晚上睡前我都会打开微信看一些政务方面的通知和地区新闻。我认为，政务新媒体账号应该做好自身定位，要了解自身的卖点，做好优势功能的打磨。比如"郑好办" App，我用它就是为了少跑腿，办理公积金提取、社保等相关业务的，看新闻、获取信息就不是我的主要诉求嘛。再说了，新闻有各大媒体呢，但是各大媒体就没有办理政务服务的功能呀，这就是"郑好办" App 不可替代之处。

就信息服务而言，用户更加重视信息内容对自身是否有用。由此可见，政务新媒体应该做好自身定位，了解用户对该平台的真实需求，打造优势功能，不应一味地追求功能上的多样性，那样会陷入功能上面面俱到却没有自身特色的窘境，极易被其他政务新媒体所取代。

（二）政务信息质量

由于信息发布并不是"郑好办"App 的主要功能，并且"郑好办"App 上的大部分政务信息来自于"郑州发布"微信公众号，因此本书通过了解"郑州发布"微信公众号在信息发布方面的运营经验来获取用户在信息发布方面的主要诉求。在对该微信公众号的运营主管 LXN 的访谈中，她提到：

> 用户之所以关注"郑州发布"这个政务信息发布平台，最看重的就是该平台信息发布的权威性，同时信息发布的时效性也是"郑州发布"所时刻追求的，此外信息的客观性、完整性是每一个新闻媒体和新闻报道所应践行的准则。

公众对政务新媒体信息质量的需求恰好可以对应定量研究中感知质量变量在信息质量层面的指标，即信息内容有用性、信息内容时效性、信息内容权威性、信息内容客观性、信息内容完整性。公众对这些指标的使用感受越积极越满意，政务新媒体公众满意度就越高。此外，政务新媒体提供的信息质量优劣也对应到感知价值中提供所需要的信息这一测量指标。政务新媒体发布的信息对公众而言越符合其需要，公众对政务新媒体的使用满意度就越高。

二、服务质量

（一）政务服务功能

对于"郑好办"App 上的政务服务功能，目前使用较多的是契税补贴申领、提取住房公积金、个人房屋产权信息打印、生育医疗待遇核定、生育津贴核定等。在访谈过程中，多位用户提到了"郑好办"App 目前做得比较好的地方，主要有以下两点。

第一，每个办事页面都有"办理材料""办理流程""收费信息""常见问题"四项内容，还注明了"法定办结时限"和"承诺办结时限"。材料与流程清晰、收费透明，"常见问题"可以解决用户在办理过程中遇到的各种基础问题，时限能让用户清楚业务办成时间。总的来说，操作步骤清晰，系统简单易学。

第二，"办事"页面的界面设计合理，功能齐全，查找服务方便快捷。比如，在"个人办事"板块下的办件进度中可以查看申报、受理、审批、办结的项目。"办事预约"板块下可以对车管所、出入境管理局、市房管局、公积金网点等的业务进行预约。"办事指南"板块有主题分类和部门分类，可以根据关键词查找所需服务。"部门服务"板块，可以根据部门进行服务的选择。

总的来说，用户在使用政务服务功能时比较关注服务功能是否满足自身需求、办事效率、系统稳定性、办理过程是否简单易使用、办事流程与状态是否清晰透明以及系统是否易操作等。

（二）便民服务功能

便民服务功能是继政务服务功能之后，"郑好办"App 最受欢迎的功能。多位用户提到了其中的"智慧停车"功能，这也是"郑好办"App 主推的便民服务功能。2020 年 12 月，该功能已经与郑州市区约 700 家经营性停车场和全部的道路临时泊位进行了接入，只需要在智慧停车页面输入要到达的目的地，就会呈现出一张小地图，显示出附近的停车场定位，地图下方会出现停车场的具体信息，包括具体位置、车位属性（路内停车场、路外停车场）、车位总数、剩余车位数以及一键导航等，绑定车牌后，可以进行在线缴费。

用户 CBL 说道：

"郑好办"App 上我最常用的功能就是智慧停车，简直不要太方便，以前最害怕的就是找不到停车位，现在我每次开车到达目的地附近，就会打开"郑好办"App 的智慧停车页面，查看附近最近的停车场，这一功能完美地解决了郑州停车难的问题和我的诉求。我已经跟身边好多有车一族推荐过这个功能了，用过的都说好。

用户 ZYL 是"郑好办"App 便民服务功能的忠实用户，她提到第一次下载使用是源于新冠疫情期间可以通过该 App 抢政府发放的"消费券"。她说起"郑好办"App 上的各种优惠活动非常兴奋：

政府发放的消费券都可以在上面抢，现在可以使用"郑好办"App 上的"郑好码·一码通城"乘坐地铁，每周二乘地铁 1 分钱起，单程最高优惠 3 元，平时还有各种滴滴打车、共享单车等的优惠券，特别棒。

值得关注的是，各种优惠措施也是"郑好办"App 进行推广的方式之一。通过与商家的合作，在便民生活中选择合适的功能进行嫁接，通过相关媒体的宣传，就能达到极好的推广效果。比如生活缴费优惠、地铁优惠等。

总的来说，用户在使用便民服务时，更加关注该服务是否满足自身的个性化需求，使用起来是否方便快捷，是否比其他平台更优惠，操作是否简单等。目前使用度较高的便民服务功能有智慧停车、违章查询、燃气预约安检等业务。

（三）政民互动功能

"郑好办" App 的政民互动功能主要指"心通桥"栏目，点击该栏目中的"我要反映"按钮进入页面后，会出现问题标题、问题归属地、我要反映的问题、上传问题相关图片等内容，填写后提交，就会进入系统中的最新反映栏目。在上面不仅可以看到所有用户最新反映的问题，还可以从"最新回复"中看到问题的处理进度，分为"处理中"和"已解决"。在访谈的过程中，用户对"心通桥"栏目的政民互动表达出褒贬不一的两极分化态度。

用户 LM 提到：

我前段时间在系统上提交了家里所在小区暖气不热的问题反馈，10 天过去了，仍旧没有相关部门联系我询问相关情况或进行处理。办事效率太低了，问题不仅没有得到有效解决，连个相关回复也没有，很令人失望。我之所以选择在该栏目反映问题，就是看中了平台的影响力，希望能够尽快得到回复和解决，事实证明还不如我打市长热线来得快，再也不会使用该功能了。

但是，另一位用户 JD 谈到了截然不同的使用体验：

我在系统上传了紫荆山陇海路下穿隧道的安全隐患问题，第二天就有相关部门联系我了解具体情况，感觉自己的建议被关注到并有效采纳了，那种作为市民的责任感和自豪感油然而生。这个栏目回复及时，处理高效，使用很满意，以后要多多使用"郑好办" App 才行。

通过对比可以发现，政民互动方面的回复速度可能与事件的紧迫性和社会性紧密相关，有重大社会影响力的事情或者紧迫的事件往往处于优先处理的地位，会被优先关注，社会影响力较小的个人事件在回复的优先级上显然要靠后些。

面对两种完全不同的使用感受，研究发现，在政民互动功能下，用户更多地关注互动渠道是否畅通、互动回复是否及时、问题是否得到高效解决等。在对其他政务新媒体或者融媒体客户端的负责人与运营者进行访谈的过程中，他们在谈到与用户互动方面的经验时也给出了同样的答案。

"郑州发布"微信公众号运营主管 LXN 说道：

作为政府部门的官方微信公众号，粉丝看重的一点就是平台的权威性以及办事能力，要想保持用户黏性，就需要与粉丝保持互动，帮助粉丝解决问题。就日常来看，郑州发布的评论区是非常活跃的，每天都有粉丝在与我们交流，提出意见，我们的值班小编会认真阅读每条评论并及时给予回复。当然各种留言都有，建议很多，有些留言是不合理的，我们就及时解释无法采纳的原因。有些粉丝把这个公众号当成了一个网络办事平台，但若是合理的，如果可以为粉丝解决，我们都积极配合了。

"大象融媒"客户端的负责人 WJ 也谈到了运营时与用户互动的重要性：

为了吸引用户，留住用户，我们在新冠疫情期间开通了许多针对中小学生的高质量网络直播课。为了增加用户黏性，我们专门成立了"家长学生生态部"，为此还专程建立了一个群，客户端的所有工作人员都是管理员，我们每天的状态就是了解学生关注的话题，在群里与家长和学生互动，我们还会把自己假扮成班主任，在群里布置作业、检查作业。新冠疫情期间，我们的生活状态就是抱着手机跟用户互动聊天，当然效果也是很好的，这部分家长和学生也是我们的忠实用户，后期经常参加客户端举办的各种学生比赛。

就政民互动而言，用户更加考虑互动渠道是否畅通，回复是否及时等。因此，保持用户黏性对政务新媒体而言非常重要。

综合用户在政务新媒体信息质量层面的使用感受，总的来说，用户比较在意服务功能是否满足自身的个性化需求、办事效率是否高效、系统使用是否稳定、办理过程是否简单易操作、互动渠道是否畅通、回复是否及时、是否比其他平台更优惠等。其中的一部分可以对应定量研究中感知质量变量在服务质量层面的指标，即服务响应性（服务的反馈速度）、服务互动性（互动渠道畅通与否）、服务个性化（是否满足个性需求）。公众感受到的服务速度越快、互动渠道越畅通、越能满足个性化需求，政务新媒体公众满意度就越高。此外，办事效率是否高效可以对应定量研究指标系统中感知有用性指标下的提高办事效率的测量指标，服务的丰富性、个性化等内容均可以对应感知有用性中提供有价值的服务这一测量指标。办事过程是否简单易操作能够对应感知易用性中的容易理解、容易使用等测量指标。在便民服务中用户提到的是否比其他平台更优惠对应了感知价值中的公众受益程度这一测量指标。

三、系统质量

（一）系统支持性功能

在前文梳理"郑好办"App 服务质量的访谈内容时，用户反映过："系统故障多，不稳定。用户在使用过程中，会遇到系统闪退，材料提交不成功等问题。"用户此处提到的系统使用是否稳定对应到了系统质量中的系统可靠性测量指标。

此外，在访谈中，用户 LZX 针对系统的功能性谈到：

　　就"郑好办"App 而言，我认为用户对它的忠诚度还是很高的，其中有一个非常重要的原因，也是"郑好办"App 与其他政务新媒体相比所具有的先天优势，那就是它具有不可替代性，有些功能只有它有，它有官方的背书，你想换一个别的软件用都不行。比如说郑州市的新冠检测报告查询，疫情期间春节返乡报备，疫情期间线上问医就诊、护理到家等功能。

用户 WW 对"郑好办"App 界面布局和设计提出了自己的看法：

　　"郑好办"App 在界面布局和设计上都有值得夸赞之处，我经常使用上面的政务服务和便民服务功能，服务所在的"办事"界面不仅有常用的业务罗列，点开"主题服务"中的"更多服务"后，还能看到一个分类完整、逻辑清晰的界面。另外，在"更多服务"上有一项"编辑我的应用"，我可以 DIY 自己常用的服务，这一点非常实用，能够让政务服务更加个性化和有针对性。

　　可以看出，对于系统质量而言，用户除了看重系统平台的稳定性和安全性外，还看重系统平台的界面是否美观、设计是否规范，栏目是否适当、功能是否完备，这些关注点恰好对应了定量研究指标中系统质量指标下的系统可靠性、系统有形性和系统功能性三个指标。此外，用户所关注的定制自己所属的 DIY 政务服务的内容也对应了服务质量中的服务个性化指标以及感知价值中的提供有价值的服务指标。

（二）系统易用性功能

用户 ZJS 谈到系统质量对其使用满意度的影响时表示：

　　因为我年纪比较大了，在新鲜事物的学习上会相对比较慢，因此一个系统各板块的内容分类清不清晰、各个功能好不好理解、系统使用好不好学、学会之后好不好用对我来说就显得至关重要。有一些手机 App 是那种别人手把手教着你的时候你会用，过两天你自己再打开操作的时候各个功能在哪里就找不到了，操作步骤更是想都想不起来。遇到这种情况，这个 App 我就会直接放弃掉。好在"郑好办"App 在操作的学习和实践上比较容易，这也是让我感到满意的地方。

　　该用户提到的这些系统功能恰好能够与定量研究中的感知易用性这个维度下的容易理解、容易学习、容易使用指标相对应。由此可见，对于系统质量而言，系统质量的易用性功能会影响用户的使用满意度。

　　综上所述，从信息质量的角度看，影响用户满意度的因素主要是信息的有用性、权威性、时效性、客观性和完整性；从服务质量的角度看，影响用户满意度的因素主要是服务对个人需求的满足程度、服务的高效性，互动渠道的畅通、互动回复的及时性；从系统质量的角度看，影响用户满意度的因素主要是系统的功能性、系统的可靠性、系统的易用性等方面。这与本研究最初在定量研究阶段设定的政务新媒体公众满意度的测评指标体系大体一致，只是在指标建立过程中，本研究将互动功能作为政务服务的下属功能，列入了服务维度进行考量。尽管如此，问卷调查所得出的结果也基本符合最初设想。定性研究与定量研究的结论基本相一致，证明了本次研究结论的科学性，使研究更具说服力。

此外，在访谈中发现，对于一个政务新媒体而言，若要探究影响用户满意度的因素，首先要了解公众对它的定位与需求，从公众的角度出发来优化相关业务。就"郑好办"App 而言，它是政府为建设服务型政府而开发的在线政务服务平台，主要功能在于为民众服好务，简化民众办事流程，少跑腿，一次办。因此，公众对它的定位主要是"掌上办事"平台，在此基础上，公众对信息内容的需求就不会非常迫切。从整体访谈来看，公众对它的使用需求程度从大到小分别是政务服务＞便民服务＞政民互动＞信息发布。因此，要有优先级地考虑影响各个使用需求的用户满意度的因素。

第三节 "郑好办"App 用户使用情况对政府信任的影响研究

一、政务新媒体的使用对政府信任的影响

本书在对政务新媒体或融媒体运营者的访谈中问到了"政务新媒体的运营与政府信任之间的关系"，大家都一致认同政务新媒体的出现有利于促进公众的政府信任。

"郑好办"App 承办单位的负责人 YQL 谈道：

"郑好办"App 就是为了打造便民政府、透明政府和服务型政府而成立的，让民众办事方便、少跑腿，就是在帮民众谋福利，这毫无疑问会提升民众对政府的信任感。

"郑州发布"微信公众号运营主管 LXN 说道：

"郑州发布"一直致力于积极主动发布信息、充分运用短视频等创新元素，不断丰富宣传方式方法，增强正面宣传的思想引领和舆论引导水平，处理好正面

宣传和舆论监督的关系。把握好时、度、效，增强吸引力和感染力，充分发挥正面宣传鼓舞人、激励人的作用，目的就是为了提升社会公信力，政府公信力。比如"郑州发布"在新冠疫情期间的表现，就是硬核郑州的有力推手。

郑州市人民政府办公厅负责宣传工作的同志也在访谈中认可了政务新媒体正面宣传和便民服务的功能，对政务新媒体在打造服务型政府过程中发挥的作用加以赞扬，同时表示这一切努力都是为了提高政府公信力，让民众信赖政府。

此外，对普通用户的访谈也发现了政务新媒体的使用会对政府信任产生积极影响。

用户 ZM 谈到了使用"郑好办"App 后自身对政府信任感知的变化：

没有使用"郑好办"App 之前，我了解政府的渠道非常有限。由于我平时对社会新闻的关注较多，常会看到许多不积极的社会事件，由此产生出对政府的负面情绪，本能地形成一种官民对立的思想。我也常常会人云亦云，被各种互联网新闻下面的消极评论牵着鼻子走，一味地抨击和批判。后来，我在社区办事的过程中下载了"郑好办"App，使用后我感受到政府为服务人民群众、方便群众办事所作出的努力，感受到了政府部门满满的诚意。同时，通过阅读政务新闻，我对政府的工作内容有了全新的认识，政府公务人员的工作状态也并非我一直以为的"读书看报混一天"的情况，更多的政府公务人员的工作态度是认真负责的，工作内容也是繁琐辛苦的。就拿我与"郑好办"App 的客服工作人员的交往来看，他们反馈问题解决方案的速度非常快，工作态度端正，服务态度优良，我遇到操作上面的问题都很快得到了解决。慢慢地，我发现我对政府的认识更加客观，并且逐渐偏向正面了，连身边人都发现我对社会的戾气逐渐减少甚至没有了。我也发自内心地认为政府是值得信赖的，国家是强大的、可依靠的。

二、政府形象的作用

从"郑好办"App 的使用对个人政府信任的影响推及到整个政务新媒体的使用对政府信任产生的影响，用户 ZJR 认为：

政务新媒体为民众了解政府提供了有效渠道。过去在传统媒体时代，传播方式是单向、线性、不可选择的，这种信息交流的不平等使得接受信息的大众无法公开表达自己的观点意见，只能被动地接收来自大众媒介所施加的影响。而新媒体的传播方式是双向、可互动、可选择的。在新媒体时代，传统的发布者和受众都成为了信息的发布者，并能够进行实时互动，新媒体的出现使得媒体与受众之间的地位开始变得平等起来。政务新媒体是新媒体时代的产物，政府通过在政务新媒体上发布信息来帮助民众了解政府工作、政策法规，为民众提供与政府沟通交流的机会。在政务新媒体的辅助下，政府的"黑箱"逐渐在民众面前被打开，透明、诚信、负责任的政府形象被塑造起来，公众对政府的信任度自然而然地有所提高。

总之，政务新媒体可以拉近民众与政府之间的距离，使政府由神秘变得透明。高质量的政务新媒体公共信息服务能够提升政府在公众心目中的形象，公众能够感受到政府是负责任的、诚信的、透明的，这有利于政府树立在民众心目中的权威，提升公信力，有利于改善公众的政府信任。与此相对应的是，让公众不满意的政务新媒体公共信息服务会产生负面效果，损害政府形象，降低公众信任度或造成公众的政府不信任。

在访谈的过程中，用户经常提到政务新媒体在政府正面宣传和舆情引导上起到的积极作用，它在塑造良好政府形象的过程中有效地提升了民众的政府信任。

用户 ZJS 谈道：

我经常在政务新媒体账号上看到有关政府工作内容、先进人物和事迹的宣传报道，有文字、图片和短视频等各种形式，这些内容充满着正能量，发挥着正面宣传的重要功效。这些宣传内容对政府形象的塑造和提升意义重大，让我感受到了我们拥有一个负责任的政府，一个廉洁、诚信、透明、进取、高效、守法的政府，这会加深我对政府的信任。良好的政府形象与政府信任是一个相辅相成、互相促进的关系，良好的政府形象能够提升民众对政府的信任度，而民众对政府的信任又会反过来提升政府在民众心目中的良好形象。

用户 LDL 说道：

政务新媒体的一大作用就是进行舆情引导。我发现了一个现象，每当社会上出现重大舆情事件时，中央级的政务新媒体账号比如"紫光阁"、"共青团中央"、"中央政法委"、"人民日报"等会率先发声定下事件的基调，随后地方各级政务新媒体账号会第一时间根据中央级政务新媒体账号的舆论导向，快速联动，先后发声，自此舆情事件会盖棺定论，逐渐平息。就拿 2021 年初发生的"郑爽代孕"风波来说，事件一出，中央级别的微博、微信公众号、短视频账号等率先发布评论性文章或短视频，对事件进行定性，一夜之间郑爽从最炙手可热的流量明星变成了众矢之的，还有媒体开玩笑说她是"唯一一个被全部官媒用真实姓名点名批评的明星"。随后几天，各级政务新媒体纷纷点名批评郑爽，郑爽被官方媒体作为劣迹艺人封杀，再也没有公开露面的机会。在这个过程中，我感

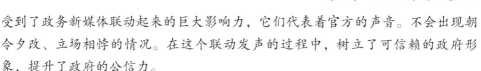

受到了政务新媒体联动起来的巨大影响力，它们代表着官方的声音。不会出现朝令夕改、立场相悖的情况。在这个联动发声的过程中，树立了可信赖的政府形象，提升了政府的公信力。

总的来说，政府形象在用户的政务新媒体使用感受对政府信任的影响中起到中介和桥梁的作用。公民的政府信任来源于一个负责任、可信赖的政府，这种信任需要政府不断地在民众间营造出一个良好的政府形象，而政府形象的塑造有赖于政务新媒体正面宣传和舆情引导功能的发挥。与此同时，政务新媒体提供的权威的官方信息、便捷的政务服务和有效的政民互动渠道也会潜移默化地加深政府在民众心目中的可靠形象，进一步增强民众对政府的信任度。

三、政治效能感的作用

在对不同用户的访谈中发现，用户自身对政治的兴趣、政治知识的了解度、政治信息获取渠道的丰富度以及政治参与的能力会直接影响用户对政府形象和政府信任的感知程度。最为明显的表现是，对政治感兴趣的用户，对政务新媒体的使用频率会相对较高，对政府的了解度和接触度也相对较高，政治参与的能力也相对较强，对政府形象的认知渠道会更加多样，对政府信任的感受也会更加敏锐。最为明显的表现是，用户使用"郑好办"App 的主要用途直接影响了他们对政府信任的感知程度。具体而言，较多使用政务服务的用户相较于较多使用便民服务的用户而言，更多地强调了他们在使用政务新媒体的过程中感受到的政府形象的提升和政府信任的改善，而后者更多谈到的是便民服务为民众节省的时间与成本，在提升民众生活质量上发挥的作用，较少上升到政府形象和政府信任的层面。可以说，用户对自身政治效能的感知程度在用户政务新媒体的使用感受、政府形象和政府信任的关系中发挥着积极的调节作用。

第四节　本章小结

本章通过以"郑好办"App 为例进行案例研究的定性研究方法，来对本书的定量研究结果予以验证。一方面，通过深度访谈的形式调查了用户对政务新媒体的使用需求，主要包括政务信息发布、政务服务、便民服务和政民互动功能，与本书一直强调的政务新媒体所具备的信息、服务和政民互动功能相吻合；在思路上，重点从信息质量、服务质量、系统质量三个角度分析了影响用户政务新媒体使用满意度的因素，发现与定量研究所得出的结论基本一致。另一方面，分析了用户使用政务新媒体后对政府信任的态度变化，探究了用户的政务新媒体使用行为对政府信任的影响机理，发现优质的政务新媒体信息与服务能够促进政府形象的提升，同时提高公众的政府信任；此外，公众对自身政治效能的感知能力也在其中发挥着积极的调节作用，印证了先前定量研究的结论。

第八章

结论与展望

　　本书在服务型政府建设的背景下，提出了政务新媒体公众满意度及其对政府信任的影响研究的理论意义和现实意义，确定了两个主要的研究问题：政务新媒体公众满意度的影响因素研究、政务新媒体公众满意度对政府信任的影响机理研究。在文献综述部分，对满意度的相关研究、政府信任的相关研究和政务新媒体与政府信任的相关研究进行了回顾，评述了既有研究的成果与局限，提出了本书的切入点。

　　基于以上内容，发展出了本书的分析框架，借鉴顾客满意度指数模型、技术接受模型和信息系统成功模型中所需变量构建了本书的概念模型。模型由两部分组成，分别是政务新媒体公众满意度的影响因素概念模型和政务新媒体公众满意度对政府信任的影响机理概念模型。在文献调研与比较分析的基础上，构建了本书的初始测量指标体系。其中，政务新媒体公众满意度的影响因素概念模型的初始测量指标包括公众期望、感知质量、感知价值、感知有用性、感知易用性、公众满意6个维度33个指标，其中感知质量从信息质量、服务质量和系统质量3个维度测量11个指标。政务新媒体公众满意度对政府信任的影响机理概念模型的初始测量指标包括公众满意、政府形象、政府信任、政治效能感4个维度21个指标。其中公众满意为两个模型所共用的变量，也是本书整体模型的核心变量。编制具有较高效度、信度水平的"政务新媒体公众满意度及其对政府信任的影响研究"调查问卷，通过10位调研员在东部、南部、西部、北部、中部5个区域中的10座城市中以电子邮件、微信、QQ、线下扫描问卷答题二维码等形式发放在线自填问卷，每个城市发放200份，共发放问卷2000份，最终回收有效问卷1521份。

　　在数据分析与实证检验部分，首先，对公众的政务新媒体使用和需求情况进行了描述性统计分析；其次，采用描述性统计分析、验证性因子分析、区别效度及相关分析、结构方程模型分析对政务新媒体公众满意度的影响因素概念模型中的研究假设进行了检验；最后，采用描述性统计分析、验证性因子分析、区别效度及相关分析、结构方程模型分析、bootstrap法中介效应检验、分层回归分析方法检验了政务新媒体公众满意度对政府信任的影响机理概念模型中的研究假设。在案例研究部分，通过对"郑好办"App的案例分析来印证定量数据分析的结果，确保研究的科学性和说服力。

研究中，政务新媒体公众满意度是整体研究中的核心变量，它在整个研究中起到了桥梁作用，贯穿前后两个研究问题，将政务新媒体公众满意度的概念模型与政务新媒体公众满意度对政府信任的影响机理概念模型建立联系，形成了本书的整体概念模型。研究表明，政府信任受到政务新媒体公众满意度和政府形象的影响，政府形象受到政务新媒体公众满意度的影响，政务新媒体公众满意度受到感知质量、感知价值、感知易用性、感知有用性的直接影响，受到公众期望的间接影响。就本研究而言，提升政府信任可以通过提升政务新媒体公众满意度和政府形象来实现，提升政府形象可以通过提升政务新媒体公众满意度来实现，最终本研究指向了寻找提升政务新媒体公众满意度的策略，政务新媒体公众满意度在本研究中的桥梁作用举足轻重。

第一节　结论与建议

本书以使用过我国政务新媒体的公众为调查对象，数据分析结果在一定程度上支持了先前提出的研究假设，修正后的政务新媒体公众满意度的影响因素概念模型以及政务新媒体公众满意度对政府信任的影响机理概念模型均具有一定的稳定性和普遍适用性。案例研究也再次印证了数据分析的结论。

本研究的主要结论如下。

第一，政务新媒体公众满意度的影响因素及影响机理。政务新媒体公众满意度的影响因素包括感知质量、感知价值、感知易用性和感知有用性4类，它们都对政务新媒体公众满意度具有正向直接作用，即感知质量对公众满意具有显著的正向影响；感知价值对公众满意具有显著的正向影响；感知易用性对公众满意具有显著的正向影响；感知有用性对公众满意具有显著的正向影响。虽然公众期望对政务新媒体公众满意的直接影响不显著，但可以通过感知质量和感知价值产生间接影响，即公众期望对感知质量具有显著的正向影响；公众期望对感知价值具有显著的正向影响。此外，本研究还验证了感知易用性、感知有用性、感知质量、感知价值之间可能存在的影响关系，即感知易用性对感知有用性具有显著的正向影响；感知易用性对感知价值具有显著的正向影响；感知有用性对感知价值具有显著的正向影响；感知质量对感知价值具有显著的正向影响。

第二，政务新媒体公众满意度对政府信任的影响因素与影响机理。其一，政务新媒体公众满意对政府信任具有显著的正向影响。具体而言，公众对政务新媒体的使用满意度越高，公众对政府的信任度越强。把政务新媒体公众满意度看作是政府绩效的一部分，这一结论丰富了政府信任理论中有关政府绩效论的观点。该观点认为公民对于政府的信任评价主要基于政府的表现，绩效是影响政府信任的重要因素，不信任通常和糟糕的政府表现联系在一起。公共服务是评估和测量政府绩效的重要内容，依照政府信任研究中的绩效假设，改善公共服务能够提高公众满意进而增加政府信任。此外，如若把政务新媒体看作媒体的一种形式，政务新媒体公众满意度对政府信任的影响研究涉及媒体使用与政府信任的关系，丰富了媒体因素对政府信任的影响研究的成果。其二，政务新媒体公众满意度对政府形象具有显著的正向影响，政府形象对政府信任具有显著的正向影响，政府形象在政务新媒体公众满意度与政府信任的关系中起到中介作用。公众对政务新媒体的使用满意程度越高，感受到的政府形象就越好，对政府的信任度就越高，政府形象在其中发挥着"传导器"的功效。

第三，政治效能感在政务新媒体公众满意度、政府形象与政府信任间的关系中具有部分调节效应。具体而言，政治效能感对政务新媒体公众满意与政府形象、政府形象与政府信任间的关系具有正向调节效应。主要表现为相对于较低政治效能感的公众，具有较高政治效能感的公众，政务新媒体公众满意对政府形象的正向影响更强。相对于较低政治效能感的公众，具有较高政治效能感的公众，政府形象对政府信任的正向影响更强。虽然研究表明，政治效能感在政务新媒体公众满意与政府信任的关系中不具有调节效应，但能够通过对政府形象的中介效应所在的两条路径的正向调节作用来产生间接影响，因此不能忽视政治效能感在政务新媒体公众满意与政府信任关系中所发挥的作用。

另外，对"郑好办"App 进行的案例研究印证了定量研究的结果。在信息发布方面，影响用户满意度的因素主要有信息的有用性、权威性、时效性、客观性和完整性；从服务的角度看，影响用户满意度的因素主要有服务对个人需求的满足程度、服务的高效性；从互动的角度看，影响用户满意度的因素主要有互动渠道的畅通、互动回复的及时性；从系统的角度看，影响用户满意度的因素主要有系统的功能性、系统的可靠性、系统的易用性等方面。此外，优质的政务新媒体服务确实会增强用户对政府的信任度，并且能够通过政府形象的优化来改善政府信任。具有较高政治效能感的个人，感知到的政务新媒体公众满意对政府形象的积极影响以及政府形象对政府信任的积极影响更为强烈，使得这两种正向影响关系更加显著。

本研究发现，政府信任的改善需要通过提升政务新媒体公众满意度和优化政府形象来进行。政府形象对政府信任具有显著的正向影响，优化政府形象是改善政府信任的有效途径。政务新媒体公众满意度对政府形象具有显著的正向影响，提升政务新媒体公众满意度是优化政府形象的重要方式。服务型政府要求政府树立其在公众心目中的公信力，政府也应不断追求其在公众心目中的高信任度。因此，本书将提出提升政府信任的对策，具体而言，用来改善政府信任的最重要途径指向了提出切实可行的提升政务新媒体公众满意度的对策。

本书的对策建议如下。

一、基于公众期望的对策

在前面的研究中发现，虽然公众期望不能对公众满意产生正向直接影响，但可以通过感知质量和感知价值对公众满意产生间接的积极影响，因此，不能忽视公众期望在政务新媒体公众满意度中起到的作用。由于政务新媒体是一种新兴的获取政务信息和服务的产物，公众在使用政务新媒体之前，对政务新媒体的了解不足、认识不够，同时，公众因教育程度、年龄、网龄、职业、社会经验等的差异，对公众期望的认识是模糊的。这种模糊性易造成公众无法准确地衡量感知质量和感知价值，最终会导致对公众满意的衡量不够准确。因此，可以从以下两方面予以改善。

（一）加强推广宣传工作，使公众树立合理期待

要降低公众期望的模糊性，就需要政务新媒体运营管理团队通过多渠道、多种方式的推广介绍，使公众对政务新媒体有一个清晰完整的认识。政府可以通过基层社区来对政务新媒体进行推广宣传，例如"郑好办"App曾多次在郑州市各街道社区开展推广宣传活动，工作人员通过在社区宣传栏、便民服务大厅宣传栏张贴"郑好办"App宣传彩页，向来社区办事的居民宣传介绍"郑好办"App的内容、功能，引导群众下载安装，并详细地讲解如何通过该App办理社保信息查询、权益单打印、医保参保登记以及便民服务网点中的各项业务。通过相关介

绍，让公众在使用前，就对该 App 产生明确的认识，对它的办事高效性、服务便捷性、系统稳定性、信息资源丰富性等各方面拥有合理的期待。

（二）定期开展公众调查，了解公众需求

社会信息化的发展无时无刻不在影响着公众的世界观、人生观和价值观，也在潜移默化中改变着公众的信息接收方式，促进着传媒形式的变革。在这一背景下，公众对政务新媒体的公共信息服务质量如信息公开力度、更新速度、信息系统的交互性、服务的多样性等逐渐产生着新的期待。这就要求政务新媒体运营团队定期进行公众调查，来了解公众对政务新媒体产生的实际需求，并将该需求细化、明确，在所运营的政务新媒体上形成有序的需求板块。同时，根据公众需求，提升政务新媒体信息、服务、系统等方面的质量，丰富政务新媒体提供的信息内容；拓宽政务新媒体提供的服务种类，完善在线服务等平台的办事种类和效率；提高公众反馈的回复速度和频率，畅通互动渠道。

目前，已有政务新媒体开始进行一些简单的公众需求调查，比如"学习强国"App 就曾在 2021 年 1 月 16 日通过系统中的"学习强国助手"向用户发布"学习强国"网上问卷调查，完成问卷可获得 2 积分，以此来鼓励用户积极参与。问卷共设有 18 道题目，第 1~7 题是个人基本信息，包括年龄、性别、学历、身份、所在地区、常住地、政治面貌。第 8~18 题调查了用户的使用习惯，包括使用时长、了解渠道、最看重的特点、最喜欢的内容、最喜欢的栏目、最喜欢的功能、最常使用的场景、使用过程中遇到的问题、解决问题的方式、是否愿意向他人推荐、需要提升的地方。这表明用户调查在提升用户对政务新媒体的使用满意度上发挥着重要的指导作用。

二、基于感知质量的对策

本研究的实证检验发现，提高政务新媒体的信息质量、服务质量和系统质量是提升政务新媒体感知质量的重要因素。因此，本书从制度管理、信息内容生产、政务服务、政民互动、系统安全、人才队伍建设、发展策略等方面提出相应的优化策略。

（一）加强行业和平台的法治化管理

在制度管理方面，加强对政务新媒体的法治化管理。目前，我国政府已经关

注到互联网内容治理的重要性，各级网信办先后出台了相应的行政法规和部门规章进行约束。具体到政务新媒体领域，虽然国务院办公厅发布了《关于推进政务新媒体健康有序发展的意见》和《关于印发政府网站与政务新媒体检查指标、监督工作年度考核指标的通知》，对政务新媒体的行业发展提出了一系列要求，但整体上较为宏观、指标不具体，且约束力非常有限。要想促进政务新媒体健康有序发展，还需要国家有关部门制定更高规格的法律法规予以规范。政务新媒体作为政府机构的"传话筒"和"扩音器"，可以通过信息发布的方式向公众传递第一手的政府信息，是官方的"代言人"。因此，政府和公众对其内容的客观性、时效性、权威性的要求极高，国家和各级地方政府应尽快出台针对政务新媒体内容生产与运营管理的法律法规来规范政务新媒体运营者的行为，进行有效监管，保证其发布的信息时效性强、权威性高、客观性优。

（二）做好内容定位，深耕优质原创内容，凸显本地针对性

在信息内容生产方面，做好政务新媒体的内容定位，深耕优质原创内容，凸显本地针对性。针对账号的级别、地区和类型，做好精准定位，在一个领域进行内容创作，以服务本地人民为宗旨，侧重地区针对性，精准传播，对症下药。注重"本地"场景的表达，以趣味性故事代替宣传口吻的信息输出，以受众主导代替行政干预，采用人民群众乐于接受的创新形式创作和发布人民群众需要的信息内容。同时，在进行政务新媒体的内容创作时，丰富创作形式，将文字、图片、音频、视频等形式有机结合，达到良好的宣传效果。通过对政务新媒体内容与形式的优化，保证政务新媒体信息发布的有用性。

（三）强化政务新媒体办事服务功能，突出民生事项，优化掌上服务

在政务服务方面，加强对政务新媒体"掌上办事"功能的推广和优化，围绕人民群众和企业组织经常办理和难于办理的政务便民事项，整合办事入口，简化办事流程，提高办事效率，优化公众使用体验。政府部门应根据自身工作内容和职责，通过在政务新媒体"掌上办"入口汇聚整合与人民群众日常生产生活紧密相关的民生事项和便民业务，推动政府网站、政务新媒体等电子政务方式与线下政务服务大厅的资源整合与服务联动，推进政务大数据互联共享，实现数据同源、服务同根、操作简化、一次认证、一网通办。通过政务新媒体来提高政府办事效率，提升服务质量，促进公众满意，增强政府信任，加速服务型政府的建设进程。同时，政务新媒体的办事服务功能应依托已有的电子政务系统与平台，避

免重复建设，浪费资源，警惕信息孤岛和数据壁垒的出现。

（四）畅通政务新媒体互动渠道，走好网上群众路线，增强受众黏性

在政民互动方面，政务新媒体应畅通政民互动的渠道，开通多种方式听取民众意见、汇集民众智慧，解决民众问题，积极促进网上民众路线的落地实施。具体有以下几点思路。

首先，公众留言要及时查看、认真反馈，对留言的回复应做到态度诚恳、热情亲切、依法依规，周到严谨，坚决反对官僚主义、生硬冷漠、批评说教、答非所问的回复方式。真正做到民众每条留言都有回应，有跟进，有解决，民众的每个问题都积极处理。

其次，政务新媒体应加强与各政府部门的合作沟通，对于民众的诉求应及时与相应的主管业务部门反馈、联络。对于有重大社会影响的诉求要及时向社会公开，敦促有关部门限时办结。对于民众的合理诉求，要积极敦促、跟进相应的主管业务部门快速有效地予以解决。

再次，要积极推进政务新媒体与现代网络科技的结合，将大数据、云计算、区块链、人工智能等技术应用进来，作为分析研判民情民意的技术力量，为政府决策提供科学的方法，促进服务的精准化和有效性。

最后，积极推进线上政务平台集约化发展，促进政务新媒体、政府网站、政务热线等数据资源共享，建立实时更新的咨询问答库，统一进行客服工作人员的上岗培训和业务能力考核，建立绩效考核机制和公众满意度评价机制，不断提升问答效率和互动质量。

此外，政务新媒体在运营过程中应树立"发布为基础、互动为核心、服务为根本"的理念，运营者应积极主动与受众在评论区沟通交流，建立良好关系，通过双向互动来增强受众持续使用的意愿，加深受众忠诚度，以便政务新媒体在未来运营中更好地发挥出舆论引导的作用，树立政府公信力，更好地为人民服务。政务新媒体应积极探索与民互动的方式方法，针对重大活动、节日、纪念日、主题日等，可以设置相应话题并策划有吸引力的活动，与民众互动交流，拉近与群众的距离，了解群众喜闻乐见的话题内容，为进一步做好为民众服务、为民众解忧的信息服务工作做好准备，为建设服务型政府积蓄力量。

（五）保护用户隐私，提高政务新媒体安全防护能力

在系统安全方面，笔者从制度举措、运营工作和用户使用方面提出相应的应

对措施。

在制度举措上，依据现有的网络安全法和新媒体运营领域的法律法规，积极落实安全管理责任制，加强政务新媒体从业人员的安全管理培训，建立健全安全管理制度、保密审查制度和应急预案，积极推动政务新媒体相关法律法规的出台。

在运营工作上，政务新媒体工作人员应提高账户安全防护意识，加强监测预警，建立账号被盗或被恶意攻击情况发生时的应急处理机制，预防安全事故发生时可能造成的危及国家安全、公共安全、经济安全和社会稳定等的重大损失。

在用户使用时，应加强用户的信息安全意识，采用"信息安全知识进社区"等方式定期对用户进行信息安全教育。对于可能存在的信息安全隐患，用户应提高个人敏感度，不随意点击弹出的链接窗口，不随意上传个人信息。对于政务新媒体上存在的信息安全问题，用户应及时向有关部门反映。

（六）提高开发和运营团队专业化水平，实现人员管理规范化

在人才队伍方面，一是提高开发和运营团队专业化水平。加强政务新媒体从业人员专业技能培训，可以借助第三方平台的技术手段与专业力量提升运营能力，如2018年抖音推出的《政务媒体抖音账号成长计划》等来学习账号运维、视频剪辑、互动吸粉的方法，从而生产出符合账号定位、具有本土特色的高质量原创作品。也有政府机构将所属政务新媒体账号委托给专业媒体机构来运营。比如，"郑好办"App就是由郑州大数据管理局联合郑州报业集团进行运营的。在政务新媒体的未来发展中，专业人才的引入和培养将是重要举措。

二是实现人员管理规范化。相关单位应制定内部文件规范政务新媒体运营的规章制度，包括内容发布的范围、更新互动的频率、绩效考核的奖惩等方面，通过完善内部工作方式和管理方式，做好对政务新媒体运营的常态化监督工作。

（七）打造政务新媒体矩阵，实现多平台协同发展

在发展策略方面，打造政务新媒体矩阵，实现多平台协同发展。客户端和短视频平台已打通向微博、微信等平台分享的渠道，为好友互动和引流提供空间。做好各平台的定位分工，政务微博和政务微信公众号注重政务公开和信息发布，政务微信小程序和客户端注重提供政务服务，政务短视频注重情景化的政策与常识科普。各平台通过个性化的信息发布避免内容同质化，运营者应注重各平台之间的信息互动和分享，多平台积极配合、协同发展，使传播优势更明显。

三、基于感知价值的对策

本书的实证检验表明，感知价值对公众满意具有显著的正向影响，因此提升公众的感知价值水平有助于提升公众对政务新媒体的使用满意程度。提升感知价值的方式可以从社会总受益、公众受益程度两方面来进行，前者主要需要提高政府公共信息服务的社会效益，后者侧重于增强政务新媒体满足公众个性化需求的能力。此外，还需要关注公众使用政务新媒体过程中的公平感知，主要体现在获取信息和服务的低成本性与高效率性上。

（一）提高政府公共信息服务的社会效益

一方面，政务新媒体应做好统筹协调工作，将政府职能部门的业务流程进行有效整合，从而提高政府公共信息服务的质量和效率，将职能相近的政府机构和部门间的业务流程进行合并，加强部门协作，精简政务新媒体办事服务流程的步骤，使公众操作更简便。另一方面，政务新媒体应充分发挥自身提供官方权威政务信息的职能，作为政府部门的"传声筒"，传递官方声音，进行政策解读，倾听民众诉求，开展公益事业和社会主义精神文明建设，构建社会主义和谐社会，建设一个民主、诚信、透明、法治、高效、为民的服务型政府，构建幸福美好的社会家园。

（二）增强政务新媒体满足公众个性化需求的能力

提升政务新媒体的公众受益程度，可以从公众个性化需求的满足程度着手。如果满足公众共性需求是政务新媒体的基本功能，那么满足公众个体的差异化需求就对政务新媒体提出了更高的要求，也是提升政务新媒体公众满意度、确保用户忠诚的关键所在。由于公众的文化背景、生活经历和职业等方面的不同，会导致用户的认知风格、知识储备、信息素养、思维能力、使用反馈等方面的差异，因此对政务新媒体提供的信息和服务需求也不尽相同。增强政务新媒体对公众个性化需求的满足能力可以从以下三个方面进行。

一是提供政务新媒体的个性化搜索功能。公众由于个体认知风格的不同，导致对信息的收集、分析与理解的方式不同，从而产生不同的信息和服务需求。政务新媒体通过提供个性化的搜索功能，给公众提供快速获取信息和服务的条件与场景，是完善政务新媒体满足公众个性化需求能力的关键所在。

二是增加政务新媒体的服务个性化定制功能。可以在政务新媒体首页上增设"定制服务"功能模块，公众可以通过订阅、收藏、邮件和短信推送等方式，在政务新媒体平台上定制个人感兴趣或有需求的相关信息和服务，从而减少公众搜寻次数及时间，公众可以在打开政务新媒体平台后进入订阅和收藏界面，直接进入相关的信息页面或服务功能模块，获取相关的信息和服务。也可以点击邮件或短信推送中的相关信息和服务链接直接获取所需要的信息和服务。

三是增加政务新媒体界面布局的自定义设计功能。公众可以根据自身对政务新媒体各种功能的使用频次、个人审美偏好和电子产品使用习惯等来对个人主页功能进行设计布局，包括功能模块的划分、各级主题目录的呈现方式和命名等，都可以自行设计，从而满足公众的情感化设计需求，通过更加人性化的设计获取属于自身独一无二的政务新媒体个人界面来满足公众的个性化需求。

（三）提升公众在政务新媒体使用过程中的公平感知

公众在使用政务新媒体的过程中，影响公众感知价值的因素包括获取信息的低成本性和高效率性，它们共同指向了公众的公平感知。公众的公平感知不仅包括政务新媒体提供的信息和服务的质量，还包括公众获取该信息和服务过程的成本，即对此前使用过程中投入的时间、精力是否公平的感知。这就要求政务新媒体在运营过程中监管好整个信息生产和服务上线的流程，在了解公众实际所需要的服务内容的基础上，开发设计服务流程，在提供高质量服务的同时最大限度地节约获取成本，以此来提升公众在使用政务新媒体过程中的公平感知。

四、基于感知易用性的对策

研究表明，感知易用性对政务新媒体公众满意度有着显著的正向影响，因此提升感知易用性对提升政务新媒体公众满意度具有重要作用。提升感知易用性的方式主要从易理解性、易操作性、易学习性、易交互性四个角度出发。

（一）增进政务新媒体信息资源内容的易理解性

易理解性是指公众在使用政务新媒体系统和平台的过程中，对政务新媒体提供的信息资源和服务功能所产生的清晰直观的认识与理解。这与政务新媒体界面整体风格，页面主题的组织，信息检索结果的内容、排序方式息息相关，各个功能的选择与公众的认知风格和理解能力有关。具体而言，政务新媒体界面整体风

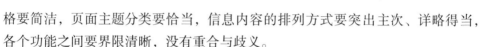

格要简洁，页面主题分类要恰当，信息内容的排列方式要突出主次、详略得当，各个功能之间要界限清晰，没有重合与歧义。

政务新媒体根据平台的不同在界面整体风格上有各平台独有的特色，因此要根据平台的不同更好地加以适应。就政务微博而言，可以开设问答、投票以及话题等主题；就政务微信公众号而言，页面中有菜单功能可以进行设置；就政务微信小程序和政务客户端而言，可以根据政务服务的需要进行服务功能的开发；就政务短视频而言，主要有发布短视频作品和在线直播功能。各个政务新媒体运营者要根据平台特色开发出适合本平台发展特色的政务新媒体界面与功能，发布易于理解和检索的信息资源。

（二）提高政务新媒体办事服务流程的易操作性

易操作性是指公众能够按照政务新媒体页面流程的引导简单快捷地完成各项操作。通常政务新媒体的易操作性是以政务新媒体系统平台的容错性和安全性、系统功能的完备性、信息资源的易理解性为基础的。具体而言，提升政务新媒体办事服务流程的易操作性可以从以下四个方面展开。

首先，整合政府职能部门的业务流程，将职能相辅或相近的政府机构、部门间的业务流程予以合并，加强部门协作，简化服务流程，方便公众操作。

其次，消除公众在使用政务新媒体过程中的各种障碍，解决公众实际的个人需求。通过提高政务新媒体信息载入速度、服务响应速度，增加信息内容和办事服务的时间跨度等举措来消除公众操作中的时间障碍；通过提供图片、扫描件、文字输入等公众可编辑的多种信息格式来消除公众操作中的格式障碍；通过增加政务新媒体办事服务业务项目搜索渠道和功能等举措来消除因办事服务业务整合障碍给公众带来的操作上的不便。

再次，根据公众的认知风格设计相应的操作流程，并且结合实际需要设置多种办事服务业务搜索方式和渠道。例如，按照首字母顺序、部门分类、公众使用频率、搜索结果的相关程度等排列方式对政务新媒体办事服务业务进行搜索。

最后，绘制出每个办事服务项目的流程图，将其作为使用指南来对公众的使用过程进行指导，通过清晰的操作步骤来提高公众实践的可操作性。

（三）增强政务新媒体系统平台功能的易学习性

易学习性是指初次接触政务新媒体的公众，在具体操作指南的指导下易于学习使用该政务新媒体的各项性能。易学习性主要由政务新媒体的"在线帮助"功能和"公众对于使用问题的判断"两个维度决定。公众对于政务新媒体易学习性的感知层次见图 8 - 1。

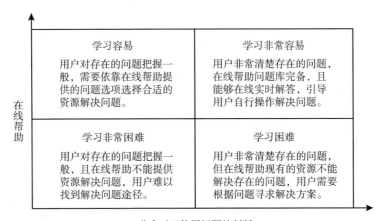

图 8 - 1　公众对于政务新媒体易学习性的感知层次

　　由图 8 - 1 可知，提高公众对政务新媒体的易学习性感知，可以通过以下方法。第一，公众应该对使用过程中遇到的问题有一个清晰的判断，这一方面依赖于公众自身的理解能力和对政务新媒体的熟悉程度，另一方面也要求政务新媒体完善在线帮助功能的问题库，引导公众将遇到的问题与问题库的解决方案相对应。同时，应安排专业客服对公众的提问进行在线实时解答，提高解决问题的效率。

　　案例研究表明，在使用政务新媒体的过程中，由于公众对政务新媒体不够熟悉或信息需求模糊，不少公众往往难于判断出使用过程中遇到的具体问题或是难于将自身的需求转化为具体的问题。有时候即便能够判断出所遇到的问题，也可能因为政务新媒体在线帮助功能现有资源的不足而难以获得直接有效的答复，需要用户寻找其他途径来反馈问题，并等待政务新媒体运营人员或专业技术人员进行解答，这往往存在较长的时间差。因此，完善政务新媒体在线帮助功能是有效提升公众易学习性的关键所在。具体而言，可以将"在线帮助"模块置于政务新媒体首页一级目录中的显著位置，并在该模块下设置"使用说明""智能助手""问题浏览""人工客服""问题反馈"子模块。"使用说明"子模块面向的受众是初次使用者，用以向他们介绍在线帮助模块的使用方法与具体功能；"智能助手"可以通过输入问题的关键词来检索相关问题及解决方式；"问题浏览"将公众常见的问题汇总成问题库进行展示，公众可以通过浏览选择与自己遇到的问题相接近的题项，点击获得解决方法；"人工客服"有客服电话和在线实时解答两种方式，公众可以选择拨打客服电话来反映问题并获取解决方案，或在页面中与人工客服进行文字实时交流来获取问题的解决方法；"问题反馈"适用于遇到的问题不紧急或者给政务新媒体工作人员提建议的情况，公众可以将遇到的问题反馈给政务新媒体的工作人员，后期会有专门人员对该问题进行文字反馈或者电话追踪。

（四）提升政务新媒体人机之间的易交互性。

易交互性是指在使用政务新媒体时，人机之间的交互清晰易懂，可以从人、机两个角度出发进行优化。

从人的角度出发，公众需要提升自身信息素养，积极参加信息素养技能培训，培养自身对数据的获取、理解、使用、管理和控制的能力，提高自身数字技术的使用和操作水平，从而提升公众对政务新媒体的理解能力和交互水平。

从机器的角度出发，要求提高政务新媒体的智能化水平，政务新媒体技术开发团队可以通过算法、人工智能等手段加强对政务新媒体的训练，提升政务新媒体智能匹配问题和智能回答问题的能力，增加互动语言的人性化，使人们更愿意与机器互动从而增加政务新媒体的使用频率，且在与机器的交互过程中感到更加清晰易懂。

五、基于感知有用性的对策

实证研究结果表明，感知有用性对政务新媒体公众满意度具有显著的正向影响，因此，提升公众对政务新媒体的感知有用性能够提升公众对政务新媒体的使用满意程度。主要通过提供有用的信息内容和提高政务新媒体的办事服务效率两个方面来提升感知有用性。

（一）降低信息冗余，提供有用的信息内容

政务新媒体运营人员在账号运营的过程中，首先，应充分关注所发布的信息内容的质量，降低信息冗余，对于与政务无关或与账号定位不符的信息应减少发布或不发布。

其次，应努力提高对外部资源的利用率，针对同一类型的政务新媒体矩阵上的内容，可以进行信息资源共享与借鉴，适当增加对其他政务新媒体账号中相关信息的分享与点赞，以增加账号的曝光率和关注度，为更多相关受众提供有价值的信息。

最后，需要关注信息内容的表现形式与质量，通过提高内容的趣味性和话题度来吸引受众的讨论与转发，通过推送有价值的信息内容，提高自身传播力和影响力。

（二）提高政务新媒体的办事服务效率

政务新媒体办事服务效率的提升，主要依赖的是政务客户端和政务微信小程序。政府应基于"一体化"服务的理念，构建区县级、市级、省级、国家级等综合类政务服务平台或根据主管部门不同构建专门类的政务服务平台，通过打通各级政府和各专门类机构信息资源共享壁垒，最终打造出全国一体化的综合类政务服务平台。具体而言，可以从以下两个角度出发来进行优化。

一方面，基于强化协同理念，构建统一的全国政务信息共享数据库，作为国家政务新媒体办事服务项目的数据基础资源，支持跨地区、多层级的政府信息共享和业务协同应用。针对公众重点需求的业务内容和公共资源，如教育、医疗、社保、交通等，应积极推动全国数据联网和信息共享，优先发展。

另一方面，基于"一体化"服务理念，各政府部门应将分散的政府信息资源整合，以政务客户端和政务微信小程序等方式建设城市掌上综合服务平台，构建全国统一的政务服务平台，解决跨地区、跨部门、各层级政府服务信息难共享、业务不系统、信息基础设施落后等问题。同时，利用政务新媒体的新形态形成政务新媒体矩阵，发挥政务新媒体在公共信息服务和公共社会资源配置中的优化和集成作用，提高政务新媒体办事服务的效率。

六、基于政府形象和政治效能感的对策

结果显示，政务新媒体公众满意度可以正向影响政府形象，政府形象又能正向影响政府信任，因此可以通过提升政府形象来优化政府信任。具体而言，政府应利用好政务新媒体这个信息公开和对外宣传平台，通过提高政务新媒体的服务质量来提升政府形象，最终达到提升政府信任的目的。此外，提升公众的政治感知能力，加强公众对政务新媒体使用满意度的正向感知和政府形象的积极认识，从而使其在感知政府信任的提升时能够更加敏锐。具体而言，政府部门可以通过

政务新媒体的宣传功能来加强对公民政治素养的教化，公众可以通过政务新媒体等渠道关注国际和国内时政，提升自身的政治效能感。

第二节　创新之处

本书按照科学研究范式，以"研究背景→研究问题→文献综述→分析框架构建→变量选择→研究假设提出→问卷调查与数据采集→统计分析与模型拟合→案例研究的补充分析→结论与建议"为研究路线，创新之处有以下三点。

第一，建构了政务新媒体公众满意度的测评模型，分析了政务新媒体公众满意度的影响因素和影响机理。政务新媒体兼具"政务"和"新媒体"的双重属性，既需要考虑其作为提供公共服务的重要渠道所具有的公共性和政治性，又需要考虑其作为信息提供平台所具有的传播属性和信息服务属性。但现有的研究并不能将公共性、政治性、传播性和信息服务属性很好的融合，在理论考量上不够全面。为此，本书在服务型政府背景下，将顾客满意度理论作为理论工具，引入技术接受模型中的感知易用性和感知有用性，考虑政务新媒体所具备的信息发布、在线服务和政民互动功能，借鉴信息系统成功模型从信息质量、服务质量和系统质量三个维度对政务新媒体的感知质量进行测量，构建了政务新媒体公众满意度测评模型，分析了政务新媒体公众满意度的影响因素和影响机理，为后续政府或社会层面进行政务新媒体公众满意度测评提供实践指导。

第二，以政府形象为视角，构建了政务新媒体公众满意度与政府信任关系的分析框架，探究了政务新媒体公众满意度对政府信任的影响机理。丰富了有关政府信任的影响因素研究，尤其是媒体使用与政府信任的研究以及政府信任研究中的政府绩效论视角的研究。在具体的模型建构中，将政府形象作为中介变量引入到模型中去，研究三者之间的关系，明确了媒体使用对政府形象的影响关系，政府形象对政府信任的影响关系，丰富了有关政府形象的研究内容。

第三，将政治效能感纳入了政务新媒体公众满意度、政府形象与政府信任的分析框架，探索政治效能感对政务新媒体公众满意度与政府信任关系的影响机理。在具体的模型构建中，将政治效能感作为调节变量研究其在本研究的相关关系中起到的强弱影响作用，来验证政治效能感在政务新媒体公众满意度与政府形象、政府信任之间的调节作用，丰富了有关政治效能感的研究内容。

第三节　研究展望

受各方条件限制，本书仍存在不足，主要体现在以下三方面。

第一，研究样本的选择。一方面，受制于研究条件，本书在进行问卷调查时主要依靠人际关系，采用便利抽样法，通过电子邮件、微信、QQ、线下扫描问卷答题二维码等方式发放，尽管便利抽样能在一定程度上实现抽样的随机性，但仍不能与简单随机抽样、分层随机抽样、系统抽样等方法相比。另一方面，由于受到当前政务新媒体发展的限制，研究样本在地区选择上没有充分考虑地区分布的均衡性和地区选择的广度，地区差异可能会对研究结果产生一定的影响，因而所获取的数据有一定的局限性。此外，由于本书的调查对象是使用过政务新媒体的公众，总体来说调查对象充足且较容易触及，相对于那些难以寻找和接近调查对象的研究来看，样本量还可以更多些。

第二，研究变量的选择。在对政务新媒体公众满意度的影响因素概念模型的建构中，缺少对政务新媒体政民互动功能的足够关注。具体而言，在感知质量的维度中选择了信息质量、服务质量和系统质量三个质量因子来进行测评，并且在指标建构的过程中，将政务新媒体政民互动功能放在了服务质量中的一个问项来考量。政民互动功能作为政务新媒体的三大功能之一，本书在测量时对它的关注度还不够。

第三，研究层次的细分。由于研究者的个人精力有限，且基于对调查对象文化素养和政务新媒体使用程度与区分度的考量，在本书中对政务新媒体缺少分层级、分类别、分平台的研究。具体而言，未对政务新媒体进行"中央—省级—市级—县级"等的分层级划分，来进行纵向的政务新媒体公众满意度的对比研究；同时，也没有对政务新媒体进行"公安类、文旅类、共青团类、政府发布类"等的分类别划分，来进行横向的政务新媒体公众满意度的对比研究；此外，鉴于研究的工作量，也没有对政务新媒体进行"政务微博、政务微信、政务 App、政务抖音号"等的分平台划分，来进行横向的政务新媒体公众满意度的对比研究。

基于上述研究不足，今后的研究可以从以下三方面进行深化拓展。

第一，扩大实证调查范围。首先扩大样本发放的地域范围，其次扩大各地区的样本发放数量，并可以在扩大样本容量的基础上对不同地区分别建模进行分析。最后，优化样本获取方法，采用分层随机抽样，使结果更具科学性。

第二，将政民互动作为一个测量维度来进行研究。将政民互动从本研究中的服务质量中分离出来，单独进行研究，分析政务新媒体的互动性对政务新媒体公众满意度的影响情况。

第三，对政务新媒体进行分层级、分类别、分平台的对比研究。分别对"中央—省级—市级—县级"的政务新媒体公众满意度及其对政府信任的影响进行纵向对比研究，对不同类别和平台的政务新媒体公众满意度及其对政府信任的影响进行横向对比研究。

参 考 文 献

一、中文著作（含译著）

［1］［美］艾尔·芭比：《社会研究方法（第十一版）》，邱泽奇译，华夏出版社
2009 年版，第 245 页。

［2］［美］鲍克：《人们为什么不相信政府》，哈佛大学出版社 1997 年版，第
55～56 页。

［3］［美］戴维·伊斯顿：《政治生活的系统分析》，王浦劬译，华夏出版社
1999 年版，第 157～207 页。

［4］［美］罗伯特·K. 殷：《案例研究：设计与方法》，周海涛，史少杰译，重
庆大学出版社 2010 年版，第 19 页。

［5］仇立平：《社会研究方法（第 2 版）》，重庆大学出版社 2015 年版，第 213 页。

［6］范柏乃、蓝志勇：《公共管理研究与定量分析方法（第二版）》，科学出版社
2013 年版，第 84 页。

［7］国家质检总局质量管理司、清华大学中国企业研究中心：《中国顾客满意指
数指南》，中国标准出版社 2003 年版，第 36～41 页。

［8］黄芳铭：《结构方程模式》，中国税务出版社 2005 年版，第 130 页。

［9］蒋骁：《电子政务公民采纳：理论、模型与实证研究》，经济管理出版社
2011 年版，第 134 页。

［10］李海涛：《政府门户网站公众满意度概念模型研究》，科学出版社 2018 年
版，第 99 + 139～140 页。

［11］邱皓正：《结构方程模型——LISEL 的理论、技术与应用》，双叶书廊 2005
年版，第 105～106 页。

［12］荣泰生：《SPSS 与研究方法》，重庆大学出版社 2009 年版，第 45 页。

［13］苏君华：《面向搜索引擎的技术接受模型研究》，江西人民出版社 2013 年

版，第 90 ~ 92 页。

[14] 唐绪军主编：《中国新媒体发展报告 (2014)》，社会科学文献出版社 2014 年版，第 130 页。

[15] 陶开、张浩达：《新媒体与网络传播》，科学出版社 2001 年版，前言第 3 页。

[16] 吴明隆：《结构方程模型——AMOS 的操作与应用 (第 2 版)》，重庆大学出版社 2010 年版，第 240 页。

[17] 吴明隆：《结构方程模型——AMOS 实务进阶》，重庆大学出版社 2013 年版，第 177 ~ 178 + 189 页。

[18] 颜端武、吴鹏、李晓鹏：《信息服务活动中用户技术接受行为研究》，科学出版社 2018 年版，第 122 ~ 123 页。

[19] 杨国斌：《连线力：中国网民在行动》，邓艳华译，广信师范大学出版社 2012 年版，第 103 页。

[20] 易丹辉、李静萍编著：《结构方程模型及其应用》，北京大学出版社 2019 年版，第 139 ~ 140 页。

[21] 俞可平：《论国家治理现代化》，社会科学文献出版社 2014 年版，第 61 页。

二、学位论文

[1] 胡晓明：《个人慈善捐赠动力机制研究》，郑州大学 2017 年，第 27 页。

[2] 李虹来：《电子政务服务对政府信任影响的实证研究》，江西财经大学 2011 年，第 109 页。

[3] 李宗富：《信息生态视角下政务微信信息服务模式与服务质量评价研究》，吉林大学 2017 年，第 174 页。

[4] 刘燕：《电子政务公众满意度测评理论、方法及应用研究》，国防科学技术大学 2006 年，第 37 + 40 ~ 41 + 111 ~ 113 页。

[5] 王强：《民主行政视野下的政府信任及其构建研究》，吉林大学 2007 年，第 27 页。

[6] 尹保红：《政府信任危机研究》，中共中央党校 2010 年，第 104 ~ 105 页。

[7] 龚莎莎：《电子政务公众满意度模型构建及测评研究》，电子科技大学 2009 年，第 33 页。

三、中文期刊论文

[1] 于晶、谢泽杭、马新瑶：《发展脉络与未来图景：中国政务新媒体研究十年探析》，载于《大学图书情报学刊》2020 年第 5 期，第 122 ~ 129 页。

[2] 艾明江、王培远：《信任文化与大学生政府信任的实证分析》，载于《长白学刊》2015 年第 1 期，第 41 ~ 47 页。

[3] 北京师范大学新媒体传播研究中心：《中国网民的政府信任度报告：网民对地方政府的信任度最低》，载于《新闻记者》2016 年第 10 期，第 82 页。

[4] 边晓慧、杨开峰：《西方公共服务绩效与政府信任关系之研究及启示》，载于《北京行政学院学报》2014 年第 5 期，第 26 ~ 31 页。

[5] 蔡莉、尹苗苗：《新创企业学习能力、资源整合方式对企业绩效的影响研究》，载于《管理世界》2009 年第 10 期，第 1 ~ 10 + 16 页。

[6] 陈超阳：《基于政府信任视角的政府绩效评估创新及 STAIR 模型的引介》，载于《行政论坛》2015 年第 2 期，第 65 ~ 68 页。

[7] 陈岚：《电子政务公众满意度的测评》，载于《统计与决策》2009 年第 1 期，第 66 ~ 68 页。

[8] 陈岚：《基于结构方程模型的电子政务信息服务公众满意度评价》，载于《现代情报》2013 年第 11 期，第 95 ~ 99 + 113 页。

[9] 陈强：《政务新媒体研究的国际进展：议题与路向》，载于《情报杂志》2017 年第 3 期，第 42 ~ 47 + 30 页。

[10] 程镝：《政务服务中心服务质量公众满意度研究——基于 H 市政务服务中心"最多跑一次"改革》，载于《山东大学学报（哲学社会科学版）》2021 年第 1 期，第 65 ~ 74 页。

[11] 丁煌：《政府形象建设：提高政策执行效率的重要途径》，载于《国家行政学院学报》2002 年第 6 期，第 31 ~ 34 页。

[12] 丁香桃：《自媒体时代公共管理的挑战与机遇——政府信任的视角》，载于《管理世界》2017 年第 12 期，第 180 ~ 181 页。

[13] 段尧清：《政府信息公开满意度研究（Ⅰ）——基于结构方程模型的公众满意度影响因素分析》，载于《情报科学》2010 年第 12 期，第 1871 ~ 1875 页。

[14] 范柏乃、金洁：《公共服务供给对公共服务感知绩效的影响机理——政府

形象的中介作用与公众参与的调节效应》，载于《管理世界》2016 年第 10 期，第 50～61＋187～188 页。

[15] 高勇：《参与行为与政府信任的关系模式研究》，载于《社会学研究》2014 年第 5 期，第 98～119＋242～243 页。

[16] 韩洁平、樊文燕：《吉林省政府门户网站公众满意度评价研究》，载于《图书情报工作》2011 年第 S2 期，第 284～286＋342 页。

[17] 韩啸、汤志伟：《理解在线政务服务失败的成因与影响：一项探索性研究》，载于《情报杂志》2021 年第 1 期，第 171～177＋188 页。

[18] 胡衬春：《政务社交媒体对地方政府政治信任提升的路径及其可能性——基于传播学的视角》，载于《电子政务》2017 年第 10 期，第 115～121 页。

[19] 胡衬春：《地方政府网站、政务微信、政务微博的使用与公众政府信任的关系研究》，载于《电子政务》2017 年第 12 期，第 90～101 页。

[20] 胡吉明、李雨薇、谭必勇：《政务信息发布服务质量评价模型与实证研究》，载于《现代情报》2019 年第 10 期，第 78～85 页。

[21] 胡荣、沈珊：《社会信任、政治参与和公众的政治效能感》，载于《东南学术》2015 年第 3 期，第 23～33＋246 页。

[22] 胡荣、庄思薇：《媒介使用对中国城乡居民政府信任的影响》，载于《东南学术》2017 年第 1 期，第 94～111＋247 页。

[23] 贾哲敏、李文静：《政务新媒体的公众使用及对政府满意度的影响》，载于《北京航空航天大学学报（社会科学版）》2017 年第 2 期，第 1～9 页。

[24] 焦微玲：《我国电子政务公众满意度评估指标体系的构建》，载于《商业时代》2007 年第 31 期，第 93～94 页。

[25] 李海涛、张寅亮：《政府门户网站公众满意度提升策略研究——基于 GWP-SI 模型再修正的实证结果》，载于《情报科学》2018 年第 6 期，第 89～94 页。

[26] 李连江：《差序政府信任》，载于《二十一世纪》2012 年第 6 期，第 108～114 页。

[27] 李思思：《选举政治中的媒介接触、政治效能感与政治参与——"美国总统大选"实证研究》，载于《宁波大学学报（人文科学版）》2016 年第 6 期，第 85～91 页。

[28] 李燕：《电子政务公众采纳意愿研究：基于荟萃分析的模型构建与实证检验》，载于《管理评论》2020 年第 4 期，第 298～309 页。

［29］ 李燕、朱春奎：《信任因素如何影响电子政务公众使用意愿？——对三种机理的实证检验》，载于《电子政务》2017年第6期，第107～116页。

［30］ 李燕、朱春奎、姜影：《政治效能感、政府信任与政府网站公民参与行为——基于重庆、武汉与天津三地居民调查数据的实证研究》，载于《北京行政学院学报》2017年第6期，第35～43页。

［31］ 路鹃、张君昌、农淑祯：《政务新媒体用户体验与发展对策研究——以国务院App为例》，载于《中国出版》2019年第13期，第40～45页。

［32］ 李志刚、徐婷：《电子政务信息服务质量公众满意度模型及实证研究》，载于《电子政务》2017年第9期，第119～127页。

［33］ 廖祥忠：《何为新媒体？》，载于《现代传播（中国传媒大学学报)》2008年第5期，第121～125页。

［34］ 刘桂花、韩文丽：《基于政府特征视角的政府信任影响因素模型研究》，载于《统计与决策》2014年第21期，第54～56页。

［35］ 刘建平、周云：《政府信任的概念、影响因素、变化机制与作用》，载于《广东社会科学》2017年第6期，第83～89页。

［36］ 刘伟：《政治效能感研究：回顾与展望》，载于《内蒙古大学学报（哲学社会科学版)》2020年第5期，第65～71页。

［37］ 罗爱武：《政治参与和治理绩效对政府信任的影响》，载于《探索》2016年第5期，第49～58页。

［38］ 麻宝斌、马永强：《不公平经历对政府信任的消极影响》，载于《学术交流》2019年第10期，第114～123页。

［39］ 马亮：《电子政务使用如何影响公民信任：政府透明与回应的中介效应》，载于《公共行政评论》2016年第6期，第44～63＋196页。

［40］ 毛万磊、朱春奎：《电子化政民互动对城市公众政府信任的影响机理研究》，载于《南京大学学报（哲学·人文科学·社会科学)》2019年第3期，第51～60页。

［41］ 裴志军：《自我效能感、政治信任与村民选举参与：一个自治参与的心理机制》，载于《农业技术经济》2014年第7期，第49～58页。

［42］ 钱丽、王敏：《人工智能背景下移动政务公众采纳意愿的研究》，载于《安徽建筑大学学报》2020年第4期，第109～116页。

［43］ 芮国强、宋典：《政府服务质量影响政府信任的实证研究》，载于《学术界》2012年第9期，第192～201＋289页。

[44] 芮国强、宋典：《电子政务与政府信任的关系研究——以公民满意度为中介变量》，载于《南京社会科学》2015 年第 2 期，第 82~89 页。

[45] 尚虎平：《"整体主义"难解政府服务绩效之困——国内外"政府服务绩效评价"研究差异的文献解释》，载于《经济管理》2013 年第 2 期，第 186~198 页。

[46] 沈荣华：《提高政府公共服务能力的思路选择》，载于《中国行政管理》2004 年第 1 期，第 29~32 页。

[47] 沈瑞英、周霓羽：《中国政府形象对政府信任的影响——基于 CSS2013 数据的实证研究》，载于《上海大学学报（社会科学版）》2017 年第 6 期，第 94~103 页。

[48] 帅满、罗家德、郭孟伦：《媒介使用对地方政府信任的作用机制研究》，载于《国际新闻界》2021 年第 2 期，第 27~46 页。

[49] 宋典、芮国强、丁叙文：《政府质量对公民参与倾向的影响：一个有调节的中介模型》，载于《江苏社会科学》2019 年第 4 期，第 128~136+259 页。

[50] 宋典、芮国强、马冰婕：《政府信任、政治效能感和媒介接触对公民参与的影响——一个基于文明城市创建领域的调查分析》，载于《苏州大学学报（哲学社会科学版）》2019 年第 3 期，第 7~14 页。

[51] 苏振华、黄外斌：《互联网使用对政治信任与价值观的影响：基于 CGSS 数据的实证研究》，载于《经济社会体制比较》2015 年第 5 期，第 113~126 页。

[52] 孙兰英、陈嘉楠：《网络新媒体对政府信任的影响——文化主义与制度主义的多重中介作用》，载于《预测》2019 年第 3 期，第 31~37 页。

[53] 孙源南、成曙霞：《反转新闻对社会信任体系的影响及对策研究》，载于《山东社会科学》2019 年第 7 期，第 187~192 页。

[54] 谭云明、全嘉琪：《矩阵协同式政务新媒体发展研究》，载于《中国出版》2017 第 16 期，第 34~38 页。

[55] 汤志伟、韩啸、吴思迪：《政府网站公众使用意向的分析框架：基于持续使用的视角》，载于《中国行政管理》2016 年第 4 期，第 27~33 页。

[56] 同杨萍、高洁：《公众视角的政府电子信息服务质量评价概念模型构建》，载于《情报理论与实践》2017 年第 8 期，第 1~7 页。

[57] 王法硕、丁海恩：《移动政务公众持续使用意愿研究——以政务服务 App 为例》，载于《电子政务》2019 年第 12 期，第 65~74 页。

[58] 王浦劬、孙响：《公众的政府满意向政府信任的转化分析》，载于《政治学

研究》2020 年第 3 期，第 13～25＋125 页。

[59] 王守光：《政府信任与政府形象的塑造》，载于《山东行政学院山东省经济管理干部学院学报》2007 年第 5 期，第 17～19 页。

[60] 王永香、任思琪、秦枭童：《政治效能感、政府信任对民营企业家政治参与的影响——基于陕西省的实证调查》，载于《陕西行政学院学报》2021 年第 4 期，第 21～27 页。

[61] 王泽亚、马亮：《中国农村居民移动政务的使用及其影响因素——以政务微信为例的调查研究》，载于《华南理工大学学报（社会科学版）》2021 年第 3 期，第 107～116 页。

[62] 吴继英、张一凡：《政务信息公开满意度影响因素分析——以政府网站为例》，载于《行政与法》2021 年第 3 期，第 15～27 页。

[63] 夏学贤：《当前我国政府信任的缺失及建构》，载于《宁夏党校学报》2011 年第 1 期，第 55～58 页。

[64] 谢庆奎：《服务型政府建设的基本途径：政府创新》，载于《北京大学学报（哲学社会科学版）》2005 年第 1 期，第 126～132 页。

[65] 钱丽、王永、黄海、曹璇：《"互联网＋政务"服务公众采纳模型的研究》，载于《情报科学》2016 年第 10 期，第 141～146 页。

[66] 熊澄宇：《整合传媒：新媒体进行时》，载于《国际新闻界》2006 年第 7 期，第 7～11 页。

[67] 熊澄宇、廖毅文：《新媒体——伊拉克战争中的达摩克利斯之剑》，载于《新闻记者》2003 年第 5 期，第 56～57 页。

[68] 薛可、余来辉、王宇澄：《媒介接触对新社会阶层政治态度的影响研究——基于政治社会化的视角》，载于《新闻大学》2019 年第 3 期，第 34～46＋117～118 页。

[69] 薛天山：《政治效能感、公共事务参与和政府信任——一个被调节的中介模型研究》，载于《云南行政学院学报》2021 年第 5 期，第 12～23 页。

[70] 杨菲、高洁：《政府电子信息服务质量与公众持续使用意愿关系实证研究》，载于《图书情报工作》2017 年第 17 期，第 99～107 页。

[71] 杨江华、王辰宵：《青年网民的媒体使用偏好与政治信任》，载于《青年研究》2021 年第 4 期，第 1～10＋94 页。

[72] 叶杰：《非官方媒体使用对制度自信的影响机制——以网民为分析对象的实证研究》，载于《经济社会体制比较》2019 年第 1 期，第 70～82 页。

［73］余超文：《论政府信任关系中的民意思维》，载于《山东理工大学学报（社会科学版）》2012 年第 3 期，第 38～43 页。

［74］于晶、谢泽杭、马新瑶：《发展脉络与未来图景：中国政务新媒体研究十年探析》，载于《大学图书情报学刊》2020 年第 5 期，第 122～129 页。

［75］张海、袁顺波、段荟：《基于 S－O－R 理论的移动政务 App 用户使用意愿影响因素研究》，载于《情报科学》2019 年第 6 期，第 126～132 页。

［76］张利平：《政府职能转型与媒介效应述评——以电子政务为例》，载于《财经理论与实践》2018 年第 6 期，第 136～141 页。

［77］张娜：《虚拟民族志方法在中国的实践与反思》，载于《中山大学学报（社会科学版）》2015 年第 4 期，第 143～150 页。

［78］张勤：《网络舆情的生态治理与政府信任重塑》，载于《中国行政管理》2014 年第 4 期，第 40～44 页。

［79］张旭霞、李慧媛：《网络舆情视域下政府公信力的重塑与提升》，载于《甘肃行政学院学报》2015 年第 5 期，第 19～28 页。

［80］张晓娟、刘亚茹、邓福成：《基于用户满意度的政务微信服务质量评价模型及其实证研究》，载于《图书与情报》2017 年第 2 期，第 41～47＋83 页。

［81］张毅、陈瑞学、宁晓静：《政府部门采纳政务新媒体行为变化的影响因素》，载于《电子政务》2020 年第 11 期，第 108～120 页。

［82］郑跃平、赵金旭：《公众政务客户端的使用及影响因素探究——基于我国一线城市的调查》，载于《公共行政评论》2016 年第 6 期，第 23～43＋197 页。

［83］周葆华：《突发公共事件中的媒体接触、公众参与与政治效能——以"厦门 PX 事件"为例的经验研究》，载于《开放时代》2011 年第 5 期，第 123～140 页。

［84］周毅：《公共信息服务质量问题研究——基于建立政府与公民信任关系的目标》，载于《情报理论与实践》2014 年第 1 期，第 17～21 页。

［85］朱博文、许伟：《媒介使用、媒介评价与青年政府信任——基于 CSS2013 的数据分析》，载于《江汉论坛》2019 年第 12 期，第 123～127 页。

［86］朱春奎、毛万磊：《政府信任的概念测量、影响因素与提升策略》，载于《厦门大学学报（哲学社会科学版）》2017 年第 3 期，第 89～98 页。

［87］朱春奎、毛万磊、李玮：《使用电子政务能够提高公众的政府信任吗?》，载于《公共管理与政策评论》2017 年第 6 期，第 60～70 页。

[88] 朱春奎、李文娟：《电子政务服务质量与满意度研究进展与展望》，载于《湘潭大学学报（哲学社会科学版)》2019 年第 1 期，第 60～64 页。

[89] 朱多刚、郭俊华：《基于 TAM 模型的移动政务用户满意度研究》，载于《情报科学》2016 年第 7 期，第 141～146 页。

[90] 朱红灿、喻凯西：《政府信息公开公众满意度测评研究》，载于《图书情报工作》2012 年第 3 期，第 130～134 页。

[91] 朱慧劼：《时政亲和、媒介使用与网络青年的政治信任》，载于《北京青年研究》2017 年第 2 期，第 40～48 页。

[92] 祝哲、程佳旭、彭宗超：《新媒体、民众对基层政府的人际信任与民族和谐感知——来自 X 地区的证据》，载于《经济社会体制比较》2018 年第 7 期，第 113～130 页。

[93] 邹凯、包明林：《政务微博服务公众满意度指数模型及实证研究》，载于《湘潭大学学报（哲学社会科学版)》2016 年第 1 期，第 75～79＋121 页。

四、电子文献

[1] 国务院办公厅：《关于推进政务新媒体健康有序发展的意见》，http：//www. gov. cn/zhengce/content/2018－12/27/content_5352666. htm，2018－12－27/2020－08－02。

[2] 国务院办公厅：《关于印发政府网站与政务新媒体检查指标、监管工作年度考核指标的通知》，http：//www. gov. cn/zhengce/content/2019－04/18/content_5384134. htm，2019－04－01/2020－08－02。

[3] 中宏网豫闻：《郑好办跻身全国城市 App 十强》，https：//baijiahao. baidu. com/s?id＝1719995675765998667&wfr＝spider&for＝pc，2021－12－24/2022－01－09。

[4] 中国互联网络中心：《第 51 次中国互联网络发展状况统计报告》，https：//www. cnnic. net. cn/NMediaFile/2023/0807/MAIN1691371871303O8PEDV637M. pdf，2023－03－02/2023－06－05。

[5] 中国互联网络中心：《第 47 次中国互联网络发展状况统计报告》，http：//www. cnnic. cn/hlwfzyj/hlwxzbg/hlwtjbg/202102/P020210203334633480104. pdf，2021－02－03/2021－02－26。

[6] 中国软件测评中心：《第十二届（2013）中国政府网站绩效评估结果发布会

暨电子政务高峰论坛在京顺利召开》，http：//www. mofcom. gov. cn/article/zt_jxpg2013/lanmuone/201312/20131200409124. shtml，2013 – 11 – 29/2020 – 06 – 01。

[7] 中央党校（国家行政学院）电子政务研究中心：《2019 移动政务服务发展报告》，http：//www. egovernment. gov. cn/art/2019/8/2/art _ 476 _ 6196. html，2019 – 08 – 02/2020 – 06 – 04。

[8] 中国日报网：《2020 年中国优秀政务平台推荐及综合影响力评估结果通报》，https：//baijiahao. baidu. com/s？id = 1686391092595368991&wfr = spider&for = pc，2020 – 12 – 18/2021 – 08 – 28。

[9] American Customer Satisfaction Index：The American Customer Satisfaction Index the Voice of the Nation's Consumer，http：//www. theacsi. org，2006/2021 – 03 – 17。

五、外文图书

[1] Dalton，R. J. Political support in advanced industrial democracies. *Oxford*：*Oxford University Press*，1999.

[2] Kline，R. B. Principles *and practice of structural equation modeling. New York*：*The Guilford Press*，1998.

[3] Norris，P. Ed. Critical citizens：global support for democratic governance. *Oxford University Press*，1999.

[4] Norris，P. A virtuous circle：political communications in postindustrial societies. *Cambridge*：*Cambridge University Press*，2000.

[5] Norris，P. A virtuous circle？ the impact of political communications in post-industrial democracies. *Palgrave Macmillan UK*，2001.

[6] West，D. M. Digital government：technology and public sector performance. *NJ*：*Princeton University Press*，2005.

六、外文期刊

[1] Alkraiji，A. I. Citizens satisfaction with mandatory E – government services：A conceptual framework and an empirical validation. *Digital Object Identifier*，2020

(8): 253 –265.

[2] Alloy, L. B. & Tabachnik, N. Assessment of covariation by humans and animals: the joint influence of prior expectations and current situational information. *Psychological Review*, 1984, 91 (1): 112 –149.

[3] Almarashdeh, I. The important of service quality and the trust in technology on users perspectives to continues use of mobile. *Journal of Theoretical & Applied Information Technology*, 2018, 96 (10): 2954 –2972.

[4] Amosun, T. S., Chu, J., Rufai, O. H., Muhideen, S., Shahani, R. & Gonlepa, M. K. Does E – government help shape citizens' engagement during the COVID – 19 crisis? A study of mediational effects of how citizens perceive the government. *Online Information Review*, 2021: 1108.

[5] Assegaff, S., Andrianti, A., Astri, L. Y. Evaluation of the factors influencing the trust of millennial citizens in E – government. *Journal of Physics: Conference Series*, 2021, 1898 (1): 012009.

[6] Bearden, W. O. & Teel, J. E. Selected determinants of customer satisfaction and complaint reports. *Journal of Marketing Research*, 1983, 20 (1): 21 –28.

[7] Bevyakin, S. A. & Rocha, A. An empirical investigation of E – government adoption in Russia: Access, rights, trusts and citizens' experience. *Public Administration Issues*, 2021: 137 – 160.

[8] Bournaris, T. Evaluation of E – government web portals: the case of agricultural E – government services in Greece. *agronomy*, 2020, 10 (7): 932.

[9] Cassel, C. & Eklöf J. A. Modelling customer satisfaction and loyalty on aggregate levels: experience from the ECSI pilot study. *Total Quality Management*, 2001, 12 (7 –8): 834 –841.

[10] Campbell, A., Gurin, G. & Miller, W. E. The voter decides. *American Sociological Review*, 1955, 49 (1): 225.

[11] Cardozo, R. N. An experimental study of customer effort, expectation, and satisfaction. *Journal of Marketing Research*, 1965, 2 (3): 244 –249.

[12] Carlsmith, J. M. & Aronson, E. Some hedonic consequences of the confirmation and disconfirmation of expectancies. *Journal of Abnormal & Social Psychology*, 1963, 66 (2): 151 –156.

[13] Chen, W., Shi, Y., Fan, L., Huang, L. & Gao, J. Influencing factors of

public satisfaction with COVID – 19 prevention services based on structural equation modeling (SEM): a study of Nanjing, China. *International Journal of Environmental Research and Public Health*, 2021, 18 (24): 13281.

[14] Churchill, G. A., JR. & Surprenant, C. An investigation into the determinants of customer satisfaction. *Journal of Marketing Research*, 1982, 19 (4): 491 – 504.

[15] Citrin, J. Comment: The political relevance of trust in government. *American Political Science Review*, 1974, 68 (3): 973 – 988.

[16] Cullen, R. & Jottkandt, S. Dimensions of trust in government in the digital age. *Ssrn Electronic Journal*, 2011: 53 – 59.

[17] Davis, F. D. Perceived usefulness, perceived ease of use, and user acceptance of information technology. *Mis Quarterly*, 1989, 13 (3): 319 – 340.

[18] Day, R. L. Modeling choices among alternative responses to dissatisfaction. *Association for Consumer Research*, 1984, 11 (4): 496 – 499.

[19] DeLone, W. H. & McLean, E. R. The DeLone and McLean model of information systems successs: a ten-year update. *Journal of Management Information Systems*, 2003, 19 (4): 9 – 30.

[20] Deng, H., Karunasena, K. & Xu, W. Evaluating the performance of E – government in developing countries: A public value perspective. *Internet Research*, 2018, 28 (1): 169 – 190.

[21] Eom, S. J., Hwang, H. & Kim, J. H. Can social media increase government responsiveness? A case study of Seoul, Korea. *Government information quarterly*, 2018, 35 (1): 109 – 122.

[22] Fornell, C. & Larcker, D. F. Structural equation models with unobservable variables and measurement error: algebra and statistics. *Journal of Marketing Research*, 1981, 18 (3): 382 – 388.

[23] Fornell, C. A national customer satisfaction barometer: the Swedish experience. *Journal of Marketing*, 1992, 56 (1): 6 – 21.

[24] Fornell, C., Johnson M. D., Anderson E. W., Cha, J. &Bryant, B. E. The American customer satisfaction index: nature, purpose, and findings. *Journal of Marketing*, 1996, 60 (4): 7 – 18.

[25] Gorsuch, R. L. & Ortberg, J. Moral obligation and attitudes: their relation to

behavioral intentions. *Journal of Personality and Social Psychology*, 1983, 44 (5): 1025 – 1028.

[26] Grimmelikhuijsen, S. G. & Meijer, A. J. Does Twitter increase perceived police legitimacy? *Public Administration Review*, 2015, 75 (4): 598 – 607.

[27] Hair, J. F., Anderson, R. E., Tatham, R. L. & Black, W. C. Multivariate data analysis. *Technometrics*, 1998, 30 (1): 130 – 131.

[28] Halstead, D., Hartman, D. & Schmidt, S. L. Multisource effects on the satisfaction formation process. *Journal of the Academy of Marketing*, 1994, 22 (2): 114 – 129.

[29] Hao, S. Study on model of E – government public satisfaction based on service-oriented. 2012 *International Conference on Information Technology and Management Science* (*ICITMS* 2012) *Proceedings*, 2013: 125 – 135.

[30] Hetherington, M. J. The political relevance of political trust. *American Political Science Review*, 1998, 92 (4): 791 – 808.

[31] Hong, H. Government websites and social media's influence on government-public relationships. *Public Relations Review*, 2013, 39 (4): 346 – 356.

[32] Hu, Q., Zhang, L., Zhang W. & Zhang, S. Empirical study on the evaluation model of public satisfaction with local government budget transparency: a sase from China. *SAGE Open*, 2020, 10 (2): 1 – 15.

[33] Hu, S., Zeng, R. & Yi, C. Media use and environmental public service satisfaction—an empirical analysis based on China. *Sustainability*, 2019, 11 (14): 3873.

[34] Huang, J., Guo, W. & Fu, L. Research on E – government website satisfaction evaluation based on public experience. DEStech Transactions on Social Science, *Education and Human Science*, 2019. 29844.

[35] Hung, S. Y., Chen, K. & Su Y. K. The effect of communication and social motives on E – government services through social media groups. *Behaviour & Information Technology*, 2020, 39 (7): 741 – 757.

[36] Im, T., Cho, W., Porumbescu, G. & Park, J. Internet, trust in government, and citizen compliance. *Journal of Public Administration Research and Theory*, 2012, 3: 741 – 763.

[37] Jameel, A., Asif, M., Hussain, A. Hwang, J., Sahita, N. & Bukhari, H.

Assessing the moderating effect of corruption on the E – government and trust relationship: An evidence of an emerging economy. *sustainability*, 2019, 11 (23): 6540.

[38] Jones, D. A. Why Americans don't trust the media-apreliminary analysis. *International Journal of Press/politics*, 2004, 9 (2): 60 – 75.

[39] Kamarudin, S., Omar, S. Z., & Zaremohzzabieh, Z. & Bolong, J. Factors predicting the adoption of E – government services in telecenters in rural areas: the mediating role of trust. *Asia – Pacific Social Science Review*, 2021, 21 (1): 20 – 38.

[40] Keele, L. Social capital and the dynamics of trust in government. *American Journal of Political Science*, 2007, 51 (2): 241 – 254.

[41] Kim, T. H., Im, K. H. & Park, S. C. Intelligentmeasuring and improving model for customer satisfaction level in E – government. *International Conference on Electronic Government*, 2005: 38 – 48.

[42] Klingemann, H. D. Mapping political support in the 1990s: a global analysis. *WZB Discussion Paper*, 1998, 3: 98 – 202.

[43] Kuhlmeier, D. B. & Lipscomb, C. A. The effect of local and federal government website use on trust in government: an exploratory analysis. *International Journal of Electronic Business*, 2014, 11 (4): 297 – 331.

[44] Lee, H. Does the medium matter? linking citizens' use of communication platform for information about urban policies to decision to trust in local government. *Sustainability*, 2021, 13 (5): 2723.

[45] Li, H. An empirical research on the construction of a government website public satisfaction index model in China. *Journal of Global Information Management (JGIM)*, 2021, 29 (5): 112 – 137.

[46] Li, Y. & Shang, H. Service quality, perceived value, and citizens' continuous-use intention regarding E – government: Empirical evidence from China. *Information & Management*, 2020, 57 (3): 103197.

[47] Lissitsa, S. Effects of digital use on trust in political institutions among ethnic minority and hegemonic group – A case study. *Technology in Society*, 2021 (66): 101633.

[48] Lv, W. & Wang, Y. Effects of public-perceived administrative service quality on

public satisfaction, government reputation and public trust: An empirical analysis based on the local governments of China. *International Conference on Service Systems & Service Management IEEE*, 2010: 1 – 6.

[49] Mansoor, M. Citizens' trust in government as a function of good governance and government agency's provision of quality information on social media during COVID – 19. *Government Information Quarterly*, 2021, 38: 101597.

[50] Marcinkowski, F. & Starke, C. Trust in government: What's news media got to do with it?. *Studies in Communication Sciences*, 2018, 18 (1): 87 – 102.

[51] Mccorkle – Akanbi, K. The Influence of Media Consumption on Trust, Political Efficacy and Social Media Activism among Young Adults 2019. *Dissertations*. 819.

[52] McDonnell, J. Municipality size, political efficacy and political participation: a systematic review. *Local Government Studies*, 2020, 46 (3): 331 – 350.

[53] McNeal, R., Hale, K. & Dotterweich, L. Citizen-government interaction and the Internet: expectations and accomplishments in contact, quality, and trust. *Journal of Information Technology & Politics* 2008, 5 (2): 213 – 229.

[54] Mohammad, A. H. The effects of usability and accessibility for E – government services on the end-user satisfaction. *International Journal of Interactive Mobile Technologies* (*iJIM*), 2020, 14 (13): 78 – 90.

[55] Morgeson, F. V. & Petrescu, C. Do they all perform alike? an examination of perceived performance, citizen satisfaction and trust with US federal agencies. *International Review of Administrative Sciences*, 2011, 77 (3): 451 – 479.

[56] Newton, K. Mass media effects: mobilization or media malaise? *British Journal of Political Science*, 1999, 29 (4): 577 – 599.

[57] Newton, K. Government communications, political trust and compliant social behaviour: the politics of Covid – 19 in Britain. *The Political Quarterly*, 2020, 91 (3): 502 – 513.

[58] Nguyen, T. T., Phan, D. M., Le, A. H. & Nguyen, L. T. N. The determinants of citizens' satisfaction of E – government: An empirical study in Vietnam, *Jouranl of Asian Finance, Economics and Business*, 2020, 7 (8): 519 – 531.

[59] Norris, P. Does television erode social capital? a reply to Putnam. *PS: Political Science & Politics*, 1996, 29 (3): 474 – 480.

[60] Norris, P. Introduction: the growth of critical citizens?, In Norris, P. (Ed.).

Critical citizens: Global support for democratic government. *OUP Oxford*, 1999: 43 – 49.

[61] Ohk, K., Park, S. B. & Hong, J. W. The influence of perceived usefulness, perceived ease of use, interactivity, and ease of navigation on satisfaction in mobile application. *Business*, 2015, 84: 88 – 92.

[62] O'Keefe, J. G. Political malaise and reliance on media. *Journalism Quarterly*, 1980, 57 (1): 122 – 128.

[63] Oliver, R. L. A cognitive model of the antecedents and consequences of satisfaction decisions. *Journal of Marketing Research*, 1980, 17 (4): 460 – 469.

[64] Oliver, R. L. & Swan, J. E. Consumer perceptions of interpersonal equity and satisfaction in transactions: a field survey approach. *Journal of Marketing*, 1989, 53 (2): 21 – 35.

[65] Parasuraman, A., Zeithaml, V. A. & Berry, L. L. SERVQUAL: a multiple-item scale for measuring consumer perceptions of service quality. *Journal of Retailing*, 1988, 64 (1): 12 – 40.

[66] Park, M. J., Choi, H., Kim, S. K. & Rho, J. J. Trust in government's social media service and citizen's patronage behavior. *Telematics and Informatics*, 2015, 32 (4): 629 – 641.

[67] Pfaff, M. The index of customer satisfaction: measurement problems and opportunities. *Conceptualization and Measurement of Consumer Satisfaction and Dissatisfaction*, 1977: 36 – 71.

[68] Porumbescu, G. A. Linking public sector social media and E – government website use to trust in government. *Government Information Quarterly*, 2016, 33 (2): 291 – 304.

[69] Porumbescu, G. A. Comparing the effects of E – government and social media use on trust in government: evidence from Seoul, South Korea. *Public Management Review*, 2015, 8 (3): 1308 – 1334.

[70] Preacher, K. J. & Hayes, A. F. Asymptotic and resampling strategies for assessing and comparing indirect effects in multiple mediator models. *Behavior Research Methods*, 2008, 40 (3): 879 – 891.

[71] Putnam, R. D. Making democracy work: civic tradition in modern Italy. *Contemporary Sociology*, 1993, 26 (3): 306 – 308.

[72] Reichert, F. How important are political interest and internal political efficacy in the prediction of political participation? Longitudinal evidence from Germany. *Revista de Psicología Social*, 2018, 33 (3): 459 – 503.

[73] Rieger, M. O. & Wang, M. Trust in government actions during the COVID – 19 crisis. *Social Indicators Research*, 2021, 8: 1 – 23.

[74] Robinson, M. J. Public affairs television and the growth of political malaise: The case of "the selling of the pentagon". *The American Political Science Review*, 1976, 70 (2): 409 – 432.

[75] Sachan, A., Kumar, R. & Kumar, R. Examining the impact of E – government service process on user satisfaction. *Journal of Global Operations and Strategic Sourcing*, 2018, 11 (3): 321 – 336.

[76] Santa R, MacDonald J B, Ferrer M. The role of trust in E – Government effectiveness, operational effectiveness and user satisfaction: Lessons from Saudi Arabia in e – G2B. *Government Information Quarterly*, 2019, 36 (1): 39 – 50.

[77] Schulz, D. E. Are we too loyal to our concept of loyalty. *Marketing News*, 1998 (32): 11.

[78] Shareef, M. A., Dwivedi, Y. K., Laumer, S. & Archer, N. Citizens' adoption behavior of mobile government (mGov): a cross-cultural study. *Information Systems Management*, 2016, 33 (3): 268 – 283.

[79] Shuib, L., Yadegaridehkordi, E. & Ainin, S. Malaysian urban poor adoption of E – government applications and their satisfaction. *Cogent Social Sciences*, 2019 (5): 1565293.

[80] Song, C. & Lee, J. Citizens' use of social media in government, perceived transparency, and trust in government. *Public Performance & Management Review*, 2015, 39 (2): 430 – 453.

[81] Stipak, B. Attitudes and belief systems concerning urban services. *Public Opinion Quarterly*, 1977, 41 (1): 41 – 55.

[82] Tolbert, C. J. & Mossberger, K. The effects of E – government on trust and confidence in government. *Public Administration Review*, 2006, 66 (3): 354 – 369.

[83] Tomlinson, E. C. & Mayer, R. C. The role of causal attribution dimensions in trust repair. *Academy of Management Review*, 2009, 34 (1): 85 – 104.

[84] Tse, D. K. & Wilton, P. C. Models of consumer satisfaction: An extension. *Journal of Marketing Research*, 1988, 25 (2): 204 – 212.

[85] Tully, M., Vraga, E. K. A mixed methods approach to examining the relationship between news media literacy and political efficacy. *International Journal of Communication*, 2018, 12: 766 – 787.

[86] Valaei, N. & Baroto, M. B. Modelling continuance intention of citizens in government Facebook page: A complementary PLS approach. *Computers in Human Behavior*, 2017, 73: 224 – 237.

[87] Van de Walle, S. & Bouckaert, G. Public service performance and trust in government: the problem of causality. *International Journal of Public Administration*, 2003, 29 (8 – 9): 891 – 913.

[88] Venkatesh, V. & Davis, F. D. A theoretical extension of the technology acceptance model: four longitudinal field studies. *Management Science*, 2000, 46 (2): 186 – 204.

[89] Verkijika, S. F. & De Wet, L. A usability assessment of E – government websites in Sub – Saharan Africa. *International Journal of Information Management*, 2018, 39: 20 – 29.

[90] Vos, M. The public image of the government: trust and social capital in the Netherlands. *The International Social Capital and Networks of Trust Congress (ISOCA)*, 2007: 1 – 9.

[91] Wang, C., Teo, T. S. H., Dwivedi, Y. & Jassen, M. Mobile services use and citizen satisfaction in government: integrating social benefits and uses and gratifications theory. *Information Technology and People*, 2021, 34 (4): 1313 – 1337.

[92] Weerakkody, V., Irani, Z., Lee, H., Hindi, N. & Osman, I. Are U. K. citizens satisfied with E – government services? Identifying and testing antecedents of satisfaction. *Information Systems Management*, 2016, 33 (2): 331 – 343.

[93] Wei, Y., Guo, Y. & Su, J. Dancing on a tightrope: the reputation management of local governments in response to public protests in China. *Public Administration*, 2021, 99 (3): 547 – 562.

[94] Weitz – Shapiro, R. The local connection: local government performance and satisfaction with democracy in Argentina. *Comparative Political Studies*, 2008,

41 (3): 285 –308.

[95] Welch, E. W., Hinnant, C. C. & Moon, M. J. Linking citizen satisfaction with E – government and trust in government. *Journal of Public Administration Research and Theory*, 2005, 15 (3): 371 –391.

[96] Zhong, Z. Research on the influence of remedial measures on public satisfaction after government information service failures in typhoon disasters: A case from China. *Ocean and Coastal Management*, 2020, 190 (3): 105164.

附　　录

附录 A　正式调查问卷

"政务新媒体公众满意度及其对政府信任的影响研究"调查问卷

尊敬的女士/先生：

您好！我们是郑州大学新闻与传播学院《政务新媒体公众满意度及其对政府信任的影响研究》课题组的研究人员，本次调研的目的是了解公众对政务新媒体的需求、使用的满意程度以及公众对我国政府形象、政府信任等方面的感知程度，推进我国政务新媒体的建设进程，加大服务型政府的建设力度。本次问卷为匿名调查，所获数据仅用于学术研究并严格保密，请您如实填写。

调查内容包括甄别问卷、政务新媒体的使用和需求情况调查、政务新媒体公众满意度调查、政务新媒体公众满意度对政府信任的影响调查和个人基本信息调查五部分，填写该问卷可能会占用您 5~8 分钟的时间，感谢您的支持与合作。

第一部分　甄别问卷

政务新媒体是各级行政机关、承担行政职能的事业单位及其内设机构在微博、微信、抖音短视频等平台上开设的政务账号或应用，以及自行开发建设的移动客户端，主要目的是进行政务信息传播、政务服务工作以及与民互动交流。

比如：学习强国、青年大学习、国家政务服务平台、平安北京、交管12123、郑好办、外交部发言人办公室、人民日报等相关账号。

1. 您是否使用过政务新媒体？

　　□是　□否

第二部分　政务新媒体的使用和需求情况调查

2. 您每天平均上网时长是？

　□1 小时以内　　□2~4 小时　　□4~8 小时　　□8 小时以上

3. 您每月平均使用政务新媒体的次数？

　□小于 1 次　　□1~3 次　　□4~6 次　　□7~9 次　　□10 次及以上

4. 您每次使用政务新媒体的时长是？

　□10 分钟以下　　□10~30 分钟　　□31~60 分钟　　□60 分钟以上

5. 您使用政务新媒体的时间是？

　□6 个月以下　　□6~12 个月　　□13~24 个月　　□24 个月以上

6. 您平时使用的政务新媒体有哪些？［多选题］

　□政务微博　　□政务微信公众号/小程序　　□政务客户端（App）

　□政务抖音号　　□其他

7. 您对下面政务新媒体的使用程度？

	几乎不使用								经常使用	
	1	2	3	4	5	6	7	8	9	10
政务微博										
政务微信公众号/小程序										
政务客户端（App）										
政务抖音号										

8. 您经常使用的政务新媒体的数量是？

　□1~3 个　　□4~6 个　　□7~9 个　　□10 个及以上

9. 您是通过什么渠道了解政务新媒体的？［多选题］

　□政府部门告知　　□单位告知　　□社区告知　　□线下办理相关业务时获知

　□熟人推荐　　□系统推荐　　□广告宣传　　□无意中浏览　　□其他

10. 您使用政务新媒体的主要目的是？　　［多选题］

　□获取政务信息　　□在线政务服务　　□在线咨询　　□问题反馈

　□随意浏览　　□其他

11. 您觉得政务新媒体提供的哪些信息或服务对您有帮助？［多选题］

　□政策法规或公告　　□政务新闻　　□政府职能介绍　　□办事流程

　□网上便民服务　　□参与政府组织的活动　　□在线咨询　　□问题反馈

　□其他

第三部分　政务新媒体公众满意度调查

12. 您在使用政务新媒体前，对政务新媒体下面各项的期望程度

	非常低									非常高
	1	2	3	4	5	6	7	8	9	10
提供的信息质量										
提供的服务质量										
系统的可靠性										
整体期望										

13. 您对政务新媒体发布的信息内容的看法

	非常不赞同									非常赞同
	1	2	3	4	5	6	7	8	9	10
时效性强，更新频率快										
是有价值的										
是客观的										
是清晰完整的										
权威性高，可信度强										

14. 您对政务新媒体提供的服务的看法

	非常不赞同									非常赞同
	1	2	3	4	5	6	7	8	9	10
对您的评论和私信回复及时，反馈迅速										
互动渠道畅通										
服务具有针对性，能够满足您的个性化需求										

15. 您对政务新媒体系统平台的看法

	非常不赞同									非常赞同
	1	2	3	4	5	6	7	8	9	10
系统稳定，安全性高										
界面美观，设计规范										
栏目适当，功能完备										

16. 您对政务新媒体的价值感知

	非常不赞同									非常赞同
	1	2	3	4	5	6	7	8	9	10
它的建设对社会发展的帮助很大,使人们的生活更加美好										
提供的信息和服务能够使您获益										
就它目前提供信息和服务的质量来看,您愿意付出更大的成本来获取信息和服务										
就您目前使用它所付出的成本来看,它提供的信息和服务质量的降低对您来说也是无所谓的										

17. 您对政务新媒体的有用性感知

	非常不赞同									非常赞同
	1	2	3	4	5	6	7	8	9	10
为您提供所需要的信息										
为您提供有价值的服务										
提高您的办事效率										
总体有用										

18. 您对政务新媒体的易用性感知

	非常不赞同									非常赞同
	1	2	3	4	5	6	7	8	9	10
各板块的主题与内容表述清楚,容易理解										
容易学会使用										
能轻松地使用政务新媒体提供的各项功能										
使用时人机之间的交互清晰易懂										

19. 您对政务新媒体的满意程度

	非常不赞同									非常赞同
	1	2	3	4	5	6	7	8	9	10
整体满意程度										

续表

	非常不赞同								非常赞同	
	1	2	3	4	5	6	7	8	9	10
与预期相比										
与理想相比										
信息质量的满意程度										
服务质量的满意程度										
系统平台的满意程度										

第四部分　政务新媒体公众满意度对政府信任的影响调查

20. 您对政府信任的认知

	非常不赞同								非常赞同	
	1	2	3	4	5	6	7	8	9	10
地方政府是值得信赖的										
中央政府是值得信赖的										
政府官员是值得信赖的										
政府一般公务人员是值得信赖的										

21. 您对政府形象的认知

	非常不赞同								非常赞同	
	1	2	3	4	5	6	7	8	9	10
当地政府具有较强的责任心										
当地政府在工作中能够开拓进取										
当地政府具有较高的诚信度										
当地政府工作廉洁自律										
当地政府工作具有较高的透明度										
当地政府工作专业高效，执行力强										
当地政府在执行公务时，严格遵守法律法规										

22. 您对自身政治效能感的认知

	非常不赞同									非常赞同
	1	2	3	4	5	6	7	8	9	10
对政治感兴趣, 对国家重大议题有足够了解										
政治水平较高, 对国家重大议题有自己的见解										
对政治与政府信息的了解比一般大众更加丰富										
有能力参加政治活动										

第五部分　个人基本信息调查

23. 您的性别
　　□男　□女

24. 您的年龄
　　□18 岁以下　□18 ~ 24 岁　□25 ~ 30 岁　□31 ~ 40 岁　□41 ~ 50 岁
　　□51 ~ 60 岁　□60 岁以上

25. 您的学历
　　□高中及以下　□大学专科　□大学本科　□硕士　□博士

26. 您的网龄
　　□1 年以下　□1 ~ 3 年　□4 ~ 6 年　□7 ~ 9 年　□10 年及以上

27. 您使用手机移动网络的年限
　　□1 年以下　□1 ~ 3 年　□4 ~ 6 年　□7 ~ 9 年　□10 年及以上

28. 您的职业
　　□在校学生　□政府/机关干部/公务员
　　□企业管理者（包括基层及中高层管理者）
　　□普通职员（办公室/写字楼工作人员）
　　□专业人员（如医生/律师/文体/记者/老师等）
　　□普通工人（如工厂工人/体力劳动者等）
　　□商业服务业职工（如销售人员/商店职员/服务员等）
　　□个体经营者/承包商　□自由职业者　□农林牧渔劳动者　□退休
　　□暂无职业　□其他职业人员（请注明）

29. 您的月均收入范围

□3000 元及以下　□3001～5000 元　□5001～8000 元

□8001～10000 元　□10001～15000　□15000 以上

30. 关于本次问卷，您是认真作答的吗？

□是　□否

您已完成本次问卷，再次感谢您的帮助与支持，祝您生活愉快！

附录 B　深度访谈问题

政务新媒体公众满意度与政府信任研究的访谈问题

一、对"郑好办"App 工作人员的访谈问题

1. 政府扶持政务新媒体或"郑好办"App 的方针政策有哪些？

2. "郑好办"App 的定位与目标是什么呢？

3. "郑好办"App 自投入使用以来取得的成绩有哪些呢？比如使用人次、办事事项、信息更新频率、发布数量等。

4. "郑好办"App 的运营团队的人员构成是怎样的？

5. "郑好办"App 的信息发布、在线政务和政民互动板块的主要运营单位与方式方法是怎样的？

6. "郑好办"App 运营较成功的项目以及运营思路与经验是怎样的？

7. "郑好办"App 运营中遇到的困难有哪些？分别有哪些解决方案？解决效果如何？

8. "郑好办"App 的开发者与运营者在设计相关功能时是基于何种考量？是否考虑了用户的意见与需求呢？如果是，是如何对用户进行需求调查的呢？

9. "郑好办"App 推广的思路与策略有哪些？

10. "郑好办"App 上的用户反馈使用感受的渠道有哪些呢？

11. 自投入使用以来，"郑好办"App 接到过哪些用户的使用反馈？分别是如何解决的呢？

12. 您认为"郑好办"App 还存在哪些不足？未来的改进方向将会是什么？

13. 关于提升公众政务新媒体的使用满意程度，您有哪些值得分享的经验和建议呢？

14. 您认为政务新媒体的建设是否有助于政府信任的提升，请具体谈谈它是如何提升政府在公众心目中的信任度的呢？

二、对使用过"郑好办"App 的公众的访谈问题

1. 您是如何知道"郑好办"App 的？

2. 您多久使用一次"郑好办"App？每次使用的大致时长是多久？

3. 您使用过"郑好办"App 上面的哪些功能，感受如何？

4. 您对"郑好办"App 的需求有哪些？

5. 您最经常使用的"郑好办"App 的功能是哪一项或哪几项，为什么？

6. 您在使用"郑好办"App 的过程中遇到过哪些困难，是如何解决的？

7. 您认为"郑好办"App 还有哪些不足？您的哪些需求尚未得到满足？

8. 请您给"郑好办"App 未来的发展提出一些建设性意见。

9. 如果满分 10 分，您对"郑好办"App 的使用满意程度打几分？为什么？

10. 您认为政务新媒体的哪些方面会影响您对政务新媒体整体满意程度的衡量？

11. 如果满分 10 分，您对政务新媒体的整体使用满意程度打几分？为什么？

12. 您对政府的信任度主要受哪些因素的影响？

13. 您认为政务新媒体的使用是否提升了您对政府的信任度，为什么？

14. 您认为政务新媒体的使用是否会对政府形象的塑造产生影响？如若是，您认为是何种影响以及是如何产生影响的？

15. 您认为政府形象与政府信任之间是否存在影响关系？如若是，您认为是何种影响以及是如何产生影响的？

16. 您是否对政治感兴趣？您认为自身的政治参与能力如何？

17. 您认为自身的政治感知能力和参与能力是否会影响您对政务新媒体的使用频率、使用能力以及使用满意度？

18. 您认为自身的政治感知能力和参与能力是否会影响您对政府形象的认知以及您对政府的信任度？

三、对政务新媒体内容运营工作人员的访谈问题

1. 您在运营政务新媒体的过程中有哪些需要遵循的规章制度吗？比如更新频率、更新内容的规范要求等相关制度有哪些呢？

2. 您在运营过程中遇到过哪些困难，是如何克服的？

3. 您在运营过程中如何与用户进行交流，用户给您的运营提出过哪些建议？

4. 您有好的运营经验可以分享吗？

5. 您认为提升公众或企业政务新媒体使用满意度的关键因素有哪些呢？

6. 您认为政务新媒体的建设是否会有助于政府信任的提升，请具体谈谈它是如何提升政府在公众心目中的信任度的呢？

后　记

　　本书是我用五年之积累写作完成的，书稿写作的过程，亦是心灵历练之过程。著书如同行路，漫漫长路上总能在沿途收获师长和同道的帮助与陪伴。

　　在众多学者的悉心帮助下，本书得以圆满完成。感谢我的导师郑州大学新闻与传播学院的颜景毅教授以及郑州大学政治与公共管理学院的孙远太教授，本书从选题到构思都得到了他们耐心和细致的指导。还要感谢教育部"长江学者"特聘教授、清华大学公共管理学院孟庆国教授和中国人民大学公共管理学院邻艳丽教授在书稿修订过程中给予的宝贵建议。感谢在问卷调查、案例访谈过程中给予过我帮助的老师、朋友和同学。

　　我还要感谢我的大家庭，感谢我的父母、伴侣和可爱的儿子，是你们的支持与理解构筑了我完成本书创作的坚强后盾。

　　最后我愿将此书献给我生命中的小小勇士——我的儿子。是你的存在，让妈妈的每一天都充满前行的动力。石榴宝贝，妈妈永远爱你！

赵艺扬

2024 年 5 月